21 世纪高职高专规划教材

税收服务实务

主　编　荣红霞
副主编　付宁宁　崔艳辉

清华大学出版社
北京交通大学出版社
·北京·

内 容 简 介

本书先阐述税收服务实务相关理论，继而进行税收服务实务操作能力训练。全书共 9 章，内容包括税收服务代理总论、税务管理与税务登记服务实务、发票领购与审查服务实务、建账建制服务实务、纳税审查服务方法、流转税纳税申报及纳税审查服务实务、所得税纳税申报服务实务及纳税审查服务实务、其他税种纳税申报服务实务及纳税审查服务实务、其他税务服务事宜。

本书可作为高等院校、高等专科学校、成人高校财政专业、税务专业、会计专业、财务管理专业、审计专业，以及工商管理类相关专业教材，也可作为财会人员、税务人员的业务用书、税务师考试辅导用书或供自学者使用。

图书在版编目（CIP）数据

税收服务实务／荣红霞主编. —北京：北京交通大学出版社：清华大学出版社，2018.6
（21 世纪高职高专规划教材）
ISBN 978-7-5121-3498-0

Ⅰ. ① 税… Ⅱ. ① 荣… Ⅲ. ① 税务工作-中国 Ⅳ. ① F812.42

中国版本图书馆 CIP 数据核字（2018）第 028222 号

税收服务实务
SHUISHOU FUWU SHIWU

策划编辑：郭东青
责任编辑：郭东青
出版发行：清华大学出版社　　邮编：100084　　电话：010-62776969　　http://www.tup.com.cn
　　　　　北京交通大学出版社　邮编：100044　　电话：010-51686414　　http://www.bjtup.com.cn
印 刷 者：北京时代华都印刷有限公司
经　　销：全国新华书店
开　　本：185 mm×260 mm　　印张：15.5　　字数：397 千字
版　　次：2018 年 6 月第 1 版　　2018 年 6 月第 1 次印刷
书　　号：ISBN 978-7-5121-3498-0/F·1772
印　　数：1～2 000 册　　定价：39.00 元

本书如有质量问题，请向北京交通大学出版社质监组反映。对您的意见和批评，我们表示欢迎和感谢。
投诉电话：010-51686043，51686008；传真：010-62225406；E-mail：press@bjtu.edu.cn。

前　言

本书主要内容包括税收基础知识概述、税收操作基本工作内容和主要税种的纳税实务等，每一章开篇设置了学习目标和导入案例，由案例引出问题。为了巩固、强化学生的基本知识和基本技能，在每一项目篇末，配有思考与练习和实务题等。

在本书编写过程中，组织既具有深厚的理论功底又长期实践于税收征纳工作一线的教师，根据高等院校学生的特点，在高等院校教学改革经验的基础上，运用基于工作过程开发课程的理念，按照工作岗位（办税员和税务代理岗位）要求分解主要工作任务，遵循真实工作任务设计内容体系，并进一步整合为"岗位认知、税种认知、纳税申报"三个学习情境，在此基础上编写成了《税收服务实务》，以满足当前高等院校人才培养目标的需求。

本书具有以下特点。

1. 坚持"理论体系完整性"。高职院校人才的培养首先要求为学生打下扎实的理论基础，使其掌握完整的学科理论体系，既有利于其深造学习，又有利于其实践能力与创新能力的培养与发挥。本书展现了我国完整的税制体系，包括程序性税收制度与实体性税收制度。程序性税收制度介绍了税收管理、纳税管理、发票管理等内容，实体性税收制度介绍了流转税、所得税、资源税等税种的有关纳税人、征税对象、税率、纳税地点等内容。

2. 强调"知识内容实用性"。本书在知识内容的介绍与讲解中，注重实际工作对知识内容的要求，所依据的是至出版之日最新的税收法规、最新的税收服务实务操作要求、最新的实际业务工作动态，使得学生所学知识与实际需求零距离，减少实际工作中知识运用时的"错位"现象。在知识内容数量的把握上坚持以"够用"为标准，不求面面俱到，所以只介绍和讲解基本税收法规、基本税务处理方法与基本税收实务操作方法。

3. 突出"实践技能职业化"。本书结合税收征纳实践工作设计了符合学生职业能力培养要求的模拟操作案例，模拟案例以"过程"为导向、用"任务"进行驱动，教学中可按照实际工作流程进行教师指导下的税收服务实务模拟操作，在此基础上深化对理论知识的理解并形成符合纳税实务工作的职业能力。

本书由荣红霞担任主编，付宁宁、崔艳辉担任副主编。具体分工如下：

第1、6章由荣红霞编写；第2、3、4章由高杨编写；第5、8章由付宁宁编写；第7、9章由崔艳辉编写；参加本书编写工作的还有赵璇、张小锋、刘巍、王娜；本书由荣红霞拟定全书的编写原则、编写体例并对全书进行了统纂定稿。

本书在编写过程中，参阅了国家最新出台的税收法规（至2018年5月），密切结合营业税改征增值税政策，参考了最近出版的税法教材、税务会计教材、纳税申报教材及其他纳税实务类教材，并密切结合税收征纳实务工作，吸纳了税务系统一线工作者的宝贵建议，北京交通大学出版社的郭东青编辑也给予了很大支持并提出不少有见地的建议，借此机会向他们表示衷心的感谢！

　　由于作者水平和时间所限，书中疏漏不足之处实属难免，敬请各位专家和读者提出宝贵意见。

编　者

2018 年 6 月

目　　录

第1章　税收服务代理总论

学习目标

通过本章的学习，使学生对代理与税收服务代理的内涵有所了解，了解并掌握税收服务代理的特性、原则，以及税收服务代理制度的模式。重点掌握税务师的税收服务代理业务应承担的法律责任，为在实际税收服务代理工作中能依法代理奠定基础。

导入案例

小企业更需要税务代理

在人们的印象中，聘请税务代理的大多是那些上档次、够规模的大中型企业，小企业因其比较简单无须聘请税务代理。然而，我的亲身经历告诉我，小企业更加需要聘请税务代理。

3年前，我所经营的企业还仅仅是个家庭作坊式的小企业。当时就曾有税务代理机构就代理一事与我联系。对此我不以为然，认为像我这样的小企业，聘请一个会计就完全可以应付纳税之事，根本用不着税务代理。因此，我一口回绝了税务代理机构的请求，并且对邻街的一家同行企业聘请税务代理的行为不以为然。

可是一年之后，邻街的那家同行企业在纳税信用评比中被评为 A 级企业，而我所经营的企业则由于会计人员的屡次失误被评为 C 级企业。不仅如此，在这一年当中我所经营的企业因为账目混乱多次被税务部门查处，企业所支付的罚款、滞纳金就有数千元之多。最为严重的是，因屡次被税务部门处罚，企业的信誉迅速下降，一批老客户纷纷离开并准备与那家 A 级企业合作。

完全不同的发展状况使我明白，对于我经营的这种小企业来说，聘请税务代理还真不可或缺。假如当初聘请了税务代理，我会少支付许多罚款、滞纳金，我的客户也不会离我而去。所以，我想对那些小企业的老板们说，为了企业的健康发展，还是请一家税务代理机构为好。

（资料来源：吕海宁. 小企业更需要税务代理. 中国税务报，2007-07-09. ）

1.1　税收服务代理概述

1.1.1　税收服务代理的含义

所谓代理，是指代理人以被代理人的名义在代理权限内进行直接对被代理人发生法律效力的法律行为。《中华人民共和国民法通则》依照代理权产生的根据不同，将代理分为委托代理、法定代理和指定代理。税收服务代理是代理业的一个组成部分，具有代理的一般共性，是一种专项代理，属于民事代理中委托代理的一种。因此，税务师必须通过委托人的委托和授权才能以委托人（被代理人）的名义进行税务事宜的代理。

所谓税收服务代理，是指税务师在国家法律规定的代理范围内，接受纳税人、扣缴义务人的委托，代为办理税务事宜的各项行为的总称。税收服务代理的兴起，适应了社会经济发展的需要，成千上万的企业和个人都可以通过税收服务代理履行纳税义务，量大面广，因此税收服务代理具有广泛的社会性。

1.1.2　税收服务代理的特点

1. 主体资格的特定性

在税收服务代理法律关系中，代理行为发生的主体资格是特定的，作为代理人必须是经批准具有税收服务代理执业资格的税务师和税务师事务所。不符合上述条件的单位和个人均不能从事税收服务代理业务。作为被代理人一方必须是负有纳税义务或扣缴税款义务的纳税人或扣缴义务人。主体资格的特定性是税务师执业的法定要求，也是税务师行业有序发展的基本条件。

2. 代理活动的公正性

税务师是沟通税收征收机关与纳税人的中介，与征纳双方没有任何利益冲突。因此，在执业过程中，税务师站在客观、公正的立场上，以税法为准绳，以服务为宗旨，既维护纳税人合法权益，又维护国家税法的尊严。公正性是税务师执业的基本要求，离开公正性，税务师的存在就失去了意义。

3. 法律约束性

税务师从事的税务代理业务不是一般意义上的事务委托或劳务提供，而是负有法律责任的契约行为。税务师与被代理人之间的关系是通过代理协议建立起来的，税务师在从事税务代理活动的过程中，必须站在客观、公正的立场上行使代理权限，且其行为受税法及有关法律的约束。

4. 活动的知识性与专业性

税收服务代理行业从事的是一种知识密集型专业活动。税务师应当具有专业知识和实践经验，有综合分析能力，有较高的政策水平。由此可见，税收服务代理的知识性十分突出。此外，税务师执业还表现出较强的专业性。在执业过程中，税务师须以税收法规和民事代理法规为依据，专门从事有关税务事宜的代理。

5. 执业内容的确定性

税务师的税收服务代理业务范围，由国家以法律、行政法规和行政规章的形式确定，税务师不得超越规定的内容从事代理活动。除税务机关按照法律、行政法规规定委托其代理外，税务师不得代理应由税务机关行使的行政职权。

6. 税收法律责任的不转嫁性

税收服务代理活动是一项民事活动，代理关系的建立并不改变纳税人、扣缴义务人对其本身所固有的税收法律责任的承担。在代理过程中产生的税收法律责任，无论出自纳税人、扣缴义务人的原因，还是由于税务师的原因，其承担者均应为纳税人或扣缴义务人，而不能因为建立了税收服务代理关系而转移征纳关系，即转移纳税人、扣缴义务人的法律责任。但是这种法律责任的不转嫁性，并不意味着税务师在执业过程中可以对纳税人、扣缴义务人的权益不负责任，不承担任何代理过错。若因税务师工作过失而导致纳税人、扣缴义务人产生损失的，纳税人、扣缴义务人可以通过民事诉讼程序向税务师提出赔偿要求。

7. 有偿服务性

税收服务代理行业是伴随着市场经济产生和发展起来的，它以服务为宗旨，以社会效益为目的，在获取一定报酬的前提下，既服务于纳税人、扣缴义务人，又间接服务于税务机关，服务于社会。

1.1.3 税收服务代理原则

从事税收服务代理活动必须遵循以下原则。

1. 自愿委托原则

税务师从事的业务属于委托代理范畴，必须依照民法有关代理活动的基本原则，坚持自愿委托。这种代理关系的建立要符合代理双方的共同意愿。纳税人、扣缴义务人有委托或不委托的选择权，同时也有选择谁为其代理的权利；税务师也同样具有选择其所代理对象的自由，在被代理人向其寻求代理时，税务师拥有接受委托或拒绝代理的选择权。双方依法确立的代理关系不是依据任何行政隶属关系，而是依据合同的契约关系。税务师不能以任何方式强迫纳税人、扣缴义务人委托其代理，被代理人也不得违背代理人意志，胁迫为其代理。只有在双方自愿和合法的基础上订立契约，双方的税收法律关系才能真正确立。

2. 依法代理原则

依法代理是税务师执业的一个重要原则。首先，从事税收服务代理的机构必须是依法成立的税务师事务所，从事税收服务代理的税务师必须是经过全国统一考试合格，并在税务师管理机构注册登记的具有税收服务代理执业资格的代理人员；其次，税务师承办一切代理业务，都要以法律、法规为指针，其所有活动都必须在法律、法规规定的范围内进行。税务师制作涉税文书，须符合国家法律、法规规定的原则，依照税法规定，正确计算被代理人应纳或应扣缴的税款。税务师在执业过程中，要充分体现被代理人的合法意愿，在被代理人授权的范围内开展活动。

3. 独立、公正原则

税收服务代理执业的独立性是指税务师在其代理权限内，独立行使代理权，不受其他机关社会团体和个人的干预。税务师是独立行使自己职责的行为主体，其从事的具体代理活动不受税务机关控制，更不受纳税人、扣缴义务人左右，而是严格按照税法的规定，靠自己的知识和能力独立处理受托业务，帮助纳税人、扣缴义务人准确履行纳税或扣缴义务，并维护他们的合法权益，从而使税法意志得以真正实现。

税务师的执业行为是一项社会性中介服务活动，涉及税务师、涉税服务对象和国家的利益关系。因此，客观公正地开展代理活动是税收服务代理的一项重要原则。税务师在实施税收服务代理过程中，必须站在公正的立场上，在维护税法尊严的前提下，公正、客观地为纳税人、扣缴义务人代办税务事宜，绝不能因收取委托人的报酬而偏袒或迁就纳税人、扣缴义务人。

4. 维护国家利益和保护委托人合法权益原则

税务师在税务代理活动中应向纳税人、扣缴义务人宣传有关税收政策，按照税法规定督促纳税人、扣缴义务人依法履行的自觉性；保护委托人的合法权益是税务师执业的又一重要原则。权益和义务是对称的，履行纳税（或扣缴）义务，就应享有纳税（或扣缴）权益。通过税务师的税收服务代理业务，纳税人可避免因不知法而导致不必要的处罚，而且还可以通过税务师在合法、合理的基础上进行税收筹划，节省不必要的税收支出，减少损失。

1.1.4 税收服务代理在税收征纳关系中的作用

税收服务代理是税务机关和纳税人之间的桥梁和纽带，通过具体的代理活动，不仅有利于纳税人正确履行纳税义务，而且对国家税收政策的正确贯彻落实具有积极作用。

1. 税收服务代理有利于促进依法治税

依法治税是税收工作的基本原则。依法治税的基本要求是税务机关依法行政，纳税人、扣缴义务人依法纳税。推行税收服务代理制度，选用熟悉财税业务的专家作为沟通征纳双方的桥梁，以客观公正的立场协调征纳双方的行为，帮助纳税人准确及时地缴纳税款，并监督纠正征纳双方可能的背离税法规定的行为，将有利于推进我国依法治税的进程。

2. 税收服务代理有利于完善税收征管的监督制约机制

加强税收征管工作的一个重要环节，是建立一个科学、严密的监督制约体系，确保税收任务的完成。实行税收服务代理制度可以在税收征纳双方之间通过税收服务代理业务形成纳税人、税务师、税务机关三方的制约关系。纳税人作为履行纳税义务的主体，要自觉纳税，同时，受到税务机关与税务师的依法监督制约；税务机关作为税收征收的主体，要严格执法，同时又受到纳税人与税务师的监督制约；税务师在开展代理活动中，也要受纳税人和税务机关的监督制约。这就形成了一个全方位的相互制约体系，从而促进税收征管制度的进一步完善。

3. 税收服务代理有利于增强纳税人自觉纳税的意识

我国宪法规定，每个公民都有依法纳税的义务。从国际上看，无论是经济发达国家还是发展中国家，一般都建立了申报纳税制度。我国现行的《中华人民共和国税收征收管理法》（以下简称《税收征管法》）也对纳税人作了自觉申报纳税的规定，但由于税种多、计算复杂，让纳税人自行准确计算、申报纳税是有一定难度的。实行税收服务代理制度，正是适应了纳税人准确履行纳税义务的需要，他们可以选择自己信赖的税务师，代为履行申报纳税义务。税务代理制度的实施，有利于提高纳税人主动申报纳税的自觉性，增强纳税意识。

4. 税收服务代理有利于保护纳税人的合法权益

实行税收服务代理制度，纳税人可以在税务师的帮助下减少纳税错误，用足用好税收优惠政策，做好税收筹划。税务师还可以协调税收征纳双方的分歧和矛盾，依法提出意见进行调解，如有需要，税务师可以接受纳税人的委托向上级税务机关申请行政复议。这些都切实有效地维护了纳税人的合法权益。

1.2 税收服务代理制度

1.2.1 税收服务代理制度的内涵和类型

1. 税收服务代理制度的内涵

税收服务代理制度是指在税务代理活动中，税务师应遵循的法律制度和规范。它包括国

家有关税收服务代理的法规、规章、制度和税收服务代理行业协会所制定的本行业业务操作
规程两个层次。

2. 税收服务代理制度的类型

各国一般根据本国的政治制度、宪法程序，以及文化背景等因素确定其税收服务代理制
度的类型。根据管理体制的不同，税收服务代理制度可以分为 3 种类型：集中型税收服务代
理制度、松散型税收服务代理制度、混合型税收服务代理制度。

1.2.2　税收服务代理制度的产生与发展

1. 税收服务代理制度产生与发展的历史渊源

税收服务代理制度的起源可以追溯到日本的明治时代。1896 年，日本政府制定了《营业
税法》，确定营业税以工商业者为纳税人。随着税收负担的加重，工商业者中的一些人向退职
税务官吏及财会方面有造诣的人士寻求"关于税的商谈"和委托代理申报，以求得合理纳税。
1904 年日俄战争爆发，日本政府为了筹措战争经费，采取增收营业税的办法，增加了纳税人
计缴税款的难度和工作量，纳税人寻求税务咨询和委托代理申报的业务迅速增加，使专职于这
种工作的人员有了较为稳定的市场，并以税务专家的职业固定下来。1911 年，大阪首先制定
出《税务代办监督制度》，这是日本税务代理制度的前身。在日本税理士制度形成和发展的过
程中，英、美、德、法、韩等国相继推行了税务代理制度。尽管世界各国（地区）税务代理
制度的内容与模式不同，但是，税务代理制度产生的历史渊源却是相近的。

1）寻求最小合理纳税的帮助

税收服务代理是依法受托代理的民事行为，纳税人自愿委托的意愿是税收服务代理存在
的基本前提之一。纳税人在最小合理纳税与办税成本之间做出比较后，如果认为寻求专业人
士的帮助是最为经济的，这种意识就会直接促进税务代理制度的产生与孕育。例如，在英国
1920 年的税制改革中，由于税率的提高和税法内容的繁杂，纳税人为了避免因不通晓税法
而多缴税款，开始向专家请教。于是，在英国的特许会计师、税务律师中出现了以提出建议
为职业的专家。10 年以后，税务检察官吉尔巴德·巴尔与其他税务专家共同创立了租税协
会，成为英国唯一的专门从事税务代理业务的专业团体。租税协会的大多数会员限于某一税
种的专业服务，为使委托人的应纳税额合法地减少到最小而提出建议。

2）寻求解决税收争议的帮助

纳税人在履行纳税义务的过程中，因对税法理解的差异可能会与征税机关发生纳税争
议，由于纳税人与税务官员在税收专业判断能力方面的差距，使其不具备为解决纳税争议而
与税务机关充分交换意见的条件，寻求专家的指导或由其代行处理，会有效地保护纳税人自
身的合法权益，这是税务师具有独立存在价值的重要原因之一。例如，为日本税理士制度奠
定思想基础的《夏普宣言》就强调以下观点：当纳税人与具有丰富知识的税务官员发生争
执时，就非常需要专家队伍的援助，双方可以在对等的条件下判断征税关系正确与否。虽然
税务官员和税理士在维护国民的权利，以及使其正确完成纳税义务方面负有共同的使命和责
任，但是当有两个以上的合理选择时，税务官员往往会选择可以确保税收的方法，而税理士
则会站在与征税机关平等的立场上给纳税人以专业化的援助，为最大限度地保护客户的利益
而尽其努力。

3) 推行申报纳税制度的客观要求

纳税人自行申报纳税制度是现代税收管理的一个基本特征，特别是所得税由稽核课税向自行申报纳税方式的转变，更直接地促进了税收服务代理制度的发展。因为自行申报纳税制度意味着从计算应纳税额、履行申报手续到办理缴税事宜的整个过程，纳税人均应自行承担相应的法律责任，并因此会有一定的纳税风险。为了免受责罚，寻求税务专家代理申报就成为必要途径。例如，韩国的税务士是在第一次世界大战期间出现的。20 世纪 60 年代初，韩国的《税务士法》规定税务士主要从事代理纳税人制作税务方面的申报、申请、请求、异议申请和税务咨询。从 20 世纪 70 年代中期开始，韩国规定由税务士制作法人所得税的文书——《税务调整计算书》和申报纳税前的审核，个人所得税申报表如能附送税务士审核后编制的《税务调整计算书》，则可免除税务调查，这一举措使韩国税务士的代理服务有了较大的发展。据韩国税务士会 1992 年度的统计资料，80% 的法人所得税纳税人和近 30 万的个人所得税纳税人是通过税务士制作、提交《税务调整计算书》而完成纳税申报的。

2. 我国税收服务代理制度产生与发展的基本历程

1) 我国税收服务代理制度产生与发展的背景

我国的税收服务代理制度是适应国家建立和完善社会主义市场经济体制，税制改革特别是税收征管改革不断深化的要求，顺应纳税人的客观需求而逐步产生和发展的。

（1）市场经济体制的建立推动了作为服务贸易组成部分的社会中介服务体的建立和发展。税务代理的行业独特性和社会性也逐渐显示出来，一支以税务代理为职业的队伍逐步形成。

（2）税收征管模式的转换，税务专管员制度的改革，分清了税收征纳双方的权利、义务、责任，企业为了能独立完成纳税义务，客观上需要社会中介提供服务。

2) 我国税收服务代理制度产生与发展的基本历程

我国税收服务代理制度产生与发展的基本历程，大致可分为以下几个阶段。

（1）20 世纪 80 年代初的税务咨询业。20 世纪 80 年代，随着国家税制进行一系列改革，我国的税收从单一税制改变为复合税制，纳税难度相应加大。为帮助纳税人准确纳税，一些地区的离退休税务干部组建了税务咨询机构，为纳税人解答税法方面的问题。这是税收服务代理的雏形。

（2）20 世纪 90 年代初税收服务代理市场的启动。在国家推行一系列税制改革的同时，从 1988 年起，全国逐步开展税收征管改革，辽宁、吉林省一些地区结合征管方式的改变，进行了税收服务代理的试点，取得了一定成效。为此，在 1993 年实施的《税收征管法》第五十七条中明确规定，"纳税人、扣缴义务人可以委托税务代理人代为办理税务事宜"（2001 年 4 月修订后的《税收征管法》为第八十九条），并授权国家税务总局制定具体办法。1994 年，国家税务总局颁发了《税务代理试行办法》，要求各地有步骤地开展税收服务代理的试点工作，税收服务代理市场开始启动。

（3）税收服务代理制度的全面推行。进入 20 世纪 90 年代中后期，我国的税收征管改革进入深化阶段，税收征管实现了程序化，纳税人必须自觉履行各项纳税义务。但仅凭纳税人自身的努力难以准确地履行其纳税义务，寻求税收服务代理的客观需求越来越迫切。特别是经过几年的试点，税务代理已逐渐被纳税人和社会各界所接受，并已形成一定的规模。

（4）税收服务代理制度的规范管理。进入 21 世纪，注册税务师行业作为具有涉税鉴证和涉税服务双重职能的社会中介组织其定位逐渐清晰；行业队伍逐步壮大，制度建设得到加强，执业水平不断提高，管理体制初步理顺。2005 年，《注册税务师管理暂行办法》（国家税务总局令第 14 号）的出台标志着注册税务师行业进入一个崭新规范时期，2009 年 12 月 2 日，国家税务总局出台了《关于印发〈注册税务师执业基本准则〉的通知》（国税发〔2009〕149 号），完善了注册税务师执业规范体系，明确了涉税服务的业务标准，保障了涉税中介服务当事人的合法权益，促进了税收专业服务市场的健康发展。

2015 年，根据《国务院机构改革和职能转变方案》和国家职业资格证书制度的有关规定，注册税务师职业资格由准入类调整为水平评价类，并更名为"税务师"，纳入全国专业技术人员职业资格证书制度统一规则。通过税务师职业资格考试并取得职业资格证书的人员，表明已具备从事涉税专业服务的职业能力和水平，可以进入税务师事务所等涉税专业服务机构中，从事税收服务代理、税务鉴证、税务审计和税务咨询等服务。

1.3　税务师及税务师事务所

1.3.1　税务师及服务范围

1. 税务师的概念

税务师是在中华人民共和国境内依法取得税务师执业资格证书，从事涉税服务和鉴证业务的专业人员。税务师执业应当精通税收法律及财务会计制度，能够熟练地承担税收服务代理、税收筹划等业务，具备进行实务操作的素质和技能。税务师在纳税人、扣缴义务人的委托之下，从事相关涉税事宜。

税务师执业，应当依托于税务师事务所。税务师事务所是依法设立并承办法律、法规、规章规定的涉税服务和鉴证业务的社会中介机构。税务师和税务师事务所承办业务，应当以委托方自愿为前提，以有关法律、行政法规、规章为依据，并受法律保护。税务师事务所及税务师应当对其出具的鉴证报告及其他执业行为承担法律责任。

2. 税务师的服务范围

税务师的服务范围主要包括涉税鉴证和非鉴证服务两个方面。

涉税鉴证是指鉴证人接受委托，凭借自身的税收专业能力和信誉，通过执行规定的程序，依照税法和相关标准，对被鉴证人的涉税事项做出评价和证明的活动。涉税鉴证业务包括纳税申报类鉴证、涉税审批类鉴证和其他涉税鉴证三种类型。当前税务师行业开展的涉税鉴证业务包括：① 企业所得税汇算清缴纳税申报的鉴证；② 企业税前弥补亏损和资产损失的鉴证；③ 土地增值税清算的鉴证；④ 国家税务总局和省税务局规定的其他涉税鉴证业务。非鉴证服务是税务师事务所及其税务师，向委托人或者委托人指向的第三人，提供涉税信息、知识和相关劳务等不具有证明性的活动。涉税服务业务包括税务咨询类服务、申报准备类服务、涉税代理类服务和其他涉税服务四种类型。当前税务师行业开展的涉税服务主要有代办税务登记、纳税和退税、减免税申报、建账记账，增值税一般纳税人资格认定申请，利用主机共享服务系统为增值税一般纳税人代开增值税专用发票，代为制作涉税文书，以及开展税务咨询（顾问）、税收筹划、涉税培训等业务。税务师承办的涉税鉴证业务包括：① 企业所得税汇算清缴纳税申报的鉴证；② 企业税前弥补亏损和财产损失的鉴证；③ 国家税务总局和省税务局规定的其他涉税鉴证业务。

1.3.2 税务师资格的取得

为了提高税务师的执业素质,《注册税务师资格制度暂行规定》对从事税收服务代理业务的专业技术人员应具有税务师证书,该证书纳入了国家专业技术职称证书制度范畴,以促进税收服务代理业的健康发展。

1. 税务师资格考试制度

税务师应是精通税法和财务会计制度,并能熟练进行实务操作的专业技术人员,必须具备从事税收服务代理工作的素质和工作技能。实行税务师资格考试制度是保证执业准入控制的基本前提。

1) 报名参加税务师资格考试的条件

凡中华人民共和国公民,遵纪守法并具备下列条件之一者,可申请参加税务师资格考试。

(1) 取得经济学、法学、管理学学科门类大学专科学历,从事经济、法律相关工作满2年;或者取得其他学科门类大学专科学历,从事经济、法律相关工作满3年。

(2) 取得经济学、法学、管理学学科门类大学本科及以上学历(学位);或者取得其他学科门类大学本科学历,从事经济、法律工作满1年。

符合上述报名条件,暂未取得学历证(学位证)的大学生可以报名,待取得学历(学位)证书后再修改个人信息,上传证书电子图片。

符合报名条件,并具备下列条件之一者,可免试相应科目。

(1) 已评聘经济、审计等高级专业技术职务,从事涉税工作满2年的,可免试《财务与会计》科目。

(2) 已评聘法律高级专业技术职务,从事涉税工作满2年的,可免试《涉税服务相关法律》科目。

2) 税务师资格考试科目

税务师资格考试实行全国统一大纲、统一命题、统一组织的考试制度,原则上每年举行一次,具体考试办法由人事部与国家税务总局共同制定。考试共分5个科目:税法(Ⅰ)、税法(Ⅱ)、涉税服务实务、涉税服务相关法律、财务与会计。

税法(Ⅰ):主要内容包括税法基本原理及流转税(增值税、消费税、关税、资源税)方面的法律、法规。

税法(Ⅱ):主要内容包括除流转税以外的其他税种的有关法律、法规。

涉税服务实务:侧重于税务代理基本业务知识和实际操作技能。

涉税服务相关法律:包括法律基础理论及若干涉税单行法律,如行政法、民商法、刑法等。

财务与会计:侧重于财会业务和实际操作。

3) 考试成绩有效期

考试以五年为一个周期,参加全部五个考试科目的人员必须在连续五个考试年度(即第一年至第五年为一个周期,第二年至第六年为一个周期,以此类推)内通过全部五个科目的考试并合格,可取得税务师职业资格证书。

2. 税务师的权利与义务

（1）税收服务代理作为民事代理的一种，其代理人税务师享有民法所规定的权利。税务师执业，享有下列权利。

① 税务师有权依照《注册税务师管理暂行办法》规定的范围，代理由委托人委托的代理事宜；税务师对委托人违反税收法律、法规行为的委托，有权拒绝。

② 税务师依法从事税收服务代理业务，受国家法律保护，任何机关、团体、单位和个人不得非法干预。

③ 税务师可以向税务机关查询税收法律、法规、规章和其他规范性文件。

④ 税务师可以要求委托人提供有关会计、经营等涉税资料（包括电子数据），以及其他必要的协助。

⑤ 税务师可以对税收政策存在的问题向税务机关提出意见和修改建议；可以对税务机关和税务人员的违法、违纪行为提出批评或者向上级主管部门反映。

⑥ 税务师对行政处分决定不服的，可以依法申请复议或向人民法院起诉。

（2）税务师应按其代理职责履行义务并承担相关的法律责任。税务师执业，需履行下列义务。

① 税务师执业由税务师事务所委派，个人不得承接业务。

② 税务师应当在对外出具的涉税文书上签字盖章，并对其真实性、合法性负责。

③ 税务师执业中发现委托人有违规行为并可能影响审核报告的公正、诚信时，应当予以劝阻；劝阻无效时，应当终止执业。

④ 税务师对执业中知悉的委托人的商业秘密，负有保密义务。

⑤ 税务师应当对业务助理人员的工作进行指导与审核，并对其工作结果负责。

⑥ 税务师与委托人有利害关系的，应当回避；委托人有权要求其回避。

⑦ 税务师应当不断更新执业所需的专业知识，提高执业技能，并按规定接受后续教育培训。

1.3.3 税务师事务所

税务师事务所是专职从事税收服务代理的工作机构，由税务师出资设立，其组织形式为有限责任制税务师事务所和合伙制税务师事务所，以及国家税务总局规定的其他形式。

1. 申请设立税务师事务所应报送资料

申请设立税务师事务所，应当向省级税务师管理中心提出书面申请，并报送下列有关资料。

（1）税务师事务所的名称、组织机构、业务场所。

（2）税务师事务所主要负责人的姓名、简历及有关证明文件。

（3）税务师事务所的从业人员情况，包括税务师的姓名、简历及有关证明文件。

（4）税务师事务所的章程、合同和协议。

（5）税务师管理中心要求的其他资料。

2. 税务师事务所的经营、变更及注销等有关事宜

（1）税务师事务所应当就本所税务师变动情况，向省税务师管理中心备案；省税务师管理中心应当将本地区当年税务师变动情况汇总，上报国家税务总局。

（2）税务师事务所应当依法纳税，并建立健全内部管理制度，严格财务管理，建立职业风险基金，办理职业保险。

（3）税务师事务所承接委托业务，应当与委托人签订书面合同并按照国家价格主管部门的有关规定收取费用。

（4）税务师事务所在工商行政管理部门办理合并、变更、注销等手续后，应当到省税务师管理中心备案。

（5）对合并、变更的税务师事务所，符合设立条件的，核发新的税务师事务所执业证；不符合设立条件的，收回税务师事务所执业证，不再核发。

（6）注销的税务师事务所，由省税务师管理中心核销税务师事务所执业证。

（7）合并、变更、注销的税务师事务所，省税务师管理中心办理完相关手续后，应当在30日内报国家税务总局备案。省税务师管理中心应当将已办理完相关备案手续的税务师事务所通报税务师事务所所在地主管税务机关并向社会公示。

1.4 税收服务代理的业务范围及执业规则

1.4.1 税收服务代理的业务范围

税收服务代理的业务范围是指按照国家有关法律规定，允许税务师从事的业务内容。尽管世界各国所规定的业务不尽相同，但其基本原则大致是相同的，即税收服务代理的业务范围主要是纳税人所委托的各项涉税事宜。

税务师可以接受委托人的委托从事以下范围内的业务代理。

（1）代办税务登记。

（2）办理纳税、退税和减免税申报。

（3）建账记账。

（4）办理增值税一般纳税人资格认定申请。

（5）利用主机共享服务系统为增值税一般纳税人代开增值税专用发票。

（6）代为制作涉税文书。

（7）开展税务咨询（顾问）、税收筹划、涉税培训等涉税服务业务。

（8）税务师还可承办下列涉税鉴证业务。

① 企业所得税汇算清缴纳税申报的鉴证。

② 企业税前弥补亏损和财产损失的鉴证。

③ 国家税务总局和省税务局规定的其他涉税鉴证业务。

根据现行有关法律的规定，税务师不能违反法律、行政法规的规定行使税务机关的行政职能。同时，对税务机关规定必须由纳税人、扣缴义务人自行办理的税务事宜，税务师不得代办。

1.4.2 税收服务代理中税务师的执业规则

1. 税务师拒绝出具报告的情形

税务师执业时，遇有下列情形之一的，应当拒绝出具有关报告。

（1）委托人示意其做不实报告或不当证明的。

（2）委托人故意不提供有关资料和文件的。

因委托人有其他不合理的要求，致使税务师出具的报告不能对涉税的重要事项做出正确表述的。

2. 税务师出具报告的行为规范

税务师执业，应当按照业务规程确定的工作程序建立工作底稿、出具有关报告。

税务师出具报告时，不得有以下行为。

（1）明知委托人对重要涉税事项的处理与国家税收法律、法规及有关规定相抵触，而不予指明。

（2）明知委托人对重要涉税事项的处理会损害报告使用人或其他利害关系人的合法权益，而予以隐瞒或做不实的报告。

（3）明知委托人对重要涉税事项的处理会导致报告使用人或其他利害关系人产生重大误解，而不予指明。

（4）明知委托人对重要涉税事项的处理有其他不实内容，而不予指明。

3. 税务师的其他行为规范

税务师不得有以下行为。

（1）执业期间，买卖委托人的股票、债券。

（2）索取、收受委托合同约定以外的酬金或其他财物，或者利用执业之便，谋取其他不正当的利益。

（3）允许他人以本人名义执业。

（4）向税务机关工作人员行贿，或者指使、诱导委托人行贿。

（5）其他违反法律、行政法规的行为。

1.5　税收服务代理的法律关系和法律责任

税收服务代理的法律关系是指纳税人、扣缴义务人委托税务师办理涉税事宜而产生的委托方与受托方之间的权利、义务和责任关系。税务师以委托方的名义进行代理工作，其代理过程中所产生的法律后果直接归属委托方，税收服务代理法律关系的确定以委托代理协议书的签订为标志。同时，委托代理项目、委托期限等的变化，将直接影响双方的权利、义务关系，税收服务代理法律关系将随之发生变更。

1.5.1　税收服务代理的法律关系

1. 税收服务代理关系的确立

1）税收服务代理关系确立的前提

税收服务代理不同于一般民事代理，税收服务代理关系的确立，应当以双方自愿委托和自愿受理为前提，同时还要受代理人资格、代理范围及委托事项的限制。

（1）委托项目必须符合法律规定。税务师可以接受纳税人、扣缴义务人的委托从事规定范围内的业务代理，税务师不得超越法律规定范围进行代理，并严禁代理偷税、骗税行为。

（2）受托代理机构及专业人员必须具有一定资格。税收服务代理是一项政策性较强、法律约束较高的工作。因此，受托代理机构及从业人员必须取得一定资格。按现行规定，从事税收服务代理的机构只能是经国家税务总局及其授权部门确认批准的负有限责任的税务师事务所和合伙税务师事务所，其他机构不得从事税收服务代理业务。同时，税收服务代理专业人员必须经考试取得中华人民共和国税务师执业资格证书，方可从事代理业务。

（3）税务师承办业务必须由所在的税务师事务所统一受理。

（4）签订委托代理协议书。

税收服务代理关系的确立必须签订书面委托代理协议书，而不得以口头或其他形式。未经签订委托代理协议书而擅自开展代理业务的，不受法律保护。

2）税收服务代理关系确立的程序及形式

税收服务代理关系的确立大致有两个阶段：第一阶段是准备阶段，主要就委托内容与权利、义务进行洽谈；第二阶段是签约阶段，即委托代理关系确立阶段。

（1）税收服务代理关系的准备阶段。税收服务代理关系确立前，代理双方应就委托项目及服务标准协商一致，并对双方的权利与义务进行商定，特别是应由纳税人、扣缴义务人提供的、与委托税务事宜有关的情况、数据、证件、资料等，必须如期、完整、准确地提供。同时，双方应就代理费收取等事宜协商一致。这一阶段，税务师处于税收服务代理关系确立前的主导地位，必须向委托人阐明税收服务代理业务范围、税收服务代理责任，双方的权利与义务，以及税收服务代理收费等，取得委托人认同。

（2）委托代理协议书签约阶段。在委托方、受托方就协议约定内容取得一致意见后，委托方、受托方应就约定内容签订委托代理协议书。委托代理协议书应当载明委托方、受托方名称，代理事项，代理权限，代理期限，以及其他应明确的事项，并由税务师及其所在的税收服务代理机构和委托方签名盖章。协议书经委托方、受托方签章后，正式生效。

税收服务代理委托协议书

编号：第　　　号

甲方：　　　　　　　　　　　　　　　　乙方：

法定代表人：　　　　　　　　　　　　　法定代表人：

地址：　　　　　　　　　　　　　　　　地址：

电话：　　　　　　　　　　　　　　　　电话：

联系人：　　　　　　　　　　　　　　　联系人：

纳税人识别号：

兹有＿＿＿＿＿＿＿＿＿＿＿＿＿＿＿＿（甲方）委托深圳市巨源税务师事务所有限公司（乙方），提供＿＿＿＿＿＿＿＿＿＿＿＿＿＿服务。经双方协商，现将双方责任及有关事项约定如下。

一、委托事项

（一）项目名称：

（二）具体内容及要求：

（三）完成时间：

二、代理费用及支付方式

（一）完成约定事项的代理费用为人民币（大写）＿＿＿＿＿＿＿＿＿＿＿＿＿元。

（二）上述费用按＿＿＿＿＿＿＿＿＿＿＿＿方式，自协议签订后＿＿＿＿＿＿＿＿＿＿日内支付完毕。

三、甲方义务及责任

（一）甲方应对乙方开展审核工作给予充分的合作，提供必要的条件，并按乙方的要求，提供账册、凭证、报表，以及其他在审核过程中需要查看的各种文件资料。

（二）甲方必须向乙方及时提供与委托事项有关的凭证及其他涉税资料，并对其真实性、合法性、完整性负责。如因甲方提供的涉税资料失实，造成代理结果错误的，乙方不负赔偿责任。

（三）作为审核程序的一部分，在乙方认为必要时，甲方应提供一份管理当局声明书，对有关会计报表方面的情况作必要的说明。

（四）甲方不得授意乙方代理人员实施违反税收法律、法规的行为。如有此类情况，经劝告后仍不停止者的，乙方有权终止代理。

（五）甲方应按约定的条件，及时足额支付代理费。不按约定时间支付的，应按约定数额的_____比例支付违约金。

四、乙方的义务及责任

（一）乙方接受委托后，应及时委派代理人员为甲方提供约定的服务。

（二）乙方委派代理人员必须对执业中知悉的甲方商业秘密保密，维护甲方的合法权益。

（三）按照国家有关税收法规的要求，对甲方提供的企业所得税税前扣除项目相关资料，实施必要的税务审核程序，并按时出具代理报告。如超过约定时限，给甲方造成损失的，应按收取代理费的_____比例支付违约金。

（四）因乙方违反税收法律、法规，造成被审核企业未缴或少缴税款的，除由甲方缴纳或补缴税款、滞纳金外，乙方应承担相应的赔偿责任。

五、协议签订后，双方应积极按约履行，不得无故终止。如有法定情形或特殊原因确需终止的，提出终止的一方应及时通知另一方，并给对方以必要的准备时间。

六、协议履行中如遇情况变化，需要变更、补充有关条款的，由双方协商议定。

七、协议履行中如有争议，双方应协商解决，协商不成，可通过诉讼方式解决。

八、本协议经双方法定代表人签字并加盖单位公章后生效。

九、本协议一式两份，甲、乙双方各执一份，并具有同等法律效力。

十、本协议未尽事宜，经双方协商同意后，可另行签订补充协议。

签订时间： 年 月 日

签订地点：

2. 税收服务代理关系的变更

委托代理协议书签订后，税务师及其助理人员应按协议约定的税收服务代理事项进行工作，但遇有下列问题之一的，应由协议双方协商对原订协议书进行修改和补充。

（1）委托代理项目发生变化的。这里有两种情况：第一种是原委托代理项目有了新发展，代理内容超越了原约定范围，经双方同意增加或减少代理内容的。例如，原来签订的是单项代理，后改为综合代理。第二种是由于客观原因，委托代理内容发生变化，需要相应修改或补充原协议内容的。

（2）税务师发生变化的。

（3）由于客观原因，需要延长完成协议时间的。

上述内容的变化都将使税收服务代理关系发生变化。因此，必须先修订委托代理协议书，并经过委托方和受托方，以及税务师共同签章后生效，修订后的协议书具有同等法律效力。

3. 税收服务代理关系的终止

税收服务代理委托协议约定的代理期限届满或代理事项完成，税收服务代理关系终止。

1）委托方单方终止代理行为

有下列情形之一的，委托方在代理期限内可单方终止代理行为。

（1）税收服务代理执业人员未按代理协议的约定提供服务。

（2）税收师事务所被注销资格。

（3）税收师事务所破产、解体或被解散。

2）税务师事务所单方终止代理行为

有下列情形之一的，税务师事务所在代理期限内可单方终止代理行为。

（1）委托人死亡、解体或破产。

（2）委托人自行实施或授意税收服务代理执业人员实施违反国家法律、法规行为，经劝告仍不停止其违法活动的。

（3）委托人提供虚假的生产经营情况和财务会计资料，造成代理错误的。

委托关系存续期间，一方如遇特殊情况需要终止代理行为的，提出终止的一方应及时通知另一方，并向当地主管税务机关报告，终止的具体事项由双方协商解决。

1.5.2 税收服务代理的法律责任

为了维护税收服务代理双方的合法权益，保证税收服务代理活动顺利进行，使税收服务代理事业能够在法制的轨道上健康发展，必须明确税收服务代理的法律责任。

规范税收服务代理法律责任的法律是《中华人民共和国民法通则》《中华人民共和国税收征收管理法》及其实施细则和其他有关法律、行政法规，承担的法律责任既包括民事法律责任，也包括刑事法律责任。

1. 委托方的法律责任

根据《中华人民共和国合同法》规定，当事人一方不履行合同义务或履行合同义务不符合约定的，应当承担继续履行、采取补救措施或赔偿损失等违约责任。因此，如果委托方违反代理协议的规定，致使税务师不能履行或不能完全履行代理协议，由此而产生法律后果的法律责任应全部由委托方承担，其中，纳税人除了应按规定承担本身应承担的税收法律责任以外，还应按规定向受托方支付违约金和赔偿金。

2. 受托方的法律责任

《中华人民共和国民法通则》第六十六条规定，代理人不履行职责而给被代理人造成损害的应当承担民事责任。根据这项规定，税务代理人如因工作失误或未按期完成税务代理事务等未履行税务代理职责，给委托方造成不应有的损失的，应由受托方负责。

《中华人民共和国税收征管法实施细则》第九十八条规定，税务代理人违反税收法律、行政法规，造成纳税人未缴或少缴税款的，除由纳税人缴纳或补缴应纳税款、滞纳金外，对税务代理人处纳税人未缴或少缴税款 50% 以上 3 倍以下的罚款。

《注册税务师管理暂行办法》规定，对税务师及其所在机构违反该规定的行为，分别按以下规定进行处理。

（1）税务师有下列行为之一的，由省税务局予以警告或处 1 000 元以上 5 000 元以下罚款，责令其限期改正，限期改正期间不得对外行使税务师签字权；逾期不改正或情节严重的，应当向社会公告，公告办法另行规定。

① 执业期间买卖委托人股票、债券的。

② 以个人名义承接业务或收费的。

③ 泄露委托人商业秘密的。

④ 允许他人以本人名义执业的。

⑤ 利用执业之便，谋取不正当利益的。

⑥ 在一个会计年度内违反《注册税务师管理暂行办法》规定 2 次以上的。

（2）税务师事务所有下列行为之一的，由省税务局予以警告或处 1 000 元以上 1 万元以下罚款，责令其限期改正；逾期不改正或情节严重的，向社会公告。

① 未按照《注册税务师管理暂行办法》规定承办相关业务的。

② 未按照协议规定履行义务而收费的。

③ 未按照财务会计制度核算，内部管理混乱的。

④ 利用执业之便，谋取不正当利益的。

⑤ 采取夸大宣传、诋毁同行和以低于成本价收费等不正当方式承接业务的。

⑥ 允许他人以本所名义承接相关业务的。

（3）税务师和税务师事务所出具虚假涉税文书，但尚未造成委托人未缴或少缴税款的，由省税务局予以警告并处 1 000 元以上 3 万元以下的罚款，并向社会公告。

（4）税务师和税务师事务所违反税收法律、行政法规，造成委托人未缴或少缴税款的，由省税务局按照《税收征管法实施细则》第九十八条的规定处以罚款；情节严重的，撤销执业备案或收回执业证，并提请工商行政管理部门吊销税务师事务所的营业执照。出现上述规定情形的，省税务师管理中心应当将处罚结果向国家税务总局备案，并向社会公告。

3. 对属于共同法律责任的处理

《中华人民共和国民法通则》第六十七条规定，代理人知道被委托代理的事项违法，仍进行代理活动的，或者被代理人知道代理人的代理行为违法，不表示反对的，被代理人和代理人负连带责任。根据这项规定，代理人与被代理人如果互相勾结、偷税抗税、共同违法，应按共同违法论处，双方都要承担法律责任。涉及刑事犯罪的，还要移送司法部门依法处理。

思考与练习

一、名词解释

代理　税收服务代理　税收服务代理制度

二、单项选择题

1. 从本质上说税收服务代理是一种（　　）。

    A. 社会中介活动　　B. 管理咨询活动　　C. 经济监督活动　　D. 行政执法活动

2. 中国税收服务代理制度的模式属于（　　）。

    A. 集中型　　　　　B. 松散型　　　　　C. 混合型　　　　　D. 市场型

3. 下列情形中，不属于税收服务代理业务范围的是（　　）。

    A. 税务行政诉讼

    B. 办理税务登记、变更税务登记手续、注销税务登记

    C. 制作涉税文书

    D. 办理增值税专用发票领购手续

4. 下列情况属于税收服务代理关系自然终止的情况是（　　）。

    A. 委托人单方终止代理事项

    B. 注册税务师被注销执业资格

    C. 委托方被取消代理资格

    D. 合同规定的税务代理期限届满

5. 下列事项中（　　）不属于税收服务代理关系变更的原因。

    A. 单项代理要改为全面代理的

    B. 注册税务师发生变化的

    C. 税务代理机构解散的

    D. 由于客观原因，需要延长完成协议时间的

三、多项选择题

1. 以下属于税收服务代理的特点有（　　）。

    A. 主体资格的公正性

    B. 法律约束性

    C. 活动的知识性与专业性

    D. 无偿服务型

2. 税收服务代理活动必须遵循的原则包括（　　）。

    A. 自愿委托原则　　　　　　　　B. 独立公正原则

    C. 利润最大化原则　　　　　　　D. 依法代理原则

3. 税收服务代理的作用包括（　　）。

    A. 有利于保护纳税人的合法权益

    B. 有利于让纳税人合理避税

    C. 有利于增强纳税人自觉纳税的意识

    D. 有利于完善征收监督制约机制

4. 以下属于税收服务代理制度的类型有（　　）。

    A. 集中型税收代理制度　　　　　B. 松散型税收代理制度

    C. 混合型税收代理制度　　　　　D. 独立型税收代理制度

5. 税务代理人因违约、过失、欺诈给国家或被代理人造成损失的，按照有关法律规定可能被判负有（　　）。

    A. 经济责任　　　B. 行政责任　　　C. 民事责任　　　D. 刑事责任

四、判断题

1. 只有建立高标准的纳税服务大厅才能提供优质服务，只有配备高标准的设施和设备才能提供优质服务。 （ ）

2. 征税时任何纳税人在法律主体、经济主体、文化主体层面上具有平等性。 （ ）

3. 针对纳税人素质有高有低，涉税业务有繁有简的实际情况，纳税服务行使应从被动服务向主动服务转变。 （ ）

4. 纳税权益服务是税务机关为保护纳税人权益提供的服务。 （ ）

5. 税收服务代理是政府行政部门提供的服务，属于公共服务范畴。 （ ）

五、问答题

1. 简述税收服务代理的特征。

2. 简述税收服务代理的范围。

3. 试述税收服务代理制度的内涵和作用。

4. 试述税收服务代理在税收征纳关系中的作用。

5. 试述税收服务代理的法律责任。

第2章 税务管理与税务登记服务实务

学习目标

通过本章的学习，学生对税务管理与企业税务登记范围的基本内容有所了解。通过学习，学生应重点掌握税务登记的类型与内容，以及有关表格的填制方法，熟悉纳税事项与税务登记实务服务的操作。

导入案例

天宇科技有限公司成立于 2011 年 2 月，注册资本 80 万元，主营工艺品的加工、生产，被税务机关认定为小规模纳税人。因为市场前景看好，2015 年销售收入达到 120 万元。为应对企业高速成长对资金的需求，股东会于 2015 年 12 月 20 日通过增加注册资本 150 万元的决议，并于 2016 年 1 月 5 日办理工商登记变更手续。2016 年 1 月公司委托税务师代为上述涉税业务。

问：税务师应就企业的上述业务承办哪些具体涉税业务？

2.1 税务管理概述

税务管理是国家税务机关依照税收政策、法令、制度对税收分配全过程所进行的计划、组织、协调和监督控制的一种管理活动。它是保证财政收入及时、足额入库，实现税收分配目标的重要手段。税务管理可分为两个层次：① 税收政策、法令、制度的制定，即税收立法；② 税收政策、法令、制度的执行，即税收的征收管理，也称为税收执法。

2.1.1 税务管理体制

税务管理体制是指在中央与地方，以及地方各级政府之间划分税收管理权限的一种制度，是税收管理制度的重要组成部分。税收管理权限包括税收立法权和税收管理权两个方面。

1. 税收立法权

税收立法权是指国家最高权力机关依据法定程序赋予税收法律效力时所具有的权力。税收立法权包括税法制定权、审议权、表决权和公布权。

2. 税收管理权

税收管理权是指贯彻执行税法所拥有的权限，它实质上是一种行政权力，属于政府及其职能部门的职权范围。税收管理权包括税种的开征与停征权、税法的解释权、税目的增减与税率的调整权、减免税的审批权。

2.1.2　分税制下的税务管理体制

1. 分税制的概念

分税制是指在划分中央与地方政府事权的基础上，按照税种划分中央与地方财政收入的一种财政管理体制。分税制不仅是财政管理体制的目标模式，同时也是税务管理体制改革的重要内容。实行分税制，有利于进一步理顺中央与地方的财政分配关系，更好地发挥国家财政的职能作用，增强中央的宏观调控能力，促进社会主义市场经济体制的建立和国民经济又好又快发展。

2. 分税制的内容

（1）合理划分中央和地方政府的事权范围。中央政府主要负责国防、外交、武警、国家重点建设、中央国家机关经费，以及实施宏观调控所必需的支出；地方政府主要承担地区政权机关经费及本地区经济和各种事业发展所需支出。

（2）合理划分税种，按税种划分中央与地方收入。将国家开征的全部税种划分为中央税、中央与地方共享税和地方税。属于维护国家权益、实施宏观调控所必需的税种划为中央税；属于与经济发展密切相关的主要税种划为中央与地方共享税；属于适合地方征管，有利于调动地方积极性的税种划为地方税。

（3）分设国家税务局和地方税务局两套税务机构。为了保证分税制的顺利实施，我国将原来的一套税务机构分设为国家税务局和地方税务局两套机构，国家税务局隶属中央政府，负责中央税、中央与地方共享税的征收和管理；地方税务局隶属于地方各级政府，负责地方税的征收和管理。

2.1.3　我国税务管理机构的设置及其职能划分

1. 税务管理机构的设置

税务机关是主管我国税收征收管理工作的部门。1994 年，为了进一步理顺中央与地方的财政分配关系，更好地发挥国家财政的职能作用，增强中央的宏观调控能力，促进社会主义市场经济体制的建立和国民经济持续、快速、健康的发展，我国开始实行分税制财政管理体制。同时，为了适应分税制财政管理体制的需要，我国对税收管理机构也进行了相应的配套改革。中央政府设立国家税务总局，是国务院主管税收工作的直属机构。省及省以下税务机构分设为国家税务局和地方税务局两个系统。

国家税务局系统的机构设置为四级，即：国家税务总局，省（自治区、直辖市）国家税务局，地（设区的市、州、盟）国家税务局，县（市、旗）国家税务局。国家税务局系统实行国家税务总局垂直管理的领导体制，在机构、编制、经费、领导干部职务的审批等方面按照下管一级的原则，实行垂直管理。地方税务局按行政区划设置，分为三级，即省（自治区、直辖市）地方税务局，地（设区的市、州、盟）地方税务局，县（市、旗）地方税务局。地方税务局系统的管理体制、机构设置、人员编制按地方人民政府组织法的规定办理。省（自治区、直辖市）地方税务局实行省（自治区、直辖市）人民政府和国家税务总局双重领导，以地方政府领导为主的管理体制。国家税务总局对省（自治区、直辖市）

地方税务局的领导，主要体现在税收业务的指导和协调以及对国家统一的税收制度、政策的组织实施和监督检查等方面。省（自治区、直辖市）以下地方税务局实行上级税务机关和同级政府双重领导、以上级税务机关垂直领导为主的管理体制，即地（设区的市、州、盟）以及县（市、旗）地方税务局的机构设置、干部管理、人员编制和经费开支由所在省（自治区、直辖市）地方税务机构垂直管理。

国家（地方）税务局系统依法设置，对外称谓统一为国家（地方）税务局、税务分局、税务所和国家（地方）税务局稽查局，按照行政级次、行政（经济）区划或隶属关系命名税务机关名称并明确其职责。各级税务局为全职能局，按照省（自治区、直辖市），副省级城市，地区（市、盟、州）以及直辖市的区、副省级市的区，县（旗），县级市、地级市城区的行政区划设置，地级以上城市的区也可按经济区划设置。税务分局、税务所为非全职能局（所），是上级税务机关的派出机构。可按行政区划设置，也可按经济区划设置。较大县的城区、管辖五个以上乡镇（街道）的可设置税务分局。管辖四个以下乡镇（街道）的机构称税务所。各级税务局稽查局是各级税务局依法对外设置的直属机构。地级市的城区如有需要，可以设置稽查局，城区稽查局视不同情况既可按行政区划设置，也可跨区设置。

2. 税收征收范围的划分

1）国家税务局系统的征收范围

国家税务局系统负责征收和管理的项目有：增值税、消费税（其中进口环节的增值税、消费税由国税负责征收、委托海关代征）、车辆购置税、营业税改征的增值税（除 2016 年 5 月 1 日全面推开营改增试点后，二手房交易环节的增值税），铁道部门、各银行总行、各保险公司总公司集中缴纳的企业所得税、城市维护建设税和教育费附加，中央企业缴纳的企业所得税，中央与地方所属企业、事业单位组成的联营企业、股份制企业缴纳的企业所得税，地方银行、非银行金融企业缴纳的企业所得税，海洋石油企业缴纳的企业所得税、资源税，2002—2008 年注册的企业、事业单位缴纳的企业所得税，对储蓄存款利息征收的个人所得税（目前暂免征收），对股票交易征收的印花税，废弃电气电子产品处理基金（国产部分）。

西藏自治区只设立国家税务局，征收和管理税务系统负责的所有项目。但是暂不征收房产税、契税。

2）地方税务局系统的征收范围

地方税务局系统负责征收和管理的项目有：2016 年 5 月 1 日全面推开营改增试点后，二手房交易环节的增值税，企业所得税、个人所得税、资源税、印花税、城市维护建设税和教育费附加（不包括由国家税务局系统负责征收管理的部分）、房产税、城镇土地使用税、耕地占用税、契税、土地增值税、车船税、烟叶税、文化事业建设费、社会保险费（部分地区）。

3）海关系统的征收范围

海关系统负责征收和管理的项目有：关税、船舶吨税和废弃电器电子产品处理基金（进口部分）。此外，负责代征进口环节的增值税、消费税。

3. 2009 年起下列新增企业的所得税征收管理范围

（1）企业所得税全额为中央收入的企业和在国家税务局缴纳营业税的企业，其企业所得税由国家税务局管理。银行（信用社）、保险公司的企业所得税由国家税务局管理，除上述规定外的其他各类金融企业的企业所得税由地方税务局管理。外商投资企业和外国企业常驻代表机构，在中国境内设立机构、场所的其他非居民企业的企业所得税仍由国家税务局管理。

（2）非居民企业没有在中国境内设立机构、场所，而来源于中国境内的所得；或者虽然在中国境内设立机构、场所，但是取得的来源于中国境内的所得与其在中国境内所设机构、场所没有实际联系，中国境内的单位、个人向非居民企业支付上述所得的，该项所得应当扣缴的企业所得税的征收管理，分别由主管支付该项所得的中国境内单位、个人所得税的国家税务局或者地方税务局负责（其中不缴纳企业所得税的单位由国家税务局负责）。

（3）2008 年以前已经成立的跨区经营汇总纳税企业，2009 年以后新设立的分支机构，其企业所得税的征收管理机关应当与其总机构企业所得税的征收管理机关一致。2009 年以后新增跨区经营汇总纳税企业，其总机构企业所得税的征收管理机关按照（1）的规定确定，其分支机构企业所得税的征收管理机关也应当与总机构企业所得税的征收管理机关一致。

（4）依法免缴增值税的企业，按照其免缴的上述税种确定企业所得税的征收管理机关。不缴纳增值税的企业，其企业所得税暂由地方税务局系统负责征收和管理。

（5）不缴纳增值税的企业，原则上按照其税务登记的时候自行申报的主营业务应当缴纳的上述税种确定企业所得税的征收管理机关。企业办理税务登记证的时候无法确定主营业务的，一般以工商登记注明的第一项业务为准。企业所得税的征收管理机关一经确定，原则上不再调整。

2009 年起新增企业，是指按照《财政部、国家税务总局关于享受企业所得税优惠政策的新办企业认定标准的通知》（财税〔2006〕1 号）及有关规定的新办企业认定标准成立的企业。

2.2　企业税务登记服务实务

企业税务登记服务的范围主要涉及两个方面：一个是企业、企业设在外地的分支机构和从事生产、经营的场所，个体工商户和从事生产、经营的事业单位的税务登记；另一个是企业特定税种、纳税事项的税务登记。

依据我国《中华人民共和国税收征管法》的规定，从事生产、经营的纳税人，必须在法定期限内依法办理税务登记。税务登记是指税务机关对纳税人的经济活动进行登记，并据此对纳税人实施税务管理的一项法定制度。税务登记是整个税收征管的首要环节，是纳税人与税务机关建立税务联系的开始。

2.2.1　税务登记

1. "五证合一、一照一码"登记制度

2016 年 7 月 5 日，国务院办公厅印发《关于加快推进"五证合一、一照一码"登记制度改革的通知》（以下简称《通知》），对在全面实施工商营业执照、组织机构代码证、税务登记证"三证合一"登记制度改革的基础上，再整合社会保险登记证和统计登记证，实现"五证合一、一照一码"做出部署。《通知》要求，从 2016 年 10 月 1日起正式实施"五证合一、一照一码"，在更大范围、更深层次实现信息共享和业务协同。

需要明确的是，"五证合一"登记制度改革并非是将税务登记取消了，税务登记的法律地位仍然存在，只是政府简政放权将此环节改为工商行政管理部门一口受理，核发一个加载法人和其他组织统一社会信用代码的营业执照，这个营业执照在税务机关完成信息补录后具备税务登记证的法律地位和作用。

新设立企业、农民专业合作社领取由工商行政管理部门核发加载法人和其他组织统一社会信用代码的营业执照后，无须再次进行税务登记，不再领取税务登记证。企业办理涉税事宜时，在完成补充信息采集后，加载统一代码的营业执照可代替税务登记证使用。

除以上情形外，其他税务登记按照原有法律制度执行。

过渡期间，未换发"五证合一、一照一码"营业执照的企业，原税务登记证件继续有效，如企业申请注销，税务机关按照原规定办理。

2. 税务登记服务操作规范

1) 申报注意事项

税务师以企业的名义向税务机关办理税务登记的申报注意事项如下。

(1) 企业在工商登记，取得"五证合一、一照一码"证照后，30 日内未去税务机关报到，不属于逾期登记。

(2)《申请税务登记报告书》应详细写明申请税务登记的原因和要求。

(3) 提供办理税务登记所必备的资料和复印件。

2) 填报《税务登记表》

《税务登记表》有三种类型，分别适用于单位纳税人、个体经营纳税人、临时经营纳税人。税务师应根据企业的经济类型领取相应的登记表，填写完毕后将税务登记表及有关资料报送税务机关审核。适用于单位纳税人的税务登记表，具体格式如表 2-1 所示。

2.2.2　变更税务登记

变更税务登记是指纳税人办理税务登记后，需要对原登记内容进行更改，而向税务机关申报办理的税务登记。

1. 变更税务登记适用范围

(1) 改变纳税人名称。

表 2-1　税务登记表

（适用单位纳税人）

国税档案号：　　　　地税档案号：　　　　填表日期：

纳税人名称			纳税人识别号	
登记注册类型				
组织机构代码				
开业（设立）日期	生产经营期限		批准设立机关	批准设立证明或文件号
注册地址	证照名称	企业法人营业证		证照号码
生产经营地址		邮政编码		联系电话
		邮政编码		联系电话
核算方式	请选择对应项目打"√"　□独立核算　□非独立核算		从业人数_____，其中外籍人数	
单位性质	请选择对应项目打"√"　□企业　□事业单位　□社会团体　□民办非企业单位　□其他		国标行业	
网站网址				
适用会计制度	请选择对应项目打"√"　□企业会计制度　□小企业会计制度　□金融企业会计制度　□行政事业单位会计制度　□□□□□□　□□			
经营范围				

内容＼联系人	姓名	身份证件		纳税人识别号	固定电话	移动电话	电子邮箱
		种类	号码				
法定代表人							
财务负责人							
办税人							
税务代理人名称					联系电话		电子邮箱

请将法定代表人（负责人）身份证件复印件粘贴在此处

注册资本或投资总额		币种	金额	
投资方名称	投资方经济性质	投资比例	证件种类	证件号码	币种	金额	国籍或地址
自然人投资比例		外资投资比例		国有投资比例			

续表

分支机构名称		注册地址		纳税人识别号	
总机构名称			纳税人识别号		
注册地址			经营范围		
法定代表人姓名		联系电话	注册地址邮政编码		
代扣代缴、代收代缴税款业务情况	代扣代缴、代收代缴税款业务内容			代扣代缴、代收代缴税种	

附报资料：

经办人签章：

法定代表人（负责人）签章：　　　年　月　日

纳税人公章：

纳税人签章：　　　年　月　日

以下由税务机关填写：

纳税人所处街乡		隶属关系		
国税主管税务局	国税主管税务所（科）	是否属于国税、地税共管户	地方税务登记机关 （税务登记专用章）： 核准日期：	
地税主管税务局	地税主管税务所（科）	国家税务登记机关 （税务登记专用章）： 核准日期：		
经办人（签章）： 国税经办人： 地税经办人： 受理日期：　　年　月　日		国税主管税务机关：　　年　月　日	地税主管税务机关：　　年　月　日	
国税核发《税务登记证副本》数量：　　　本				
地税核发《税务登记证副本》数量：　　　本				

国家税务总局监制

（2）改变法人代表。

（3）改变经济性质。

（4）增设或撤销分支机构。

（5）改变住所或经营地点（涉及主管税务机关变动的办理注销登记）。

（6）改变生产、经营范围或经营方式。

（7）增减注册资本。

（8）改变隶属关系。

（9）改变生产经营期限。

（10）改变开户银行和账号。

（11）改变生产经营权属，以及改变其他税务登记内容。

2. 变更税务登记管理规程

（1）领取"一照一码"营业执照的企业生产经营地、财务负责人、核算方式信息由企业登记机关在新设立时采集。在企业经营过程中，上述信息变化的，企业应向主管税务机关申请变更，不向工商登记部门申请变更。除上述信息外，企业在登记机关新设立时采集的信息发生变更的，均由企业向工商登记部门申请变更。对于税务机关在后续管理中采集的其他必要涉税基础信息发生变更的，企业直接向税务机关申请变更即可。

（2）未领取"一照一码"营业执照的企业申请变更登记或者申请换发营业执照的，税务机关应告知企业在登记机关申请变更，并换发载有统一社会信用代码的营业执照。原税务登记证由企业登记机关收缴、存档。企业"财务负责人""核算方式""经营地址"三项信息发生变化的，应直接向税务机关申请变更。

（3）个体工商户及其他机关批准设立的未列入"一照一码"登记范围主体的变更事项，按照以下业务规程操作。

① 纳税人税务登记内容发生变化的，应当向原税务机关申报办理变更税务登记，报送材料有《变更税务登记表》、工商营业执照原件及复印件、纳税人变更登记内容的有关证明文件原件、复印件。

② 税务登记情形发生变化的，但不涉及改变税务登记证件内容的纳税人，向原主管税务机关申报办理变更税务登记，报送材料有《变更税务登记表》、工商营业执照原件及复印件、纳税人变更登记内容的有关证明文件原件、复印件。

③ 纳税人已在工商行政管理机关办理变更登记的，应当自工商行政管理机关变更登记之日起 30 日内，向原税务机关申报办理变更税务登记。

④ 纳税人按照规定不需要在工商行政管理机关办理变更登记，或者其变更登记的内容与工商登记内容无关的，应当自税务登记内容实际发生变化之日起 30 日内，或者自有关机关批准或宣布变更之日起 30 日内，到原税务登记机关申报办理变更税务登记。

（4）变更税务登记流程，变更税务登记流程如图 2-1 所示。

3. 变更税务登记服务操作要点

1）变更税务登记服务申报

纳税人在工商行政管理机关办理变更登记的，应当自工商行政管理部门办理变更登记之日起 30 日内，向原税务机关如实提供下列证件、资料，申报办理变更税务登记。

（1）工商变更登记表及工商营业执照复印件。

图 2-1　变更税务登记流程图

（2）纳税人变更登记内容的决议及有关证明文件。

（3）其他有关资料。

2）仅变更税务登记所需证件

纳税人按照规定不需要在工商行政管理机关办理变更登记，或者其变更登记的内容与工商登记内容无关的，应当自税务登记内容实际发生变化之日起 30 日内，或者自有关机关批准或宣布变更之日起 30 日内，到原税务登记机关申报办理变更税务登记。

3）填写《税务登记变更表》

填写《税务登记变更表》（如表 2-2 所示）提交税务机关审核。

表 2-2　税务登记变更表

纳税人名称		纳税人识别号	
国税档案号码		地税计算机代码	
变更登记事项			
序号	变更项目	变更前内容	变更后内容	批准机关名称及文件

序号	变更项目	变更前内容	变更后内容	批准机关名称及文件

送交证件情况：

纳税人：

经办人：　　　　　　　　　法定代表人（负责人）　　　　　　　　　纳税人（签章）

　年　　月　　日　　　　　　　年　　月　　日　　　　　　　年　　月　　日

经办税务机关审核意见：

经办人：　　　　　　　　　负责人　　　　　　　　　税务机关（签章）

　年　　月　　日　　　　　　　年　　月　　日　　　　　　　年　　月　　日

注：本表一式二份，税务机关与纳税人各执一份。

税务师领取《税务登记变更表》以后，应根据企业的实际情况，详细填写纳税人名称、纳税人识别号、填表日期、变更登记事项及其变更前后的内容，并办理签章手续。

4）领取变更后的税务登记证及有关资料

税务师应及时到税务机关领取重新核发的税务登记证件及有关资料，送交企业存档。

2.2.3 停业、复业税务登记

1．停业、复业税务登记管理规程

（1）实行定期定额征收方式的个体工商户需要停业的，应当在停业前向税务机关申报办理停业税务登记。纳税人的停业期不得超过一年。

（2）纳税人在申报办理停业税务登记时，应如实填写停业申请登记表，说明停业理由、停业期限、停业前的纳税情况和发票的领、用、存情况，并结清应纳税款、滞纳金、罚款。税务机关应收存其税务登记证件及副本、发票领购簿、未使用完的发票和其他税务证件。

（3）纳税人在停业期间发生纳税义务的，应当按照税收法律、行政法规的规定申报缴纳税款。

（4）纳税人应当于恢复生产经营之前，向税务机关申报办理复业税务登记，如实填写《停业、复业（提前复业）报告书》，领回并启用税务登记证件、发票领购簿及其停业前领购的发票。

（5）纳税人停业期满不能及时恢复生产经营的，应当在停业期满前向税务机关提出延长停业税务登记申请，并如实填写《停业、复业（提前复业）报告书》（如表 2-3 所示）。

表 2-3 停业、复业（提前复业）报告书

填表日期：　　　年　　月　　日

纳税人基本情况	纳税人名称		纳税人识别号		经营地点		
停业期限				复业时间			
交回发票情况	种类	号码	本数	领回发票情况	种类	号码	本数
交存税务资料情况	发票领购簿	税务登记证	其他资料	领用税务资料情况	发票领购簿	税务登记证	其他资料
	是（否）	是（否）	是（否）		是（否）	是（否）	是（否）
结清税款情况	应纳税款	滞纳金	罚款	停业期是（否）纳税	已缴应纳税款	已缴滞纳金	已缴罚款
	是（否）	是（否）	是（否）		是（否）	是（否）	是（否）
					纳税人（签章）　　　　　　　　　年　　月　　日		
税务机关复核	经办人：　　　年　　月　　日		负责人：　　　年　　月　　日		税务机关（签章）　　　年　　月　　日		

2. 停业、复业税务登记管理流程

停业、复业税务登记管理流程分别如图 2-2 和图 2-3 所示。

图 2-2　停业税务登记管理流程图

图 2-3　复业税务登记管理流程图

3. 停业、复业税务登记服务操作要点

（1）停业、复业税务登记申报。税务师应按照规定的期限以纳税人的名义向税务机关办理企业停业、复业税务登记申报，填报企业停业、复业报告书，并提交相关证明文件和资料。

（2）填报企业停业、复业税务登记表。根据企业实际情况，填写企业停业、复业税务登记表。

（3）领取企业停业、复业税务登记的有关批件。

2.2.4　注销税务登记

1. 注销税务登记管理规程

（1）已实行"五证合一、一照一码"登记模式的企业办理注销税务登记，须先向主管税务机关申报清税，填写《清税申报表》。企业可以向国税、地税任何一方主管税务机关提出清税申报，税务机关受理后应将企业清税申报信息同时传递给另一方税务机关，国税、地税主管税务机关按照各自职责分别进行清税、限时办理。清税完毕后一方税务机关及时将本部门的清税结果信息反馈给受理税务机关，由受理税务机关根据国税、地税清税结果向纳税人统一出具《清税证明》，并将信息共享到交换平台。

（2）未换发"五证合一、一照一码"营业执照的企业申请注销登记按照以下规程操作。

① 纳税人发生解散、破产、撤销及其他情形，依法终止纳税义务的，应当在向工商行政管理机关或其他机关办理注销登记前，持有关证件和资料向原税务登记机关申报办理注销税务登记；按规定不需要在工商行政管理机关或其他机关办理注册登记的，应当自有关机关

批准或宣告终止之日起 15 日内，持有关证件和资料向原税务机关申报办理注销税务登记。

② 纳税人被工商行政管理机关吊销营业执照或被其他机关予以撤销登记的，应当自营业执照被吊销或被撤销登记之日起 15 日内，向原税务机关申报办理注销税务登记。

③ 纳税人因住所、经营地点变动，涉及改变税务登记机关的，应当在向工商行政管理机关或其他机关申请办理变更、注销登记前，或者住所、经营地点变动前，持有关证件和资料，向原税务登记机关申报办理注销税务登记，并自注销税务登记之日起 30 日内向迁达地税务机关申报办理税务登记。

④ 境外企业在中国境内承包建筑、安装、装配、勘探工程和提供劳务的，应当在项目完工、离开中国境内前 15 日内，持有关证件和资料，向原税务登记机关申报办理注销税务登记。

⑤ 纳税人办理注销税务登记前，应当向税务机关提交相关证明文件和资料，结清应纳税款，多退（免）税款，滞纳金和罚款，缴销发票、税务登记证件和其他税务证件，经税务机关核准后，办理注销税务登记手续。

2. 注销税务登记的程序

注销税务登记流程如图 2-4 所示。

图 2-4　注销税务登记流程图

3. 注销税务登记服务操作要点

1）注销税务登记申报

税务师应按照规定的期限以纳税人的名义向税务机关办理注销税务登记申报，填报《注销税务登记申请审批表》（见表 2-4）并提交相关证明文件和资料。

表 2-4　注销税务登记申请审批表

纳税人名称	纳税人识别号		
注销原因			
附送资料			
纳税人： 办税员：　　　　　　法定代表人（负责人）：　　　　　　纳税人（签章） 　年　月　日　　　　　　　年　月　日　　　　　　　　年　月　日			

续表

以下由税务机关填写				
受理时间	经办人： 　　年　　月　　日		负责人： 　　年　　月　　日	
消缴税款、滞纳金、罚款情况	经办人： 　　年　　月　　日		负责人： 　　年　　月　　日	
缴销发票情况	经办人： 　　年　　月　　日		负责人： 　　年　　月　　日	
税务检查意见	检查人员： 　　年　　月　　日		负责人： 　　年　　月　　日	
收缴税务证件情况	种类	税务登记证正本	税务登记证副本	临时税务登记证正本	临时税务登记证副本
	收缴数量				
	经办人： 　　年　　月　　日		负责人： 　　年　　月　　日	
批准意见	部门负责人： 　　年　　月　　日		税务机关（签章） 　　年　　月　　日	

2）填报《注销税务登记申请审批表》

根据企业的实际情况填写《注销税务登记申请审批表》，经企业盖章后报送税务机关办理审批手续。将已领购的或已购未用的发票《发票领购簿》等税收票证交回税务机关审验核销。

3）领取注销税务登记的有关批件

税务机关在纳税人结清全部纳税事项后，核发《注销税务登记通知书》。税务师应及时到税务机关领回有关注销税务登记的批件、资料，交给纳税人。

2.2.5　外出经营报验登记

1. 外出经营报验的一般要求

纳税人外出经营的税收管理包括纳税人外出经营活动的税收管理和外埠纳税人经营活动的税收管理。

纳税人到外埠销售货物的，《外出经营活动税收管理证明》有效期限一般为 30 日；到外埠从事建筑安装工程的，有效期限一般为 1 年，因工程需要延长的，应当向核发税务机关重新申请。

2. 纳税人外出经营活动税收管理程序

纳税人外出经营活动税收管理流程如图 2-5 所示。

图 2-5 纳税人外出经营活动税收管理流程图

2.3 纳税事项税务登记服务实务

本节主要介绍增值税一般纳税人资格认定登记、税种认定登记。

2.3.1 增值税一般纳税人资格认定登记

1. 增值税一般纳税人资格认定登记管理规程

（1）符合增值税一般纳税人条件的企业，应在向税务机关办理税务登记的同时，申请办理一般纳税人资格认定手续；已开业经营的增值税小规模企业（商业零售企业除外），若当年应税销售额超过增值税小规模纳税人标准的，应在次年 1 月底之前，申请办理增值税一般纳税人资格认定手续。

（2）企业申请办理增值税一般纳税人资格认定手续，应向所在地主管国税局提出书面申请，说明企业的经济形式、生产经营范围、产品名称及用途、企业注册资本、会计核算等问题，经税务机关审核后填写《增值税一般纳税人资格登记表》（如表 2-5 所示）。

表 2-5 增值税一般纳税人资格登记表

纳税人名称				纳税人识别号	
法定代表人 （负责人、业主）			证件名称及号码	联系电话	
财务负责人			证件名称及号码	联系电话	
办税人员			证件名称及号码	联系电话	
税务登记日期					

续表

生产经营地址	
注册地址	
纳税人类别：企业□　非企业性单位□　个体工商户□　其他□	
主营业务类别：工业□　商业□　服务业□　其他□	
会计核算健全：是□	
一般纳税人资格生效之日：当月1日□　次月1日□	
纳税人（代理人）承诺： 上述各项内容真实、可靠、完整。如有虚假，愿意承担相关法律责任。 　　　　经办人：　　　　法定代表人：　　　　代理人：　　　　（签章） 　　　　　　　　　　　　　　　　　　　　　　　　　　　　　　年　　月　　日	
以下由税务机关填写	
主管税务机关受理情况	受理人：　　　　　　　　　　　　　　　　　主管税务机关（章） 　　　　　　　　　　　　　　　　　　　　　　　　　年　月　日

填表说明：1. 本表由纳税人如实填写。

2. 表中"证件名称及号码"相关栏次，根据纳税人的法定代表人、财务负责人、办税人员的居民身份证、护照等有效身份证件及号码填写。

3. 表中"一般纳税人资格生效之日"由纳税人自行钩选。

4. 主管税务机关（章）指各办税服务厅业务专用章。

5. 本表一式二份，主管税务机关和纳税人各留存一份。

（3）企业总、分支机构不在同一县市的，应分别向其机构所在地主管税务机关申请办理一般纳税人资格认定登记手续。企业总机构已被认定为增值税一般纳税人的，其分支机构可持总机构为增值税一般纳税人的证明，向主管税务机关申请认定为增值税一般纳税人。除商业企业以外，纳税人总分支机构实行统一核算，其总机构年应税销售额超过增值税小规模企业标准，但分支机构年应税销售额未超过增值税小规模企业标准的，其分支机构可申请办理增值税一般纳税人资格认定手续。在办理认定手续时，须提供总机构所在地主管税务机关批准其总机构为增值税一般纳税人的证明。

（4）主管税务机关在为纳税人办理增值税一般纳税人登记时，纳税人税务登记证件上不再加盖"增值税一般纳税人"戳记。经主管税务机关核对后退还纳税人留存的《增值税一般纳税人资格登记表》，可以作为证明纳税人具备增值税一般纳税人资格的凭据。对从事商业经营的新办企业和小规模企业，一般是先认定为"增值税临时一般纳税人"，经过3个月或半年时间的考核后，再转为正式的增值税一般纳税人。

（5）新办小型商贸企业是指新办小型商贸批发企业。由于新办小型商贸批发企业尚未进行正常经营，对其增值税一般纳税人资格，一般情况下需要经过一定时间的实际经营才能审核认定。对新办工业企业增值税一般纳税人资格的认定，主管税务机关也应及时组织对纳税人的实地查验，核实是否拥有必要的厂房、机器设备和生产人员，是否具备增值税一般纳税人财务核算条件。在 2004 年 6 月 30 日前已办理税务登记并正常经营的属于增值税小规模纳税人的商贸企业，按其实际纳税情况核算年销售额实际达到 180 万元后，经主管税务机关审核，可直接认定为增值税一般纳税人，不实行辅导期一般纳税人管理。

（6）增值税纳税人的分类与认定。由于增值税实行凭增值税专用发票抵扣税款的制度。因此要求增值税纳税人会计核算健全，并能够准确核算销项税额、进项税额和应纳税额。为了严格增值税的征收管理，将纳税人按其经营规模大小及会计核算健全与否划分为增值税一般纳税人和增值税小规模纳税人。对增值税一般纳税人实行凭发票扣税的计税方法；对增值税小规模纳税人规定简便易行的计税方法和征收管理办法。

① 增值税小规模纳税人的认定。财税〔2018〕33 号通知，自 2018 年 5 月 1 日起增值税小规模纳税人标准为年应征增值税销售额 500 万以下。按照《中华人民共和国增值税暂行条例实施细则》第二十八条规定已登记的增值税一般纳税人的单位和个人，在 2018 年 12 月 31 日前，可转登记为小规模纳税人其未抵扣的进项税额作转出处理。

② 增值税一般纳税人的认定。年应税销售额超过财政部、国家税务总局规定的增值税小规模纳税人认定标准的企业和企业性单位（以下简称"企业"），均为增值税一般纳税人；应税服务年销售额超过财政部和国家税务总局规定标准的纳税人；年应税销售额未超过标准的商业企业以外的其他增值税小规模纳税企业，会计核算健全，能准确核算销项税额、进项税额和应纳税额，并按规定报送有关税务资料的，经企业申请，税务部门可将其认定为增值税一般纳税人；纳税人总、分支机构实行统一核算，其总机构年应纳税销售额超过小规模纳税企业标准，但分支机构年应税销售额未超过增值税小规模纳税企业标准的，其分支机构可申请办理一般纳税人资格认定手续，但须提供总机构所在地税务机关批准其总机构为增值税一般纳税人的证明；试点实施前应税服务年销售额未超过 500 万元的试点纳税人，如符合相关规定条件，也可以向主管税务机关申请增值税一般纳税人资格认定。

2．增值税一般纳税人资格认定登记服务操作要点

（1）针对《增值税一般纳税人申请认定表》的主要内容，税务师应要求企业提供有关资料，如企业设立的合同、章程，工商营业执照，企业已实现销售的情况，会计、财务核算的原始资料等。对企业可能实现或已经实现的年度应税销售额，企业会计、财务处理的方法和管理制度，企业财务人员的办税能力能否具备增值税一般纳税人的条件等问题，写出有关增值税一般纳税人资格认定登记的核查报告，作为《增值税一般纳税人申请认定表》的附件，报送主管国税局。

（2）对于税务机关审核后认定为正式增值税一般纳税人的企业，税务师可将《增值税一般纳税人申请认定表》交企业存档，并告知增值税一般纳税人办税的要求。如果企业暂被认定为临时增值税一般纳税人，应指导企业准确核算增值税的进项税额、销项税额，待临时增值税一般纳税人期满后，向税务机关提出转为正式增值税一般纳税人的申请。

纳税人在办理税务登记时，可以按预计销售额填写，经主管税务机关审核后，认定为增值税一般纳税人，享有增值税一般纳税人的所有权利与义务。一个会计年度结束后，纳税人根据实际经营情况，据实填写《增值税一般纳税人申请认定表》，交主管税务机关审核。

2.3.2　税种认定登记服务实务

税种认定登记是在纳税人办理了开业税务登记和变更税务登记之后，由主管税务局

（县级以上国税局、地税局）根据纳税人的生产经营项目，进行适用税种、税目、税率的鉴定，以指导纳税人、扣缴义务人办理纳税事宜。

1. 税种认定登记管理规程

（1）纳税人应在领取营业执照后和申报纳税之前，到主管税务机关的征收管理部门申请税种认定登记，填写《纳税人税（费）认定表》（如表 2-6 所示）。纳税人如果变更税务登记的内容涉及税种、税目、税率变化的，应在变更税务登记之后重新申请税种认定登记，并附送申请报告。

表 2-6　纳税人税（费）认定表

纳税人识别号						纳税人名称									
行业															
行业明细															
增值税企业类型							增值税经营类别								
增值税纳税人类型							营改增纳税人类型								
征收项目	征收品目	子目	申报期限	纳税（费）期限	缴纳期限	预缴期限	预缴方式	税率或单位税额	征收率	预征率	征收方式	预算科目	预算级次	预算分配比例	收缴国库	认定有效期起	认定有效期止
认定人							认定日期								
认定税务机关															

注：1. 该表适用于税务机关鉴定纳税人的征收项目；

2. 同一纳税人涉及多个税种的应分别填写表格；

3. 本表一式一份，由税务机关填写后留存。

以上内容纳税人必须如实填写，如内容发生变化，应及时办理变更登记。

（2）税务机关对纳税人报送的《纳税人税（费）认定表》及有关资料进行审核，也可根据实际情况派人到纳税人的生产经营现场调查之后，对纳税人适用的税种、税目、税率、纳税期限、纳税方法等做出确认，在《纳税人税（费）认定表》的有关栏目中注明，或者书面通知纳税人税种认定结果，以此作为办税的依据。

2. 税种认定登记服务操作要点

（1）在进行代理税种认定登记时，税务师应在核查纳税人有关资料的基础上，结合纳税事项深入调查，特别是对于增值税企业的混合销售行为，兼营的纳税事项，生产加工应税消费品的企业消费税适用税目、税率的纳税事项，以及商品出口企业、高新技术企业的认定，应详细核查纳税人的合同、章程有关的批文和证件，会计科目处理及原始凭证等资料，逐一核实认定后，再向主管税务机关提交核查报告和《纳税人税（费）认定表》，履行申报手续。

（2）在取得主管税务机关税种认定的通知之后，税务师应指导纳税人具体的办税事宜。如果纳税人对税务机关的认定提出异议，应进一步调查并提出意见，提交主管税务机关重新加以认定。对于税种认定涉及国税、地税两套税务机构的纳税人，应分别申办税种认定手续。

思考与练习

一、名词解释

税收管理体制　分税制　"五证合一"　变更税务登记　税种认证登记　注销税务登记　停业、复业登记

二、单项选择题

1. 纳税人遇到应办理变更税务登记的情形有（　　　）。

　　A. 破产　　　　　　B. 外出经营　　　　C. 改变隶属关系　　D. 被吊销营业执照

2. 纳税人遇到不需办理变更税务登记的情形有（　　　）。

　　A. 改变经济性质　B. 改变隶属关系　C. 破产　　　　　　D. 增加注册资本

3. 增值税一般纳税人的审批权限在（　　　）税务机关。

　　A. 国家　　　　　B. 县级　　　　　　C. 省级　　　　　　D. 县级以上

4. 我国现阶段实行的分税制是（　　　）。

　　A. 分征式分税制　　　　　　　　　　B. 附加式分税制

　　C. 有共享税种分税制　　　　　　　　D. 无共享税种分税制

5. 账簿、会计凭证、报表完税凭证及其他有关纳税资料，应当保存（　　　）。

　　A　3 年　　　　　B. 10 年　　　　　　C. 15 年　　　　　　D. 20 年

三、多项选择题

1. 税务登记分为（　　　）。

　　A. 开业登记　　　B. 变更登记　　　　C. 注销登记　　　　D. 停业、复业登记

2. 需要办理注销税务登记的情形有（　　　）。

　　A. 因解散、破产、撤销，依法终止纳税义务

　　B. 因住所、经营地点变动，不改变税务登记机关

　　C. 因住所、经营地点变动，改变税务登记机关

　　D. 被工商行政管理机关吊销营业执照

3. 企业总分支机构不在同一县市的，应（　　　）申请办理一般纳税人认定登记手续。

　　A. 向分支机构所在地国税局

　　B. 向分支机构所在地主管税务局

　　C. 分别向机构所在地主管税务机关

　　D. 分别向机构所在地国税局

4. 下列关于增值税一般纳税人认定管理规程规定正确的表述有（　　　）。

　　A. 符合增值税一般纳税人条件的企业应在向税务机关办理开业税务登记的同时，申请办理一般纳税人的认定手续

　　B. 企业申请办理一般纳税人认定手续，应向所在地地方税务机关提出书面申请

　　C. 企业总分支机构不在同一县市的，应分别向其机构所在地主管税务机构申请办理一般纳税人认定登记手续

　　D. 企业总机构已被认定为增值税一般纳税人，其分支机构可持总机构为增值税一般纳税人的证明，直接办理有关手续

5. 纳税人办理停业手续时，税务机关会收回（　　　）进行封存。

　　A. 税务登记证　　　B. 发票领购簿　　　C. 所有发票　　　D. 未开发票

四、判断题

1. 我国的分税制是分享税源式分税制。　　　　　　　　　　　　　　（　　）

2. 中央税和共享税由国税局负责征收和管理。　　　　　　　　　　　（　　）

3. 在实行分享税种类型分税制的前提下，应将收入数额大、便于管理的税划归地方。
　　　　　　　　　　　　　　　　　　　　　　　　　　　　　　　（　　）

4. 纳税人增减注册资本、改变生产经营期限的需办理变更税务登记。　（　　）

5. 实行定期定额征收方式的个体工商户需要停业的，应当在停业前向税务机关申报办理停业登记，停业的期限不得超过 180 天。　　　　　　　　　　　　（　　）

五、问答题

1. 简述分税制的类型及其制约条件。

2. 纳税人发生哪些情况应办理变更税务登记和注销税务登记？如何办理？

3. 简述代理增值税一般纳税人认定登记操作要点。

4. 税务师可承办哪些具体涉税业务？

第3章　发票领购与审查服务实务

学习目标

通过本章的学习，学生对发票的种类与使用范围有一个全面的了解，在此基础上掌握增值税专用发票的内容和填开要求，掌握发票领购的管理规程，以及发票审查服务实务。

导入案例

××税务师事务所受托对亚桑公司 2010 年 10 月—2011 年 12 月的发票使用情况进行审查。税务师通过增值税应交税费明细分类账与增值税专用发票抵扣联等进项原始凭证核对，其他业务收入与开出发票的记账联核对等方法，发现以下问题。

2010 年 12 月筹建期内采购低值易耗品从某商场取得增值税专用发票未附"销货清单" 3 份。

2011 年 2 月 5 日、11 日、23 日从某生铁厂采购原料取得的增值税专用发票抵扣联 3 份为旧版专用发票，应予以缴销金额为 124 000 元，已计提进项税额 21 080 元。

2010 年 10—12 月销售边角余料取得其他业务收入 74 100 元，已作销售处理，但是开具企业事业单位往来结算收据，属于以非经营性票据结算经营性收入。

2011 年 10—12 月该公司采购原材料，取得运费发票 6 份未加盖财务专用章，金额 25 070 元。

针对上述问题，税务师应提出哪些建议？

（资料来源：全国注册税务师执业资格考试教材编写组．税务代理实务．北京：中国税务出版社，2011.）

3.1　发票领购服务实务

发票是指一切单位和个人在购销商品、提供或接受劳务、服务，以及从事其他经营活动时，所提供给对方的收付款的书面证明。它是财务收支的法定凭证，是会计核算的原始凭据，也是税务检查的重要依据。

发票领购服务事宜，首先要了解发票的种类与适用范围，税务机关有关发票管理权限的划分，发票领购的管理制度等各项规定，根据纳税人适用的发票种类和领购发票的方式，办理发票领购事宜。

3.1.1　发票的种类与使用范围

发票种类繁多，其主要是按行业特点和纳税人的生产经营项目分类，每种发票都有特定的使用范围。

1. 增值税专用发票

增值税专用发票只限于增值税一般纳税人领购使用，增值税小规模纳税人不得领购使用。包括用于结算销售货物、劳务、销售服务、无形资产、不动产使用的发票。根据国家税务总局《关于修订〈增值税专用发票使用规定〉的通知》（国税发〔2006〕156号），一般纳税人有下列情形之一的，不得领购开具增值税专用发票。

（1）会计核算不健全，不能向税务机关准确提供增值税销项税额、进项税额、应纳税额数据及其他有关增值税税务资料的。

（2）有《税收征管法》规定的税收违法行为，拒不接受税务机关处理的。

（3）有下列行为之一，经税务机关责令限期改正而仍未改正的。

① 虚开增值税专用发票；

② 私自印制增值税专用发票；

③ 向税务机关以外的单位和个人买取增值税专用发票；

④ 借用他人增值税专用发票；

⑤ 未按规定开具增值税专用发票；

⑥ 未按规定保管增值税专用发票和专用设备；

⑦ 未按规定申请办理防伪税控系统变更发行；

⑧ 未按规定接受税务机关检查。

（4）销售的货物全部属于免税项目者。

（5）从2007年7月1日起，一般纳税人经营商业零售的烟、酒、食品、服装、鞋帽（不包括劳保专用的部分）、化妆品等消费品不得开具增值税专用发票。

从2003年8月1日起，增值税一般纳税人必须通过防伪税控系统开具增值税专用发票，同时全国统一废止增值税一般纳税人所用的手写版专用发票。

（6）根据国家税务总局《关于个人所得税代扣代缴软件技术支持服务有关问题的通告》（国家税务总局公告2008年第1号）的规定，自2009年1月1日起，从事废旧物资回收经营业务的增值税一般纳税人销售废旧物资，不得开具印有"废旧物资"字样的增值税专用发票。纳税人取得的2009年1月1日以后开具的废旧物资专用发票，不再作为增值税扣税凭证。

（7）自2016年1月1日起，增值税一般纳税人提供货物运输服务，使用增值税专用发票和增值税普通发票。

2. 增值税普通发票

增值税普通发票主要由增值税小规模纳税人使用，增值税一般纳税人在不能开具专用发票的情况下也可使用普通发票。

3. 专业发票

专业发票是国有金融、保险企业的存贷、汇兑、转账凭证，保险凭证；国有邮政、电信企业的邮票、邮单，电报收据；国有铁路、民用航空企业和交通部门，国有公路、水上运输企业的客票、货票等。经国家税务总局或省、市、自治区税务机关批准，专业发票可由政府主管部门自行管理，不套印税务机关的统一发票监制章，也可根据税收征管的需要纳入统一发票管理。

4. 网络发票

根据《国家税务总局〈关于推行通过增值税电子发票系统开具的增值税电子普通发票有关问题的报告〉》（国家税务总局公告 2015 年第 84 号的规定），自 2015 年 12 月 1 日起在全国推行通过增值税电子发票系统开具增值税电子发票。增值税电子普通发票的开票方和受票方需要纸质发票的，可以自行打印增值税电子普通发票的版式文件，其法律效力、基本用途、基本使用规定等与税务机关监制的增值税普通发票相同。

增值税电子普通发票的发票代码为 12 位，编码规则：第 1 位为 0，第 2～5 位代表省、自治区、直辖市和计划单列市，第 6～7 位代表年度，第 8～10 位代表批次，第 11～12 位代表票种（11 代表增值税电子普通发票）。发票号码为 8 位，按年度、分批次编制。

3.1.2　发票领购管理规程

1. 发票领购的适用范围

（1）依法办理税务登记的单位和个人，可以申请领购发票，属于法定的发票领购对象；如果单位和个人办理变更或注销税务登记，则应同时办理发票和发票领购簿的变更、缴销手续。

（2）依法不需要办理税务登记的单位，发生临时经营业务需要使用发票的，可以凭单位介绍信和其他有效证件，到税务机关代开发票。

（3）临时到本省、自治区、直辖市以外从事经营活动的单位和个人，凭所在地税务机关开具的《外出经营活动税收管理证明》，在办理纳税担保的前提下，可向经营地税务机关申请领购经营地的发票。

2. 发票领购手续

根据国家税务总局《关于普通发票行政审批取消和调整后有关税收管理问题的通知》（国税发〔2008〕15 号）规定，取消增值税普通发票领购行政审批事项，纳税人领购增值税普通发票的审核将作为税务机关一项日常发票管理工作。纳税人办理了税务登记后，即具有领购增值税普通发票的资格，无须办理行政审批事项。纳税人可根据经营需要向主管税务机关提出领购增值税普通发票申请。主管税务机关接到申请后，应根据纳税人生产经营等情况，确认纳税人使用发票的种类、联次、版面金额及购票数量。确认期限为 5 个工作日，确认完毕，通知纳税人办理领购发票事宜。需要临时使用发票的单位和个人，可以直接向税务机关申请办理发票的开具。

对于跨省、市、自治区从事临时经营活动的单位和个人申请领购发票，税务机关应要求提供保证人，或者缴纳不超过 1 万元的保证金，并限期缴销发票。

3.1.3　领购发票服务操作要点

1. 自制发票审批程序与操作要点

《发票管理办法实施细则》规定，凡有固定生产经营场所，财务核算和发票管理制度健全，发票使用量较大的单位，可以申请印制印有本单位名称的发票即自制发票。如果统一发票式样不能满足业务需要，也可以自行设计本单位的发票式样，报经省级以上税务机关批准到指定的印刷厂印制。自制发票仅限于增值税普通发票。

（1）要求用票单位根据业务特点和经营需要，设计发票式样，预计使用数量。

（2）填写《企业自制发票申请审批表》（如表3-1所示），写明所需发票的种类、名称、格式、联次和需求数量，连同发票式样一同提交主管税务机关审批。

表 3-1　企业自制发票申请审批表

纳税人识别号				纳税人编码			
纳税人名称				纳税人分类码			
生产经营地址				联系电话		邮政编码	
发票名称							

订印本数（份数）	份数/本	金额版	文字版	规格/cm	联次	纸质	装订方式

申请理由：
（公章） 发票经办人：　　　　　法定代表人：　　　　　申请日期：　　年　　月　　日
以下由税务机关填写

主管税务机关发票 管理环节审批意见	经办人：　　　　　部门负责人：	（公章） 主管局长： 年　月　日
上级税务机关发票 管理环节审批意见	经办人：	部门负责人（签章）： 年　月　日
发票承印单位签收：　　　　　　　　　　年　　月　　日		

（3）取得税务机关核准的《发票印制通知书》后，到指定的印刷厂印制。发票印制完毕，税务师应指导用票单位建立发票领用存的管理制度，按季度向主管税务机关报送《发票领用存情况季报表》。

（4）根据《国家税务总局关于办理印有企业名称发票变更缴销手续问题的批复》（国税函〔2008〕929号）规定，印有企业名称的发票，在企业办理变更税务登记的同时，办理发票变更手续，并重新办理印有企业名称发票的行政审批手续。主管税务机关向企业下达限期缴销旧版发票的通知，在缴销限期未满之前旧版发票可继续使用。具体缴销限期，由主管税务机关根据企业用票情况确定。完成印有企业名称发票的行政审批手续后，办理企业印制新版发票和变更发票领购簿手续，办理企业领购新版发票事宜，并按期缴销旧版发票。

2. 统印发票领购服务操作要点

1）统印发票的领购方式

统印发票的领购有以下3种方式。

（1）批量供应。税务机关根据用票单位业务量对发票需求量的大小，确定一定时期内的合理领购数量，用量大的可以按月领购，用量不太大的可以按季领购，防止其积存较多发票而引起管理上的问题。这种方式主要适用于财务制度较健全、有一定经营规模的纳税人。

（2）交旧购新。用票单位交回旧的（即已填用过的）发票存根联，经主管税务机关审核后留存，才允许领购新发票。主管税务机关对旧发票存根联进行审核，主要查看其存根联是否按顺序号完整保存，作废发票是否全份缴销，填开的内容是否真实、完整、规范等。

（3）验旧购新。这种方式与交旧购新基本相同，主要区别是税务机关审验旧发票存根以后，由用票单位自己保管。

后两种方式适用于财务制度不太健全、经营规模不大的单位和个体工商业户，以便于税务机关能及时检查并纠正其发票使用过程中出现的问题。

2）统印发票领购服务操作要点

（1）税务师应根据用票单位适用的发票领购方式，办理发票领购手续。在初次办理统印发票的领购时，应填写《发票领购申请审批表》，经核准后，持《普通发票领购簿》、单位公章、经办人印章等到主管税务机关办理发票领购手续，按规定缴纳发票工本费，并取得收据。

（2）发票领购以后，税务师应将其与《普通发票领购簿》记载的种类、数量、起止号码进行核对，确认无误后交给用票单位并履行签收手续。

（3）对于再次领购发票的用票单位，税务师应按税务机关发票保管与使用的规定，认真审查发票存根联的各项内容，对于发现的问题应提示用票单位予以纠正后，再按用票单位适用的购票方式办理发票领购手续。

（4）对于用票单位已经发生的发票丢失、发票使用不符合规范等问题，税务师应指导用票单位向主管税务机关提交检查报告，并办理有关手续。

3.2　发票填开的要求及操作要点

税务师在代理建账建制、办理账务、开展税务咨询、受聘税务顾问等业务过程中，必然涉及企业在经济业务往来中如何开具和取得发票的问题。因此，对于发票的开具要求和填开的操作要点也是税务师必备的专业技术要求。

3.2.1　发票的开具要求

1. 发票开具使用的要求

任何填开发票的单位和个人必须在发生经营业务并确认营业收入时，才能开具发票，未发生经营业务一律不得开具发票；不得转借、转让或代开发票；未经税务机关批准，不得拆本使用发票，即不能将一本发票拆成一份一份使用；不得自行扩大专用发票的使用范围，如将增值税专用发票用于非增值税一般纳税人。

2. 发票开具时限的要求

增值税专用发票开具的时限为：采用预收货款、托收承付、委托银行收款结算方式的，为货物发出的当天；采用交款发货结算方式的，为收到货款的当天；采用赊销、分期付款结算方式的，为合同约定的收款日期的当天；将货物交给他人代销，为收到受托人送交的代销清单的当天；设有两个以上机构并实行统一核算的纳税人，将货物从一个机构移送其他机构用于销售，按照规定应当征收增值税的，为货物移送的当天；将货物作为投资提供给其他单位或个体经营者、将货物分给股东或投资者的，均为货物移送的当天。增值税一般纳税人必须按照上述规定的时限开具增值税专用发票，不得提前或滞后。

3. 发票开具地点的要求

发票限于领购单位和个人在本省（直辖市、自治区）范围内开具，有些省级税务机关规定仅限于在本县、市内开具；有些省级税务机关虽然规定在本省（直辖市、自治区）跨县、市开具，但附有限定条件。任何单位和个人未经批准，不得跨规定使用区域携带、邮寄或运输发票，更不得携带、邮寄或运输发票出入国境。

4. 电子计算机开具发票的要求

用票单位使用电子计算机开具发票，必须报经主管税务机关批准，并使用税务机关统一监制的机外发票，即经税务机关批准的在定点印制发票企业印制的供电子计算机开具的发票。同时，开具后的存根联应当按照顺序号装订成册，以备税务机关检查。

3.2.2　发票填开的操作要点

1. 发票的开具

任何单位和个人销售商品、提供服务及从事经营活动时，对外发生经营业务收取款项，收款方应当向付款方开具发票。特殊情况下，由付款方向收款方开具发票：① 收购单位和扣缴义务人支付个人款项的；② 国家税务总局认为其他需要由付款方向收款方开具发票的。

2. 发票的填写

开具发票应当按照规定的时限、顺序，逐栏、全部联次一次性如实填开，即必须做到按号码顺序填开，填写项目齐全，内容真实，字迹清楚，全部联次一次性复写或打印，内容完全一致，并在发票联和抵扣联加盖发票专用章。填写专用发票还要求字迹不得涂改；票面品名与货物相符，票面金额与实际收取的金额相符；各项目内容正确无误，发票联和抵扣联加盖发票专用章；按照《增值税专用发票使用规定（试行）》第六条所规定的时限开具专用发票；不得拆本使用专用发票，以及不得开具票样与国家税务总局统一制定的票样不相符的专用发票。同时，填写发票应当使用中文；民族自治地方可以同时使用当地通用的一种民族文字；外商投资企业和外国企业可以同时使用一种外国文字。

3. 发票的取得

为了便于进行会计核算，任何单位和从事生产经营活动的个人在购买商品、接受服务，以及从事其他经营活动时支付款项，应当向收款方索取发票。根据《发票管理办法》规定，在取得发票时，不得要求变更品名和金额。同时，不符合规定的发票，即应经而未经税务机关监制的发票；填写项目不齐全，内容不真实，字迹不清楚的发票；没有加盖发票专用章的发票；伪造、作废及其他不符合税务机关规定的发票，一律不得作为财务报销凭证，任何单位和个人有权拒收。

4. 发票的作废

用票单位和个人开具发票因发生错填、误填等需要重新开具发票的，可在原发票上注明"作废"字样后，重新开具发票；如果发生销货退回需开红字发票，必须收回原发票并注明"作废"字样或取得对方的有效证明；发生销售折让的，必须收回原发票并注明"作废"字样后，重新开具销售发票或取得对方有效证明后开具红字发票。开具增值税专用发票填写有误的，应当另行开具，并在误填的专用发票上注明"误填作废"4个字；如增值税专用发票开具后因购货方不索取而成为废票，也应按填写有误办理。

3.3　发票审查服务实务

发票审查是税收检查的重要内容和发票管理的重要环节。税务师开展发票审查业务属于用票单位自查，可以有效地指导用票单位的发票管理，减少纳税风险。

3.3.1　发票审查服务的基本内容

发票审查服务一般不单独进行，而是税务师在计算填报纳税申报表和办理发票领购手续之前所做的准备工作。当然，在审查纳税情况时，代理发票审查也是不可缺少的环节。

税务师接受纳税人委托进行发票审查时，首先应明确发票审查的目的和要求，以及审查的对象和范围，然后深入纳税人的生产经营场所进行实地审查。

1. 增值税普通发票审查服务操作要点

1）审查发票基础管理情况

发票基础管理工作状况直接影响发票的使用、保管等各个环节的管理成效。发票基础管理工作包括用票单位发票管理人员的配备、发票存放的安全性、发票取得与开具管理环节的严密性等。

2）审查发票领购、发放、保管情况

对发票领购环节主要审查发票领购的手续是否合法，有无私印、私售发票的问题；对发票发放环节主要审查发票的发放是否符合规定的范围，按序时登记并有领取人的签收手续；对发票保管环节主要审查发票存根、库存未用的发票是否保存完整，账面数与实际库存数是否相等，有无发生丢失、霉烂等情况；已用的发票存根联及作废发票是否完整保存，是否按规定登记并报税务机关销毁。

3）审查发票使用情况

税务师审查发票的使用情况，主要从以下三个方面入手。

（1）审查发票开具内容是否真实，即票面各项内容所反映的业务是否为用票单位的真实情况。

（2）审查发票有无超经济范围填开的问题，填开的方法是否符合规定要求，如发票各栏项目的填写是否准确无误，各联次是否一次性开具，是否加盖了财务专用章或发票专用章，大小写金额是否封顶等。

（3）审查发票取得是否符合发票管理制度的规定，有无转借、代开或虚开发票的问题。对于从中国境外取得的发票如有疑问，可要求纳税人提供境外公证部门或注册会计师的确认证明。

2. 增值税专用发票审查服务操作要点

增值税专用发票是纳税人经济活动中的重要原始凭证，是兼具销货方纳税义务和购货方进项税额的合法证明，对增值税的计算和管理起着决定性的作用。因此，做好增值税专用发票的代理审查工作，对保证纳税人正确核算应纳税额是十分重要的。增值税专用发票的审查除上述审查普通发票的操作要点以外，还应侧重以下几个方面。

（1）增值税专用发票开具的范围。审查发生销售免税项目、在境外销售应税劳务、向消费者销售应税项目时，用票单位是否有开具增值税专用发票的问题。

（2）增值税专用发票抵扣联的取得。对用票单位取得增值税专用发票的时间、内容、税额计算等方面进行详细核查，凡属于未按规定取得增值税专用发票的情况，应提示纳税人不得计算抵扣进项税额。

（3）增值税专用发票的缴销。为了保证增值税专用发票的安全使用，纳税人要按规定的期限缴销，如从开具第一张专用发票的时间算起至60天内要办理缴销手续。对于填开有误的增值税专用发票要加盖"误填作废"的条形专用章后予以缴销。

3.3.2　发票审查服务的基本方法

审查发票的方法可以因事而异，其目的是帮助纳税人严格按照发票管理制度的规定取得和开具发票，保证原始凭证的真实性与合法性。

1. 对照审查法

对照审查法是将出票单位发票使用的实际情况与《发票领购簿》及发票领用存的情况核对，审查私印发票、丢失发票、转借发票、虚开发票、代开发票、使用作废发票和超经营范围填开发票的问题。

2. 票面逻辑推理法

票面逻辑推理法是根据发票各个栏目所列内容之间，发票与用票单位有关经济业务之间的关系进行分析审核，从中发现问题的一种审查方法。

（1）利用发票的各项内容之间的逻辑关系进行分析审核。发票所列各项内容之间，有其内在的逻辑关系或规律性，如果违背了这些规律，就说明发票使用存在问题。例如，增值税专用发票中购、销双方的名称纳税人识别号有着直接的对应关系；根据销售货物或劳务的名称可以确定适用税率；根据计算单价、数量、单位、金额、税率和税额之间的逻辑关系可以推断金额和税额的计算有无错误等。

（2）利用发票和企业经济业务的关系进行分析审核。发票与企业的购销业务有着直接的联系，而购销业务与企业存货数量及货币资金（包括债权、债务）的增减变化有着一定的对应关系，利用这一逻辑关系可以审查发票使用有无问题。

首先，取得发票的金额与存货、费用增加额，货币资金减少额，流动负债增加额呈同步变化趋势；其次，填开发票的金额与存货减少额、货币资金或应收债权增加额呈同步变化趋势。如果企业取得或填开的发票与购销业务之间的关系违背了上述规律，在数量、金额上的逻辑关系不符，就有可能存在问题，需进一步审查核实。

3. 发票真伪鉴别方法

在实际工作中，用票单位和个人往往会遇到真伪发票的鉴别问题。因此，学会鉴别真伪发票的方法，对于指导纳税人依法取得合法有效的结算凭证，保护自身的经济利益是十分有益的。

1）普通发票真伪鉴别方法

（1）发票监制章是识别发票真伪的法定标志之一，全国统一启用的新版发票的"发票监制章"，其形状为椭圆形，上环刻制"全国统一发票监制章"字样，下环刻制"国家税务局监制"字样，中间刻制国税、地税税务机关所在地的省、市全称或简称，字体为正楷，印色为大红色，套印在发票联的票头正中央。

（2）从发票联底纹、发票防伪专用纸等方面识别。这些防范措施也是识别发票真伪的重要依据。

（3）采用发票防伪鉴别仪器，识别是否为统一的防伪油墨。

2）增值税专用发票真伪鉴别方法

为鉴别增值税专用发票的真伪，首先应了解其防伪措施，然后，采取特定的审查方法来鉴别其真伪。

（1）对照光线审查增值税专用发票的发票联和抵扣联，查看是否为国家税务总局统一规定的带有水印图案的防伪专用纸印制。

（2）用紫外线灯和发票鉴别仪鉴别无色及有色荧光防伪标志。

思考与练习

一、名词解释

增值税专用发票　增值税普通发票　专业发票　对照审查

二、单项选择

1. 我国发票的基本联次为三联，其中第一联是（　　）。

　　A. 发票联　　　　B. 抵扣联　　　　C. 存根联　　　　D. 记账联

2. 下列情形中，由付款方向收款方开具发票的是（　　）。

　　A. 商场向消费者个人零售商品时

　　B. 批发市场向商贩批发商品时

　　C. 转让专利技术的某科研所向受让方收取款项时

　　D. 建筑施工企业支付某设计院张某 100 000 元设计费时

3. 下列几种发票类型中，属于专业发票类型的是（　　）。

　　A. 废旧物资收购发票　　　　　　B. 增值税专用发票

　　C. 国有电信企业的电报收据　　　D. 产权交易专用发票

4. 纳税人领购发票，须先将已使用完的发票存根联交税务机构审核无误后，再领购发票，这种方式称为（　　）。

　　A. 验旧换新　　B. 交旧购新　　C. 批量供应　　D. 担保发售

5. 下列情形中，增值税一般纳税人可以开具增值税专用发票的是（　　）。

　　A. 一般纳税人甲企业经营零售销售给消费者的化妆品

　　B. 一般纳税人乙企业将其生产的汽车直接销售给个人

　　C. 一般纳税人丙企业经营商业销售的劳保专用鞋帽

　　D. 一般纳税人丁企业将其生产的轮船直接销售给使用单位

三、多项选择题

1. 按行业特点和生产经营项目的不同，发票可以分为（　　）。

　　A. 电脑发票　　B. 普通发票　　　C. 增值税专用发票　D. 专用发票

2. 以下关于发票填开规则中不正确的有（　　）。

　　A. 全部联次一次性复写或打印

　　B. 加盖单位财务印章或发票专用章

　　C. 外商投资企业和外国企业可以开具纯外国文字的发票

D. 填写专用发票时字迹涂改处用签名盖章的方式注明

3. 在增值税专用发票开具的时限中，正确的是（　　　）。

　　A. 采用预收货款计算方式的，为收到货款的当天

　　B. 采用赊销、分期付款结算方式的，为合同约定的收款日期的当天

　　C. 将货物交给他人代销的，为收到委托人送交的代销清单的当天

　　D. 将货物作为投资提供给其他单位的，均为货物使用的当天

4. 审查发票基础管理工作的主要内容有（　　　）。

　　A. 发票存放的安全性

　　B. 发票单位发票管理人员的配备

　　C. 发票存根的完整性

　　D. 发票取得与开具管理环节的严密性

5. 代理发票审查的基本方法有（　　　）。

　　A. 对照审查法　　　　　　　　　B. 票面逻辑推理法

　　C. 发票真伪鉴别方法　　　　　　D. 笔迹对照法

四、判断题

1. 发票统一由国家税务总局指定的企业印制。　　　　　　　　　　　（　　）

2. 税务机关应限期要求小规模纳税人健全会计核算，在限期内达不到要求的仍按小规模纳税人计算缴纳增值税，但不再代开专用发票。　　　　　　　　　（　　）

3. 小规模纳税人销售货物或提供应税劳务，可由税务机关代开增值税专用发票。
　　　　　　　　　　　　　　　　　　　　　　　　　　　　　　（　　）

4. 发票换票证与所调出的发票具有同等的效力，但仅限于在本县（市）范围内使用。
　　　　　　　　　　　　　　　　　　　　　　　　　　　　　　（　　）

5. 税务机关需要将已开具的发票调出查验时，应当向被查验单位和个人开具发票换票证。
　　　　　　　　　　　　　　　　　　　　　　　　　　　　　　（　　）

五、问答题

1. 什么是发票？加强发票管理有何意义？

2. 简述代理统印发票领购操作要点。

3. 发票的印制、领购、开具和保管等管理要求有哪些？

4. 增值税一般纳税人有哪些情形不得领购使用专用发票？

六、实务题

某贸易公司 2018 年 5 月 25 日从外地某钢铁厂购进螺纹钢一批，钢铁厂于当日开具增值税专用发票并将发票联和抵扣联交给贸易公司业务人员。2018 年 6 月 4 日贸易公司业务人员在返程途中被盗，将增值税专用发票的发票联和抵扣联丢失。因此项购销业务涉及金额巨大，贸易公司当即于 2018 年 6 月 5 日派相关人员去钢铁厂进行沟通，说明情况并希望钢铁厂再开一张相同金额的增值税专用发票，钢铁厂财务人员拒绝另行开具增值税专用发票。

问题：（1）钢铁厂财务人员为什么拒绝另行开具增值税专用发票？

（2）贸易公司在钢铁厂不另开增值税专用发票的情况下，怎样才能取得此项业务的增值税进项税额抵扣凭证？

（3）贸易公司最迟应何时办妥各项相关手续，才能保证此项业务的进项税额可以抵扣？

第4章　建账建制服务实务

学习目标

通过本章的学习，学生了解建账建制的意义和作用，掌握建账建制的适用范围与基本要求，以及建账建制服务的基本内容和操作规程。

导入案例

浪时服装厂属于个体经营者，为增值税小规模纳税人，现委托方正税务师事务所代理记账，税务师事务所派王丽为浪时服装厂代理记账。2016年浪时服装厂部分经济业务为购入材料、销售产品、支付工资等。

请问王丽如何为浪时服装厂代制会计凭证。

4.1　建账建制服务的基本要求及范围

建账建制、代理记账是税务师执业的一项内容，其主要服务对象是财务核算制度不够健全，缺少合格会计人员的集体、私营中小企业，还有数量庞大的个体工商户。

4.1.1　建账建制服务的适用范围

根据《国务院关于批转国家税务总局加强个体私营经济税收征管强化查账征收工作的意见的通知》和《个体工商户建账管理暂行办法》规定，个体、私营业户可自行建账，也可以聘请社会中介机构代理建账，具体范围如下。

（1）有固定经营场所的个体、私营经营业户。

（2）名为国有或集体实为个体、私营经营业户。

（3）个人租赁、承包经营企业。

对于经营规模小、达不到建账标准的业户，均实行上述规定。

4.1.2　建账建制服务的基本要求

在个体、私营业户中全面实行建账，采取查账征收的方法涉及面广、综合性强，单凭税务机关独立运作难以实现有效的控管，特别是大多数个体、私营业户存在着从业人员素质普遍偏低、财务人员短缺、自行建账困难的情况，由税收服务代理等社会中介机构介入这项工作，是十分必要的。税务师首先应了解国家有关代理记账的管理制度，在建账建制服务的过程中，主动接受税务机关的监督与管理，区别不同的业户实施分类建账。对于达到一定经营规模的个体工商户，按定期定额征收的私营企业，各类名为国有、集体实为个体或私营的企业，个人租赁承包经营的企业要建立复式账，其他业户建立简易账。

1. 复式账建账建制的基本要求

符合下列情形之一，个体户应建复式账。

（1）注册资金在 20 万元以上的。

（2）提供增值税应税劳务的纳税人月销售额在 40 000 元以上；从事货物生产的增值税纳税人月销售额在 60 000 元以上；从事货物批发或零售的增值税纳税人月销售额在 80 000 元以上的。

（3）省级税务机关确定应设置复式账的其他情形。

2. 简易账建账建制的基本要求

符合下列情形之一的个体工商户，应当设置简易账，并积极创造条件设置复式账。

（1）注册资金在 10 万元以上 20 万元以下的。

（2）提供增值税应税劳务的纳税人月销售额在 15 000～40 000 元；从事货物生产的增值税纳税人月销售额在 30 000～60 000 元；从事货物批发或零售的增值税纳税人月销售额在 40 000～80 000 元的。

（3）省级税务机关确定应当设置简易账的其他情形。

建立简易账的个体工商户应建立经营收入账、经营费用账、商品（材料）购进账、库存商品（材料）盘点表、利润表，以收支方式记录和反映生产经营情况并进行简易会计核算。简易账簿均采用订本式，建立简易账簿核算的个体户其会计制度和财务制度应与设立复式账的个体业户相同，只是会计核算科目、核算方法要简单得多。

4.2　建账建制服务的基本内容及规范

建账建制服务的基本内容主要是针对应按个体工商户会计制度、财务制度核算的纳税单位。就个体工商户的会计制度与个人所得税计税办法而言，属于按经济性质设置会计与财务制度，虽然其核算的基本原则与方法趋同于现行财务、会计制度，但是具体会计科目的运用、税前成本费用列支的标准都有一定差别。

4.2.1　建账建制服务的基本内容

1. 代建个体工商户会计制度

1）代建个体工商户复式账会计制度

税务师为个体工商户建立复式账簿，应按《个体工商户会计制度（试行）》的规定，设置和使用会计科目，也可以根据实际情况自行增加、减少或合并某些会计科目，编制资产负债表（如表 4-1 所示）、应税所得表（如表 4-2 所示）和留存利润表（如表 4-3 所示），报送主管税务机关。

表 4-1　资产负债表

编制单位：　　　　　　　　　　　　　　　　年　　月　　日　　　　　　　　　　　　　　　单位：元

资　　产	金　　额	负债及业主权益	金　　额
资产：		负债：	
现金		借入款项	
银行存款		应付款项	
应收款项		应付职工薪酬	
存货		应交税费	
长期待摊费用		负债合计	
待处理财产损溢			
固定资产原价			
减：累计折旧			
固定资产净值		业主权益：	
固定资产清理		业主投资	
在建工程		留存利润	
无形资产		业主权益合计	
资产总计		负债及业主权益合计	

表 4-2　应税所得表

编制单位：　　　　　　　　　　　　　　　　　年　　　　　　　　　　　　　　　　　单位：元

项　　目	行　　次	金　　额
营业收入		
减：税金及附加		
营业成本		
销售费用		
营业外收支（净收益以"-"号表示）		
本年经营所得（如经营亏损以"-"号表示）		
减：应弥补的以前年度亏损		
本年应税所得（如为亏损以"-"号表示）		

表 4-3　留存利润表

编制单位：　　　　　　　　　　　　　　　　　年　　　　　　　　　　　　　　　　　单位：元

项　　目	行　　次	金　　额
本年应税所得		
减：个人所得税		
税后列支费用		
转入逾期亏损		
加：年初留存利润		
年末留存利润		

2）代建个体工商户简易账会计制度

建立简易账的个体工商户，生产经营的特点是规模小、收入少，因而核算内容从会计科目的设置到编制会计报表都大大简化，主要是控制收支两方面的核算和反映盈亏。税务师代为建账建制除了设置简易会计科目核算外，还要编制应税所得表，在办理当期纳税申报时向主管财政、税务机关报送。

2. 代建个体工商户财务制度

长期以来，个体、私营业户税款征收的基本方法是定期定额，查账征收所占比例较低。改变所得税的计算方法实行查账征收，不仅要建立个体工商户的会计制度，还必须有规范的财务核算制度。凡是按个体工商户进行税务登记管理的，均以每一纳税年度的收入总额减除成本、费用和损失后的余额为应纳税所得额，作为计算个人所得税的依据。

（1）收入确认是按权责发生制的原则，确认从事生产经营及与此相关活动所取得的各项收入。

（2）成本列支范围是个体户从事生产经营所发生的各项直接支出和应计入成本的间接费用。其包括实际消耗的各种原材料、辅助材料、备品配件、外购半成品、燃料、动力、包装物等直接材料；实际发生的商品进价成本、运输费、装卸费、包装费；实际支出的折旧费、修理费、水电费、差旅费、租赁费（不包括融资租赁）、低值易耗品等，以及支付给生产经营从业人员的工资。

（3）费用列支范围是个体户从事生产经营过程中所发生的销售费用、管理费用和财务费用。

（4）损失列支范围包括存货、固定资产盘亏、报废毁损和出售的净报失，自然灾害或意外事故损失，还包括在营业外支出科目中核算的赔偿金、违约金、公益救济性捐赠等。

（5）下列税前不允许扣除的各项支出，要从成本费用中剔除。

① 资本性支出，包括为购置和建造固定资产、无形资产，以及其他资产的支出，对外投资的支出。

② 被没收的财物支付的罚款。

③ 缴纳的个人所得税，以及各种税收的滞纳金、罚款。

④ 各种赞助支出。

⑤ 自然灾害或意外事故损失有赔偿的部分。

⑥ 分配给投资者的股利。

⑦ 用于个人和家庭的支出。

⑧ 与生产经营无关的其他支出。

⑨ 国家税务总局规定不准扣除的其他支出。

4.2.2　记账服务操作规范

税务师记账服务，应购领统一格式的账簿凭证，启用账簿时送主管税务机关审验盖章。账簿和凭证要按发生的时间先后顺序填写、装订或粘贴，凭证和账簿不得涂改、销毁、挖补。对各种账簿、凭证、表格必须保存10年以上，销毁时须经主管税务机关审验和批准。

1. 代制会计凭证

会计凭证是记录经济业务、明确经济责任的书面证明，是登记账簿的依据。会计凭证按其填制的程序和用途不同，分为原始凭证和记账凭证两种。税务师代制会计凭证主要是在审核原始凭证的基础上代制记账凭证。

1）审核原始凭证

原始凭证是进行会计核算的原始资料，它分为自制原始凭证和外来原始凭证两种。例如，个体户销售货物提供应税劳务所开具的发票，材料验收入库时填制的收料单，产品（商品）出库时填制的出库单等。税务师代理记账但不代客户制作原始凭证，仅指导其正确填制或依法取得有效的原始凭证。为了保证记账凭证的真实合法性，应注意从以下几个方面审核原始凭证。

（1）原始凭证内容的真实性与完整性。原始凭证所记录的经济业务应与实际情况相符，各项内容应填写齐全。例如，开具或取得的发票，其客户名称、业务内容、单位价格、金额等栏目应真实完整地反映某项经济业务的来龙去脉，凡属名实不符或项目填列不全的发票，税务师应指导纳税单位加以改正。

（2）原始凭证取得的时效性与合法性。原始凭证入账的时间有一定的时限要求，其凭证上注明的时间应与会计核算期间相符，凭证的取得也应符合现行财务和税收征管法规的要求。

2）代制记账凭证

记账凭证是根据合法的原始凭证或原始凭证汇总表编制的，它是登记账簿的依据。税务师应根据纳税单位原始凭证的多寡和繁简情况，按月或按旬到户代制记账凭证。记账凭证可以根据每一张原始凭证单独填制，也可以按反映同类经济业务的若干原始凭证汇总填制。

（1）根据原始凭证简要概括业务内容，填入"摘要"栏内，有助于登记账簿和日后查阅凭证。

（2）根据会计科目的内容正确编制会计分录，做到账户对应关系清晰。

（3）将记账凭证连续编排号码并附列原始凭证，按月装订成册。

会计凭证是重要的经济资料和会计档案，税务师完成记账凭证的编制后，应帮助纳税单位建立立卷归档制度，指定专人保管。

2. 代为编制会计账簿

税务师根据记账凭证所确定的会计分录，分别在日记账和分类账的有关账户中进行登记的工作简称为记账。代理简易账的记账工作是以收支方式记录、反映生产情况并进行简易会计核算，在编制记账凭证后根据业务内容按时间顺序记入相关账户，实际上是俗称的流水账。代记复式账的操作应根据会计账户的特点进行。

（1）现金日记账和银行存款日记账，应由纳税单位的出纳人员登记，税务师审核有关凭证和登记内容，使其能逐日反映库存现金和银行存款收入的来源、支出与结存的情况，保证账实相符。

（2）总分类账一般应采用借、贷、余额三栏式的订本账，直接根据各种记账凭证逐笔进行登记，也可先编制成汇总记账凭证或科目汇总表，再据以登记。每月应将当月已完成的经济业务全部登记入账，并于月份终了时结出总账、各分类账户的本期发生额和期末余额，作为编制会计报表的主要依据。

（3）明细分类账是总分类账的明细科目，可分类连续地记录和反映个体户资产、负债、所有者权益、成本、费用、收入等明细情况，税务师应根据个体、私营业户所属经营行业的特点，经营项目的主要范围，设置明细分类账。例如，从事饮食服务的业户，可设置"存货""固定资产""应收款项""应付款项""应付职工薪酬""应交税费""营业收入"

"营业成本""销售费用""本年应税所得""留存利润"等明细分类账。

明细分类账一般采用活页式账簿，其格式可选择三栏式、数量金额式或多栏式明细分类账。登记方法可根据原始凭证逐日定期汇总登记，或者逐笔登记。

税务师将上述账簿登记编制完毕，还要进行对账工作，进行账证核对、账账核对和账实核对，在会计期末即月份、季度和年度终了时进行结账，以确定本期收入成本、费用和应税所得，同时也为编制会计报表准备数据。

3. 代为编制会计报表

会计报表是提供会计资料的重要手段。个体工商户的会计报表比企业的要简单。设置复式账的个体工商户要编报资产负债表、应税所得表和留存利润表；设置简易账的仅要求编报应税所得表，该表除了可以总括反映业户的资产负债情况外，最重要的是为个人所得税的计算提供真实可靠的依据。

（1）数字真实，内容完整。根据权责发生制的要求，会计报表应在全部经济业务都登记入账，进行对账、结账和试算平衡后，再根据账簿资料编制，应做到内容填报齐全，数字编报真实可靠。

（2）计算准确，报送及时。会计报表要以会计账簿各明细科目期末余额为依据，反映出表账之间、表表之间严密的数字逻辑关系，既不能漏报，也不可随意编报，并应在规定的时间内报送主管财税机关。

4. 纳税申报服务

税务师代理建账、记账过程中，对于客户生产经营情况应有较为全面、深入的了解，在按月结账编制报表的同时，可代理纳税申报事宜。

关于个体工商户的所得税，应单独填报《个体工商户所得税年度申报表》，它要依据应税所得表按月填报并附送有关财务报表，在年度终了后 3 个月内汇算清缴，实行多退少补。如果分月、分次取得所得并已预缴税款，可在年度汇算时计算应补退税额。

5. 纳税审查服务

纳税审查服务的作用是帮助个体户正确、完整地履行纳税义务，避免因不了解税法或财务会计制度的规定而漏缴税款。税务师纳税审查服务工作的重点，是审查应税所得表所列各项是否符合个体工商户财务会计制度的规定。

思考与练习

一、名词解释

建账建制　代理记账

二、单项选择题

1. 对于经营规模小，确实无建账能力的业户，经（　　）税务机关批准，可暂不建账不设置账簿。

　　A. 省级　　　　　B. 市级　　　　　C. 县级　　　　　D. 乡级

2. 代理个体工商户的财务制度规定，下列选项中，允许在成本费用中扣除的有（　　）。

　　A. 各种赞助支出

B. 自然灾害和意外事故损失有赔偿的部分

C. 消费税

D. 被没收的财物支付的罚款

3. 建立复式账的个体工商业户，成本费用的列支标准要依照（　　）规定执行。

A. 个人所得税法

B. 企业所得税法

C. 个体工商户个人所得税计税办法（试行）

D. 个体工商户会计制度

4. 根据《个体工商户个人所得税计税办法》规定，计算个体工商户个人所得税的计税依据为纳税人在每一纳税年度的收入总额减除（　　）后的余额。

A. 成本、费用

B. 成本、费用、损失和营业外支出

C. 成本、费用、损失和各种非广告性赞助支出

D. 成本、费用、损失

5. 根据个体工商户财务制度规定，下列项目中允许在个体工商户税前列支的有（　　）。

A. 对外投资的支出　　　　　　　　B. 分配给投资人的股利

C. 实际发生的折旧费　　　　　　　D. 用于个人和家庭的支出

三、多项选择题

1. 代理建账建制的具体适用范围包括（　　）。

A. 有固定经营场所的个体、私营经济业户

B. 名为国有、集体，实为个体、私营经济业户

C. 达到一定规模的个体、私营经济业户

D. 个体租赁、承包经营企业

2. 个体工商户具备下列条件之一的应建立复式账（　　）。

A. 注册资金达到 20 万元以上

B. 请帮工 5 人（含 5 人）以上

C. 从事应税劳务月营业额在 15 000 元以上或者月销售收入在 30 000 元以上者

D. 省级税务机关确定应设置复式账的其他情形

3. 审核原始凭证应从以下（　　）方面考虑。

A. 真实性　　　　B. 完整性　　　　C. 时效性　　　　D. 合法性

4. 纳税优理人代纳税人登记会计账簿后，应该进行对账，主要有（　　）。

A. 账证核对　　　　B. 账账核对　　　　C. 账簿核对　　　　D. 账实核对

5. 税务师代理个体工商户建账、记账的操作要点有（　　）。

A. 领购统一格式的账簿凭证并送主管税务机关审验

B. 审核原始凭证

C. 代制记账凭证

D. 代为登记会计账簿

四、判断题

1. 账簿、会计凭证、报表、完税凭证及其他有关纳税资料一般应当保存10年以上。
（　　）

2. 纳税人的账簿、会计凭证和报表，只能使用中文。 （　　）

3. 纳税人使用计算机记账的，应当在使用前将会计电算化系统的会计核算软件、使用说明书及有关资料报送主管税务机关备案。 （　　）

4. 未按照规定设置账簿、保管账簿或者保管记账凭证和有关资料的，税务机关责令其限期改正，并处2 000元以上10 000元以下的罚款。 （　　）

5. 非法印制、转接、倒卖、变造或伪造完税凭证的，税务机关根据情节轻重最高可处10 000元罚款。 （　　）

五、问答题

1. 税务师代制会计凭证要注意的问题有哪些？

2. 税务师代编会计报表要注意哪些问题？

第5章 纳税审查服务方法

学习目标

通过本章的学习，学生掌握纳税审查的基本方法和账务调整的基本方法，熟悉纳税审查的基本内容。

导入案例

某税务师事务所 2016 年审查 2015 年某企业的账簿记录，发现 2015 年 12 月份多转材料成本差异 40 000 元（借方超支数），而消耗该材料的产品已完工入库，该产品于 2015 年售出。应该如何处理？

5.1 纳税审查的基本方法

纳税审查有多种方法，每种方法各有特点，概括地说，主要分为顺查法和逆查法、详查法和抽查法、核对法和查询法、比较分析法和控制计算法。在实际审查中，应根据审查的时间、范围和对象的不同，灵活运用各种方法。

5.1.1 顺查法和逆查法

针对查账的顺序不同，纳税审查的方法可分为顺查法和逆查法。

顺查法是指按照会计核算程序，从审查原始凭证开始，顺次审查账簿，核对报表，最后审查纳税情况的审查方法。顺查法比较系统、全面，运用简单，可避免遗漏。但这种方法工作量大，重点不突出，适用于审查经济业务量较少的纳税人、扣缴义务人。

逆查法是以会计核算的相反顺序，从分析审查会计报表开始，对于有疑点的地方再进一步审查账簿和凭证。这种方法能够抓住重点，迅速突破问题，适用于税务师对于纳税人、扣缴义务人的税务状况较为了解的情况。

5.1.2 详查法和抽查法

根据审查的内容、范围不同，纳税审查的方法可分为详查法和抽查法。

详查法是对纳税人、扣缴义务人在审查期内的所有会计凭证、账簿、报表进行全面、系统、详细的审查的一种方法。这种方法的审查可以从多方面进行比较、分析，相互考证，在一定程度上保证纳税审查的质量，但工作量大、时间长，仅适用于审查经济业务量较少的纳税人、扣缴义务人。

抽查法是对纳税人、扣缴义务人的会计凭证、账簿、报表有选择性地抽取一部分进行审查的一种方法。抽查法能够提高纳税审查的工作效率，但抽查有较高的风险，影响纳税审查的质量，所以税务师在用这种方法进行纳税审查时，应对纳税人、扣缴义务人的相关方面予以评价。抽查法适用于对经济业务量较大的纳税人、扣缴义务人的审查。

5.1.3 核对法和查询法

核对法是指根据凭证、账簿、报表之间的相互关系，对账证、账表、账账、账实的相互钩稽关系进行核对审查的一种方法。一般用于对纳税人、扣缴义务人有关会计处理结果之间的对应关系有所了解的情况。

查询法是在查账过程中，根据查账的线索，通过询问或调查的方式，取得必要的资料或旁证的一种审查方法。查询法便于了解现实情况，常与其他方法一起使用。

5.1.4 比较分析法和控制计算法

比较分析法是将纳税人、扣缴义务人审查期间的账表资料和账面同历史的、计划的、同行业的、同类的相关资料进行对比分析，找出存在问题的一种审查方法。比较分析法易于发现纳税人、扣缴义务人存在的问题，但分析比较的结果只能为更进一步的审查提供线索。

控制计算法是根据账簿、生产环节之间等的必然联系，进行测算以证实账面数据是否正确的一种审查方法。例如，以产核销、以耗定产都属于这种方法。这种方法通常需要配合其他方法，才能发挥其作用。

5.2 纳税审查的基本内容

我国目前开征的税种中，按征税对象可分为三大类，即按流转额征税，按所得额征税，按资源、财产及行为征税。虽然不同的税种纳税审查的侧重点不同，但是审查的基本内容大多一致。

（1）审查其核算是否符合《企业会计准则》和分行业财务制度及会计制度。

（2）审查计税是否符合税收法规，重点是审查计税依据和税率。

（3）审查纳税人有无不按纳税程序办事、违反征管制度的情况，主要是审查纳税人税务登记、凭证管理、纳税申报、缴纳税款等方面的情况。

5.2.1 会计报表的审查

会计报表是综合反映企业一定时期财务状况和经营结果的书面文件，按照我国现行会计制度和公司法的规定，企业的会计报表主要包括资产负债表、利润表、现金流量表、各种附表及附注说明。

1. 资产负债表的审查

1）从编制技术上审查资产负债表

根据会计核算原理，审查资产负债表中资产合计数是否等于负债与所有者权益合计数；审查表中相关数据的衔接钩稽关系是否正确，表中数据与其他报表、总账、明细分类账数据是否相符。

2）对资产、负债及所有者权益各项目的审查

（1）对流动资产各项目的审查与分析。在审查时，首先分析流动资产占全部资产的比

重，分析企业的资产分布是否合理，分析流动资产的实际占用数是否与企业的生产规模和生产任务计划相适应。若流动资产实际占用数增长过快，则应注意是因材料或商品集中到货或因价格变动等因素引起，还是由于管理不善、物资积压、产品滞销或是虚增库存成本所造成，以便进一步分析企业有无弄虚作假、乱挤成本等问题。对流动资产项目进行分析后，还要进一步考核企业流动资金的周转情况，通过计算应收账款周转率、存货周转率等指标，并分别与计划、上年同期进行对比，分析这些指标的变化是否正常。

（2）对长期股权投资、固定资产、无形及递延资产的审查与分析。长期股权投资反映企业不准备在一年内变现的投资。按规定，企业可以采用货币资金、实物、无形资产等方式向其他单位投资，由于投资额的大小涉及企业的投资效益。因此，在对资产负债表进行审查分析时，应注意核实企业长期股权投资数额。对长期股权投资的审查分析，除核实长期股权投资数额外，还应注意企业对长期股权投资的核算方法。

固定资产的审查分析，首先是了解资产增减变动的情况；其次是在核实固定资产原值的基础上，进一步核实固定资产折旧额，审查企业折旧计算方法是否得当、计算结果是否正确。

对"在建工程"项目的审核，应注意了解企业有无工程预算，各项在建工程费用支出是否核算真实，有无工程支出与生产经营支出混淆情况等。

审查无形资产项目时，应注意企业无形资产期末数与期初数的变化情况，了解企业本期无形资产的变动和摊销情况，并注意企业无形资产的摊销额计算是否正确，有无多摊或少摊的现象。

递延资产的审查，应审查期末数与期初数的变动情况，注意企业有无将不属于开办费支出的由投资者负担的费用和为取得各项固定资产、无形资产所发生的支出，以及筹建期间应当计入资产价值的汇兑损益、利息支出等记入"递延资产"账户的情况，并审核固定资产修理费支出和租入固定资产的改良支出核算是否准确，摊销期限的确定是否合理，各期摊销额的计算是否正确。

（3）对负债各项目的审查与分析。通过报表中期末数与期初数的比较，分析负债的增减变化，对于增减变化数额较大、数字异常的项目，应进一步查阅账面记录，审查企业有无将应转入的收入挂在"应付账款"账面，逃漏税收的情况。审查企业"应交税费"是否及时、足额上缴，表中"未交税费"项目的金额与企业的"应交税费"贷方的余额是否相符，有无欠缴、错缴等问题。

（4）对所有者权益的审查和分析。在审查资产负债表中所有者权益各项目时，主要依据财务制度的有关规定，审核企业投资者是否按规定履行出资义务，资本公积金核算是否正确，盈余公积金的提留比例是否符合制度的规定，并根据所有者权益各项目期末数和期初数之间的变动数额，分析企业投入资本的情况和利润分配的结果。

2. 利润表的审查

通过对利润表的审查和分析，可以了解企业本期生产经营的成果。由于企业的利润总额是计征所得税的依据，利润总额反映不实，势必影响缴纳的应纳税额。

1）销售收入的审查

销售收入的增减直接关系到税收收入和企业的财务状况及资金周转的速度，影响销售收入变化的主要因素是销售数量和销售价格。审查时，应分别按销售数量和销售单价进行分析。对销售数量的分析应结合当期的产销情况，将本期实际数与计划数或上年同期数进行对比，如果销售数量下降，应注意企业有无销售产品不通过"产品（商品）销售收入"账户核算的情况或企业领用本企业产品（或商品）而不计销售收入的情况。另外，还应注意销售合同的执行情况，有无应转未转的销售收入。对销售价格的审查，应注意销售价格的变动是否正常，如变动较大，应注意查明原因。企业的销售退回和销售折扣与折让，均冲减当期的销售收入，因此，应注意销售退回的有关手续是否符合规定，销售折扣与折让是否合理合法，特别是以现金支付的退货款项和折扣、折让款项是否存在套取现金或支付回扣等问题。

2）销售成本的审查

对于产品（商品）销售成本的审查，应注意企业销售产品（商品）品种结构的变化情况，注意成本结转时的计价方法是否正确。同时，注意分析期末库存产品（商品）的成本是否真实。对于采用售价核算的商业企业，还应注意结转的商品进销价是否正确。

3）税金及附加的审查

税金及附加是指企业销售产品（商品）所缴纳的消费税、城市维护建设税的税金及教育费附加等。分析时应注意：① 税率有没有调整变动；② 不同税率的产品产量结构有没有变动；③ 企业申报数字是否属实。由于销售收入与税金有密切的联系，两者成正比例增减，因此，要在核实销售收入的基础上，审查核实企业税金及附加计算结果是否正确，有无错计、漏计等情况。

4）销售利润的审查

审查销售利润时应核查企业是否完成销售利润计划，与上期相比有无增减变动，计算出本期销售利润，并与上期、上年同期的销售利润率进行对比，如果企业生产规模无多大变化，而销售利润率变动较大，可能存在收入、成本计算不实，人为调节销售利润等问题，应进一步审查。

5）营业利润的审查与分析

在审查营业利润增减变动情况时，应注意审查主营业务的利润，以及其他业务的收入和为取得其他业务收入而发生的各项支出。因此，审查时要核实其他业务收入是否真实准确，其他业务支出是否与其他业务收入相配比，有无将不属于其他业务支出的费用摊入的现象。另外，分析企业各项支出是否合理合法，有无多列多摊费用、减少本期利润的现象。

6）投资收益的审查与分析

投资收益应按照国家规定缴纳或补缴所得税。在审查利润表的投资收益时，应注意企业是否如实反映情况。企业对外投资具有控制权时，是否按权益法记账、投资收益的确认是否准确。

7）营业外收支项目的审查与分析

审查营业外收支数额的变动情况时，对于营业外收入，应注意企业有无将应列入销售收入的款项或收益直接记作营业外收入，漏报流转税额。对于营业外支出，应注意是否符合规定的开支范围和开支标准，有无突增突减的异常变化。对于超过标准的公益救济性捐赠等，在计算应纳税额时，应调增应纳税所得额。

3. 现金流量表的审查

对现金流量表的审查，应注意审查核对现金流量表有关项目数字来源及计算的正确性，即主要核对经营活动、投资活动和筹资活动产生的现金流量。

5.2.2 会计账簿的审查与分析

在对会计报表进行审查分析后,对于有疑点的地方,则需要通过账簿审查才能查证落实。报表审查可提供进一步深入审查的线索和重点,账簿审查则是逐项审查和落实问题。

1. 日记账的审查与分析

对现金日记账审查时,应注意企业现金日记账是否做到日清日结,账面余额与库存现金是否相符,有无白条抵库现象,库存现金是否在规定限额之内,现金收入和支付是否符合现金管理的有关规定,有无坐支或挪用现金的情况,有无私设小金库的违法行为。并进一步核实现金账簿记录是否正确,计算是否准确,更改的数字是否有经手人盖章。对银行存款日记账的审查,应注意银行存款日记账所记录的借贷方向是否正确,金额是否与原始凭证相符,各项经济业务是否合理合法,前后页过账的数字、本期发生额合计和期初、期末余额合计是否正确,并应注意将企业银行存款日记账与银行对账单进行核对,审查企业有无隐瞒收入等情况。

2. 总分类账的审查与分析

审查总分类账可以从总体上了解企业财产物资、负债等变化情况,从中分析审查、找出查账线索。审查总分类账时,应注意总分类账的余额与资产负债表中所列数字是否相符。各账户本期借贷方发生额和余额与上期相比较,有无异常的增减变化。特别是对与纳税有关的经济业务,应根据总分类账的有关记录,进一步审查有关明细分类账户的记录和相关的会计凭证,据以发现和查实问题。由于总分类账户提供的是总括的资料,一般金额比较大,如果企业某些经济业务有问题,但金额较小,在总分类账中数字变化不明显,则审查时不容易发现。因此,审查和分析总分类账簿的记录,只能为进一步审查提供线索,不能作为定案处理的根据。企业查账的重点应放在明细分类账簿的审查上。

3. 明细分类账的审查与分析

审查总分类账后,根据发现的线索,应重点分析审查明细分类账,因为有些问题总分类账反映不出来或数字变化不明显。例如,结转耗用原材料成本所采用的计价方法是否正确,计算结果是否准确等,在总分类账中不能直接看出来,而审查明细分类账则可以一目了然。明细分类账审查方法主要包括以下内容。

(1)审查总分类账与所属明细分类账记录是否相吻合,借贷方向是否一致,金额是否相符。

(2)审查明细分类账的业务摘要,了解每笔经济业务是否真实合法,若发现疑点应进一步审查会计凭证,核实问题。

(3)审查各账户年初余额是否同上年年末余额相衔接,有无利用年初建立新账之机,采取合并或分设账户的办法,故意增减或转销某些账户的数额,弄虚作假、偷税漏税。

(4)审查账户的余额是否正常,计算是否正确,如果出现反常余额或红字余额,应注意核实是核算错误还是弄虚作假所造成的。

(5)审查实物明细分类账的计量、计价是否正确。按实际成本计价的企业,各种实物增减变动的计价是否准确合理,有无将不应计入实物成本的费用计入实物成本的现象,发出实物时,有无随意变更计价方法的情况。如有疑点,应重新计算,进行验证。

5.2.3 会计凭证的审查与分析

会计凭证按其填制程序和用途划分,可分为原始凭证和记账凭证两种。原始凭证是在经济业务发生时所取得或填制的、载明业务的执行和完成情况的书面证明,它是进行会计核算的原始资料和重要依据。记账凭证是由会计部门根据原始凭证编制的,是登记账簿的依据。由于原始凭证和记账凭证的用途不同,因此,审查的内容也不同。但两者有着密切的联系,应结合对照审查。

1. 原始凭证的审查

(1) 审查内容是否齐全,注意审查凭证的合法性。查看凭证记录的经济内容是否符合政策、法规和财务会计制度规定的范围与标准。① 审查凭证的真实性。对凭证各项目的经济内容、数据、文字要注意有无涂改、污损、伪造、大头小尾等问题,并进行审查分析,从中发现问题。② 审查凭证的完整性。对凭证上的商品名称、规格、计量单位、大小写金额的填制日期仔细核对,应注意填写的内容是否清晰,计算的结果是否准确。③ 审查自制的原始凭证手续是否完备,应备附件是否齐全。对差旅费报销还应与所附车船票、住宿费发票核对,查看内容、金额是否相符。

(2) 审查有无技术性或人为性的错误。这主要是通过对产成品(库存商品)、原材料(材料物资)等出入库凭证的检查,查看有无产品(商品)销售后收取的现金不入账,减少当期收入的情况;有无多列、虚列材料(商品)成本的情况;通过对成本类原始凭证的检查,查看纳税人是否区分了本期的收支与非本期的收支,基本业务收支与营业外收支,资本性支出与收益性支出等。有无因此而影响当期或后期计税所得额的情况。

(3) 审查有无白条入账的情况。要注意审查自制凭证的种类、格式及使用是否符合财会制度的规定,审批手续是否健全,有无白条代替正式凭证的现象。对收款凭证要注意其号码是否连续,如发现缺本、缺页、审批手续不全的,应进一步查明原因。在审查支出凭证所记载的内容是否遵守制度规定的开支范围和标准时,要注意有无使用白条做支出凭证的情况。

2. 记账凭证的审查

(1) 审查所附原始凭证有无短缺,两者的内容是否一致。首先要注意记账凭证与原始凭证的数量、金额是否一致。

(2) 审查会计科目及其对应关系是否正确。会计事项的账务处理及其科目的对应关系在会计制度中一般都有明确规定,如果乱用会计科目或歪曲会计科目,就可能出现少缴或未缴税款的情况。

(3) 记账凭证的会计科目与原始凭证反映的经济业务内容是否相符。审查时应注意会计凭证的摘要说明与原始凭证的经济内容是否相符。

5.2.4 不同委托人代理审查的具体内容

1. 审查按流转额征税税种的主要内容

按流转额征税的主要税种有增值税、消费税。增值税是以增值额为计税依据,应主要审查销售额及适用税率的确定,划清进项税额可抵扣与不允许抵扣的界限,界定免税项目是否符合规定。审查增值税专用发票的使用,对于消费税应侧重于征税对象和计税依据的审查,同时注意纳税人是否在规定环节申报纳税，适用税目、税率是否正确，减免税是否符合税法规定。

2. 审查按所得额征税税种的主要内容

所得税的计税依据是应纳税所得额，应纳税所得额是以利润总额加调整项目，利润总额是由销售收入扣除成本费用项目后的余额。审查应纳税所得额的正确性，主要应审查销售收入的正确性、成本额的正确性、成本与费用划分的正确性、营业外收支的正确性，以及税前调整项目范围、数额的正确性。

3. 审查按资源、财产、行为征税税种的主要内容

按资源、财产、行为征税的税种多，但计税相对较为简单。审查时着重注意计税依据的真实性，如印花税的计税依据为各类账、证、数据应贴花的计税金额。

5.3　账务调整的基本方法

税务师对纳税人的纳税情况进行全面审查后，对于有错漏问题的会计账目，按照财务会计制度进行账务调整，使账账、账证、账实相符。

5.3.1　账务调整的作用

根据审查结果，正确、及时地调整账务，既可防止明补暗退，又可避免重复征税，保证企业会计核算资料的真实性。

5.3.2　账务调整的原则

账务调整要与现行财务会计准则相一致，要与税法的有关会计核算相一致。

（1）账务调整要与会计原理相符合。调整错账时，需要做出新的账务处理来纠正原错账。所以新的账务处理业务必须符合会计原理和核算程序，反映错账的来龙去脉，清晰表达调整的思路；还应做到核算准确、数字可靠，正确反映企业的财务状况和生产经营情况。

（2）调整错账的方法应从实际出发，简便易行。账务处理的调整既要做到账实一致，反映查账的结果，又要坚持从简账务调整的原则。

5.3.3　账务调整的基本方法

在一个会计年度结账前，税务师查出纳税人的错账或漏账，可以在当期的有关账户中直接进行调整。调整方法主要有以下几种。

1. 红字冲销法

红字冲销法是先用红字冲销原错误的会计分录，再用蓝字重新编制正确的会计分录，重新登记账簿。红字冲销法适用于会计科目用错和会计科目正确但核算金额错误的情况。一般情况下，在及时发现错误、没有影响后续核算的情况下多使用红字冲销法。

【例5-1】某运输公司为小规模纳税人，2018年5月取得一次运输费收入2 060元，款已收存银行，财务人员将其记入了"其他应付款"账户，会计处理为：

借：银行存款　　　　　　　　　　　　　　　　　　　　　　　　　　2 060

　　　　贷：其他应付款　　　　　　　　　　　　　　　　　　　　　　　　　　2 060

　　如果当月内已发现上述会计处理错误，其调账处理方法为：首选红字分录将原错误分录冲销，再用蓝字编制正确的会计分录。同时，说明调账的原因及原始依据存放的位置，调账处理方法为：

　　借：银行存款　　　　　　　　　　　　　　　　　　　　　　　　　　　　2 060

　　　　贷：其他应付款　　　　　　　　　　　　　　　　　　　　　　　　　　2 060

　　借：银行存款　　　　　　　　　　　　　　　　　　　　　　　　　　　　2 060

　　　　贷：主营业务收入——运输收入　　　　　　　　　　　　　　　　　　　2 000

　　　　　　应交税费——应交增值税　　　　　　　　　　　　　　　　　　　　　60

2. 补充登记法

　　补充登记法是通过编制转账分录，将调整金额直接入账，以更正错账。它适用于漏计或错账所涉及的会计科目正确，但核算金额小于应计金额的情况。

　　【例 5-2】某税务师事务所审查某企业的纳税情况，发现该企业本月应摊销长期待摊费用 6 000 元，实际摊销 4 800 元，在本年度纳税审查中发现少摊销 1 200 元，企业的账务处理为

　　借：制造费用　　　　　　　　　　　　　　　　　　　　　　　　　　　　4 800

　　　　贷：长期待摊费用　　　　　　　　　　　　　　　　　　　　　　　　　4 800

　　税务师认为，企业的此笔账务处理所涉及的会计科目的对应关系没有错误，但核算金额少计 1 200 元，用补充登记法作调账分录为

　　借：制造费用　　　　　　　　　　　　　　　　　　　　　　　　　　　　1 200

　　　　贷：长期待摊费用　　　　　　　　　　　　　　　　　　　　　　　　　1 200

3. 综合账务调整法

　　综合账务调整法是将红字冲销法与补充登记法综合加以运用，一般适用于错用会计科目的情况，而且主要用于所得税纳税审查后的账务调整，如果涉及会计所得，可以直接调整"本年利润"账户。综合账务调整法一般运用于会计分录借贷方，有一方会计科目用错，而另一方会计科目没有错的情况。正确的一方不调整，错误的一方用错误科目转账调整，使用正确科目时及时调整。

　　【例 5-3】某企业将专项工程耗用材料列入管理费用 7 000 元。企业的账务处理为

　　借：管理费用　　　　　　　　　　　　　　　　　　　　　　　　　　　　7 000

　　　　贷：原材料　　　　　　　　　　　　　　　　　　　　　　　　　　　　7 000

　　税务师认为，上述会计分录借方错用会计科目，按会计准则规定专项工程用料应列入"在建工程"科目。调整分录为

　　借：在建工程　　　　　　　　　　　　　　　　　　　　　　　　　　　　7 000

　　　　贷：管理费用　　　　　　　　　　　　　　　　　　　　　　　　　　　7 000

　　同样，如果以上所举例的错账是在月后发现，而企业又是按月结算利润的，则影响到利润的项目，还应通过"本年利润"科目调整。

　　例如，按例 5-3 设为月度结算后发现。调整分录为

　　借：在建工程　　　　　　　　　　　　　　　　　　　　　　　　　　　　7 000

　　　　贷：本年利润　　　　　　　　　　　　　　　　　　　　　　　　　　　7 000

5.3.4　错账的类型及调整范围

根据错账发生的时间不同，可将错账分为当期发生的错账和以往年度发生的错、漏账。其发生的时间不同，调账的方法也有所不同。

1. 对当期错误会计账目的调账方法

在审查中发现的当期错误会计账目，可根据正常的会计核算程序，采用红字调整法、补充调整法、综合调整法予以调整。对于按月结转利润的纳税人，在本月内发现的错账，调整错账本身即可；在本月以后发现的错账，由于以前月份已结转利润，所以影响到利润的账项还需先通过相关科目最终结转到本年利润科目调整。

2. 对上一年度错误会计账目的调账方法

（1）对上一年度错账并且对上年度税收发生影响的，分以下两种情况。

① 如果在上一年度决算报表编制前发现的，可直接调整上年度账项，这样可以应用上述几种方法加以调整，对于影响利润的错账需要一并调整"本年利润"科目核算的内容。

② 如果在上一年度决算报表编制之后发现的，一般不能应用上述方法，而按正常的会计核算对有关账户进行一一调整。这时需区别不同情况，按简便实用的原则进行调整。

对于不影响上年利润的项目，可以直接进行调整。

【例 5-4】在所得税的汇算清缴中，税务师受托对某企业的企业所得税纳税情况进行审查，发现该企业将用于职工福利支出的 20 000 元记入"在建工程"账户，审查是在年终结账后进行的。税务师经过认真审核，确认该笔业务应通过"应付职工薪酬"科目核算，因企业基建工程尚未完工交付使用，相关调账分录为

借：以前年度损益调整　　　　　　　　　　　　　　　　　　20 000
　　贷：在建工程　　　　　　　　　　　　　　　　　　　　　　　20 000

对于影响上年利润的项目，由于企业在会计年度内已结账，所有的损益账户在当期都结转至"本年利润"账户，凡涉及调整会计利润的，不能用正常的核算程序对"本年利润"进行调整，而应通过"以前年度损益调整"进行调整。

【例 5-5】某税务师事务所 2018 年 4 月在对某公司 2017 年度纳税审查中，发现多预提厂房租金 20 000 元，应予以回冲。

应通过"以前年度损益调整"科目调整，将调整数体现在 2017 年的核算中，应做调整分录如下。

① 借：管理费用　　　　　　　　　　　　　　　　　　　　　20 000
　　　 贷：以前年度损益调整　　　　　　　　　　　　　　　　　20 000

② 应补企业所得税税额 = 20 000×25% = 5 000（元）

借：以前年度损益调整　　　　　　　　　　　　　　　　　　5 000
　　贷：应交税费——应交所得税　　　　　　　　　　　　　　　5 000

③ 将以前年度损益调整贷方余额转入未分配利润

借：以前年度损益调整　　　　　　　　　　　　　　　　　　15 000
　　贷：利润分配——未分配利润　　　　　　　　　　　　　　　15 000

（2）对上一年度错账且不影响上一年度的税收，但与本年度核算和税收有关的，可以根据上一年度账项的错漏金额影响本年度税项情况，相应调整本年度有关账项。

【例5-6】某税务师事务所2018年审查某企业2017年的账簿记录，发现2017年12月份多转材料成本差异20 000元（借方超支数），而消耗该材料的产品已完工入库，该产品于2016年售出。

这一错误账项虚增了2017年12月份的产品生产成本，由于产品未销售，无须结转销售成本，未对2017年度税收产生影响，但是由于在2018年售出，此时虚增的生产成本会转化为虚增销售成本，从而影响2018年度的税额。如果是在决算报表编制前发现且产品还未销售，那样可应用转账调整法予以调整上年度账项，即

借：材料成本差异 20 000

　　贷：库存商品 20 000

如果是在决算报表编制后发现且产品已经销售，由于上一年度账项已结平，这时可直接调整本年度的"主营业务成本"或"本年利润"账户，做调整分录为

借：材料成本差异 20 000

　　贷：主营业务成本或本年利润 20 000

3. 不能直接按审查出的错误数额调整利润情况的账务调整方法

审查出的纳税错误数额，有的直接表现为实现的利润，无须进行计算分摊，直接调整利润账户；有的需经过计算分摊，将错误的数额分别摊入相应的有关账户内，才能确定应调整的利润数额。后一种情况主要是在材料采购成本、原材料成本的结转和生产成本的核算中发生的错误，如果尚未完成一个生产周期，其错误额会依次转入原材料、在产品、产成品、销售成本及利润中，导致虚增利润，使纳税人多缴当期的所得税。因此，应将错误额根据具体情况在期末原材料、在产品、产成品和本期销售产品成本之间进行合理分摊。

计算分摊的方法是：应按产品成本核算过程逐步剔除挤占因素，即将审查出的需分配的错误数额，按原材料、自制半成品、在产品、产成品、产品销售成本等核算环节的程序，一步一步地往下分配。将计算出的各环节应分摊的成本数额，分别调整有关账户，在期末结账后，当期销售产品应分摊的错误数额应直接调整利润数。在实际工作中一般较多地采用"按比例分摊法"。其计算步骤如下。

1）计算分摊率

分摊率=（审查出的错误额）/（期末原材料结存成本+期末在产品结存成本+期末产成品结存成本+本期产品销售成本）

上述公式是基本计算公式，具体运用时，应根据错误发生的环节，相应地选择某几个项目进行计算分摊，不涉及的项目则不参加分摊。

（1）在"生产成本"账户贷方、"库存商品"账户借方查出的数额，只需在期末产成品、本期产品销售成本之间分摊。

（2）在"原材料"账户贷方、"生产成本——基本生产成本"账户借方查出的错误额，即多转或少转成本的问题，应在公式中后3个项目之间分摊。

（3）在"原材料"账户借方查出的问题，即多计或少计材料成本，要在公式中的4个项目之间分摊。

2）计算分摊额

（1）期末原材料应分摊的数额=期末原材料成本×分摊率

（2）期末在产品成本应分摊的数额=期末在产品成本×分摊率

（3）期末产成品应分摊的数额＝期末产成品成本×分摊率

（4）本期销售产品应分摊的数额＝本期销售产品成本×分摊率

3）调整相关账户

将计算出的各环节应分摊的成本数额，分别调整有关账户，在期末结账后，当期销售产品应分摊的错误数额应直接调整利润数。

【例5-7】 税务师受托对某企业进行纳税审查，发现该企业2018年6月份将福利部门领用的生产用原材料30 000元计入生产成本。由于当期期末既有期末在产品，也有生产完工产品，完工产品当月对外销售一部分。因此，多计入生产成本的30 000元，已随企业的生产经营过程分别进入了生产成本、产成品、产品销售成本之中。经核实，期末在产品成本为150 000元，产成品成本为150 000元，产品销售成本为300 000元，则税务师可按以下步骤计算分摊各环节的错误数额，并做相应调账处理。

第一步：计算分摊率。

分摊率＝多计生产成本数额/（期末在产品结存成本+期末产成品结存成本+本期产品销售成本）＝30 000/（150 000+150 000+300 000）＝0.05

第二步：计算各环节的分摊数额。

（1）在产品应分摊数额＝150 000×0.05＝7 500（元）

（2）产成品应分摊数额＝150 000×0.05＝7 500（元）

（3）本期产品销售成本应分摊数额＝300 000×0.05＝15 000（元）

（4）应转出的增值税进项税额＝30 000×16%＝4 800（元）

第三步：调整相关账户。

调账分录为

借：在建工程	34 800
贷：生产成本	7 500
库存商品	7 500
本年利润	15 000
应交税费——应交增值税（进项税额转出）	4 800

思考与练习

一、名词解释

顺查法　逆查法　详查法　抽查法　核对法　查询法　比较分析法　控制计算法

二、单项选择题

1. 税务代理人代理纳税审查属于（　　　）。
   A. 税务机关专业审查　　　　　　　B. 纳税人自查
   C. 税务机关自查　　　　　　　　　D. 代理人自查

2. （　　）比较系统、全面，运用简单，可避免遗漏，但这种方法工作量大，重点不够突出，仅适用于对经济业务量较少的纳税人、扣缴义务人的审查。
   A. 顺查法　　　B. 详查法　　　C. 逆查法　　　D. 比较分析法

3. （　　）可从多方面进行比较分析，相互考证，以发现问题，可在一定程度上保证纳税审查的质量，但这种方法的工作量大。

    A. 详查法   B. 查询法   C. 抽查法   D. 核对法

4. 以下账务调整的方法中，（　　）适用于错用会计科目这种情况，而且主要用于所得税纳税审查后的账务调整。

    A. 账户调整法   B. 红字冲销法

    C. 补充登记法   D. 综合账务调整法

5. 在纳税检查中，发现企业以前年度少计收益多计费用的情况时，应在（　　）科目进行反应。

    A. 借记"以前年度损益调整"   B. 借记"利润分配——未分配利润"

    C. 贷记"以前年度损益调整"   D. 贷记"利润分配——未分配利润"

三、多项选择题

1. 纳税审查的方法主要有（　　）。

    A. 顺查法和逆查法   B. 详查法和抽查法

    C. 核对法和查询法   D. 比较分析法和控制计算法

2. 按查账的顺序不同，纳税审查方法可分为（　　）。

    A. 顺查法   B. 查询法   C. 逆查法   D. 核对法

3. 纳税审查的侧重点不同，但是审查的基本内容大多一致，主要有（　　）。

    A. 审查其核算是否符合《企业财务通则》分行业财务制度及会计制度

    B. 审责计算是否符合税收法规，是否符合法定计税公式

    C. 审查其核算是否符合《企业会计准则》和分行业财务制度及会计制度

    D. 审查纳税人有无不按纳税程序办事，违反征管制度的情况

4. 纳税审查中对企业会计报表的审查主要包括（　　）。

    A. 资产负债表   B. 利润表   C. 损益表   D. 现金流量表

5. 核对法是根据凭证、账簿、报表之间的关系，对（　　）的相互钩稽关系进行核对审查的一种方法。

    A. 账证   B. 账表   C. 账实   D. 账账

四、判断题

1. 顺查法能够抓住重点，迅速突破问题，适用于代理人对于纳税人、扣缴义务人的税务状况了解的情况。（　　）

2. 账户调整法中账务调整的方法，适用于漏计或账簿所涉及的会计科目正确，但核算金额小于应计金额的情况。（　　）

3. 核对法可从多方面进行比较分析，相互考证，以发现问题，可在一定程度上保证纳税审查的质量，但这种方法的工作量大。（　　）

4. 抽查法适用于对经济业务量较大的纳税人、扣缴义务人的审查。（　　）

5. 红字冲销法中账务调整的方法，适用于漏计或账簿所涉及的会计科目正确，但核算金额小于应计金额的情况。（　　）

五、问答题

1. 纳税审查的内容主要有哪些？

2. 简述调账的基本方法及调账的意义。

3. 纳税审查的方法主要有哪些？各适用于什么情况？

六、实务题

某税务师 2018 年 2 月对企业 2017 年的纳税情况进行审核，发现企业 12 月份将福利部门领用的材料成本 20 000 元计入生产成本中，由于企业生产产品成本已经进行了部分结转和销售，所以无法将审核发现的 20 000 元直接作为错账调整金额。2017 年年底企业的在产品相关成本科目余额是 100 000 元，完工产品相关成本科目余额是 500 000 元，当期的已销售产品成本是 400 000 元，假设该企业已经结账。

问题：（1）按"比例分摊法"计算错账调账金额在相关环节分摊的分配率、分摊数额。

（2）做出跨年度账务调整分录

第6章　流转税纳税申报及
纳税审核服务实务

学习目标

通过本章的学习，学生掌握流转税纳税申报及纳税审查服务实务，内容包括流转税的基本税制内容，纳税申报操作规范，账务处理和申报表的填制；掌握纳税审查的重点和方法。学生应该掌握这些内容，为税收服务代理的实施奠定基础。

导入案例

山西省某煤气化公司是增值税一般纳税人，主要生产和销售居民用煤气、焦炭和焦油等产品。在销售过程中，针对不同产品的市场需求情况，该公司采用了不同的销售方式，既有现款销售，也有分期付款等销售方式，生产原料既有从增值税一般纳税人处购进也有从增值税小规模纳税人处购买。在运营过程中，由于管理不善造成一批原煤丢失。

税务机关核定纳税期限为1个月。该公司委托兰天税务师事务所为其代理增值税纳税申报事宜。

问题：（1）兰天税务师事务所在办理纳税申报时应提供哪些资料？

（2）如何填写纳税申报表？

（资料来源：奚卫华. 税务代理实务. 北京：中国人民大学出版社，2008.）

6.1　增值税纳税申报服务实务

2008年11月5日，国务院第34次常务会议再次修订通过了《中华人民共和国增值税暂行条例》，自2009年1月1日起实施。为了监控税源，强化征收，在纳税申报环节，将增值税专用发票的使用与对纳税人的管理综合为一体，使纳税申报的操作具有政策面广、技能性强的特点。增值税是代理流转税纳税申报技术难度较高的税种。财税〔2018〕32通知，纳税人发生增值税应税销售行为或者进口货物，原适用17%和11%税率的，税率分别调整为16%和10%。

6.1.1　应纳税额计算

增值税是对在我国境内销售货物、或者加工、修理、修配劳务（以下简称劳务）、销售服务、无形资产、不动产以及进口货物行为征税。

1. 增值税一般纳税人应纳税额计算

增值税一般纳税人销售货物、劳务、销售服务、无形资产、不动产应纳税额为当期销项税额抵扣当期进项税额后的余额。应纳税额的计算公式为

$$应纳税额=当期销项税额-当期进项税额-上期留抵税额$$

如应纳税额大于 0，则为当期应缴纳的增值税；如应纳税额小于 0，则为本期留抵税额，转入下一期抵扣。

1）销项税额

销项税额是指纳税人销售货物、劳务、销售服务、无形资产、不动产按照销售额和适用税率计算并向购买方收取的增值税额，其计算公式为

$$销项税额=销售额×税率$$

上述销售额是指纳税人销售货物、劳务、销售服务、无形资产、不动产向购买方收取的全部价款和价外费用，但是不包括收取的销项税额。

2）进项税额

纳税人购进货物、劳务、服务、无形资产或者不动产所支付或负担的增值税额为进项税额。其主要包括以下内容。

（1）从销售方取得的增值税专用发票上注明的增值税额。

（2）从海关取得的海关进口增值税专用缴款书上注明的增值税额。

（3）自 2018 年 5 月 1 日起购进农产品，除取得增值税专用发票或海关进口增值税专用缴款书外，按照农产品收购发票或销售发票上注明的农产品买价和 10% 的扣除率计算的进项税额。国务院另有规定的除外。

（4）从境外单位或者个人购进劳务、服务、无形资产或者境内的不动产，从税务机关或者扣缴义务人取得的代扣代缴税款的完税凭证上注明的增值税额。

3）不得从销项税额中抵扣的进项税额

（1）纳税人取得的增值税扣税凭证不符合法律、行政法规或者国家税务总局有关规定的，其进项税额不得从销项税额中抵扣。

（2）下列项目的进项税额不得从销项税额中抵扣。

① 用于简易计税方法计税项目、免征增值税项目、集体福利或者个人消费。其中涉及的固定资产、无形资产、不动产，仅指专用于上述项目的固定资产、无形资产（不包括其他权益性无形资产）、不动产。纳税人的交际应酬消费属于个人消费。

② 非正常损失的购进货物，以及相关的劳务和交通运输服务。

③ 非正常损失的在产品、产成品所耗用的购进货物（不包括固定资产）、劳务和交通运输服务。

（3）国务院规定的其他项目。

4）进项税额抵扣的相关规定

（1）增值税一般纳税人取得 2017 年 7 月 1 日以后开具的增值税专用发票、机动车销售统一发票，应在开具之日起 360 日内到税务机关办理认证，并在认证通过的次月申报期内，向主管税务机关申报抵扣进项税额。

（2）实行海关进口增值税专用缴款书（以下简称海关缴款书）"先比对后抵扣"管理办法的增值税一般纳税人取得 2017 年 7 月 1 日以后开具的海关缴款书，应在开具之日起 360 日内向主管税务机关报送《海关完税凭证抵扣清单》（包括纸质资料和电子数据）

申请稽核比对。

未实行海关缴款书"先比对后抵扣"管理办法的增值税一般纳税人取得2017年7月1日以后开具的海关缴款书，应在开具之日起360日后的第一个纳税申报期结束以前，向主管税务机关申报抵扣进项税额。

（3）增值税一般纳税人取得2017年7月1日以后开具的增值税专用发票、机动车销售统一发票及海关缴款书，未在规定期限内到税务机关办理认证、申报抵扣或申请稽核比对的，不得作为合法的增值税扣税凭证，不得计算进项税额抵扣。

5）进项税额的扣减

（1）因进货退出或折让而收回的增值税额，应从发生进货退出或折让当期的进项税额中扣减。

（2）已抵扣进项税额的购进货物、劳务、服务、无形资产、不动产发生进项税额不得从销项税额中抵扣情况的，应将该项购进货物、劳务、服务、无形资产、不动产的进项税额从当期的进项税额中扣减。

6）进项税额不足抵扣的处理

因当期销项税额小于当期进项税额不足抵扣，其不足部分可以结转下期继续抵扣。

2. 增值税小规模纳税人的征收率及应纳税额的计算

从2009年1月1日起，小规模纳税人增值税征收率为3%。征收率的调整由国务院决定。根据《营业税改征增值税试点实施办法》的规定，营业税改征增值税中的小规模纳税人适用3%的征收率。

增值税小规模纳税人按照销售货物、劳务、销售服务、无形资产、不动产销售额和规定的征收率计算应纳税额，不得抵扣进项税额。应纳税额计算公式为

$$应纳税额 = 销售额 \times 征收率$$

销售额比照一般纳税人规定确定。需要指出的是，增值税小规模纳税人的销售额也不包括其应纳税额，增值税小规模纳税人如采用销售额和应纳税额合并定价方法的，按下列公式计算销售额

$$销售额 = 含税销售额/(1+征收率)$$

【例6-1】某企业为增值税一般纳税人，2018年5月发生以下业务。

（1）外购原材料100吨，取得增值税专用发票，支付价款（不含税）50 000元；取得运输公司开具的增值税专用发票，注明金额2 500元。

（2）外购辅助材料5吨，取得增值税专用发票，每吨价款（不含税）5 000元。

（3）企业生产需要进口一台设备，应纳关税完税价格为100 000元，已纳关税20 000元。

（4）销售外购的原材料30吨，取得不含税销售收入20 000元。

（5）销售产品500件，每件价税合计为232元，用自备汽车运输，向买方收取运输费5 000元，包装费1 960元（与销售货物不能分别核算）。

（6）用上述产品100件发放职工福利。

假设上述各项购销货物的增值税税率均为16%。

根据以上条件，计算该企业当月增值税应纳税额

① 销项税额 = 20 000×16% + [（500+100）×232/（1+16%）]×16% +
　　　　　　[（5 000+1 960）/（1+16%）]×16% = 23 360（元）

② 进项税额 = 50 000×16% + 2 500×10% + 5×5 000×16%
　　　　　　= 12 250（元）

③ 应纳税额 = 23 360－12 250 = 11 110（元）

④ 进口设备应纳税额 =（100 000+20 000）×16% = 19 200（元）

⑤ 该企业合计应纳税额 = 11 110+19 200 = 30 310（元）

3. 出口货物应退税额的计算方法

1）外贸企业出口货物退税计算方法

对有进出口经营权的外贸企业收购货物直接出口或委托其他外贸企业代理出口货物的，应依据购进出口货物所取得的增值税专用发票上列明的进项金额和该货物适用的退税率计算退税。其公式为

应退税额 = 购进货物的进项金额×退税率

2）生产企业出口货物免、抵、退税计算方法

实行免、抵、退税管理办法的，"免"税是指对生产企业出口的自产货物，免征本企业生产销售环节的增值税；"抵"税是指生产企业出口的自产货物所耗用原材料、零部件等应予退还的进项税额，抵顶内销货物的应纳税款；"退"税是指生产企业出口的自产货物在当期内因抵顶的进项税额大于应纳税额而未抵顶完的税额，经主管税务机关批准后，予以退税。

生产企业出口货物免、抵、退税额应根据出口货物离岸价、出口货物退税率计算。出口货物离岸价（FOB）以出口货物发票上的离岸价为准（委托代理出口的，出口货物发票可以是委托方开具的或受托方开具的），若以其他价格条件成交，应扣除按会计制度规定允许冲减出口销售收入的运费、保险费、佣金等。申报数与实际支付数有差额的，在下次申报退税时调整（或年终清算时一并调整）。若出口货物发票不能如实反映离岸价，企业应按实际离岸价申报免、抵、退税，税务机关有权按照《税收征管法》《增值税暂行条例》等的规定予以核定。

（1）免、抵、退税不得免征和抵扣税额的计算。

免、抵、退税不得免征和抵扣税额 = 当期出口货物离岸价×外汇人民币牌价×
　　　　　　（出口货物征税率－出口货物退税率）－
　　　　　　免、抵、退税不得免征和抵扣税额抵减额

免、抵、退税不得免征和抵扣税额抵减额 = 免税购进原材料价格×（出口货物征税率－
　　　　　　出口货物退税率）

（2）当期应纳税额的计算。

当期应纳税额 = 当期内销货物的销项税额－（当期进项税额－
　　　　　　当期免抵退税不得免征和抵扣税额）－上期留抵税额

（3）免、抵、退税额的计算。

免、抵、退税额 = 出口货物离岸价×外汇人民币牌价×出口货物退税率－

免、抵、退税额抵减额

免、抵、退税额抵减额＝免税购进原材料价格×出口货物退税率

免税购进原材料包括国内购进免税原材料和进料加工免税进口料件，其中进料加工免税进口料件的价格为组成计税价格。

进料加工免税进口料件的组成计税价格＝货物到岸价格+海关实征关税+

海关实征消费税

（4）当期应退税额和当期免抵税额的计算：

当期免抵税额＝当期免抵退税额－当期应退税额

当期期末留抵税额≤当期免抵退税额时：

当期应退税额＝当期期末留抵税额

当期期末留抵税额>当期免抵退税额时：

当期应退税额＝当期免抵退税额

当期免抵税额＝0

"当期期末留抵税额"为当期《增值税纳税申报表》上的"期末留抵税额"。

6.1.2 增值税纳税申报服务操作规范

增值税纳税申报分为"增值税一般纳税人"和"增值税小规模纳税人"两种，其中包括出口货物退免税的申报。其计税原始资料的稽核与办税程序均有不同的要求。

1. 增值税一般纳税人

增值税一般纳税人纳税申报的特点是报表体系严密，计税资料齐全。一般纳税人纳税申报表及其附列资料包括：

《增值税纳税申报表（一般纳税人适用）》；

《增值税纳税申报表附列资料（一）》（本期销售情况明细）；

《增值税纳税申报表附列资料（二）》（本期进项税额明细）；

《增值税纳税申报表附列资料（四）》（税额抵减情况表）；

《增值税纳税申报表附列资料（五）》（不动产分期抵扣计算表）；

《固定资产（不含不动产）进项税额抵扣情况表》；

《增值税减免税申报明细表》；

《营改增税负分析测算明细表》。

2. 增值税小规模纳税人

增值税小规模纳税人由于计税方法简单，其纳税申报的操作也相对容易。增值税小规模纳税人纳税申报表及其附列资料包括：

《增值税纳税申报表（小规模纳税人适用)》；

《增值税纳税申报表（小规模纳税人适用）附列资料》；

增值税小规模纳税人发生应税行为，在确定服务销售时，按照有关规定可以从取得的全部价款和价外费用中扣除价款的，需填报《增值税纳税申报表（小规模纳税人适用）附列资料》；其他情况不填写该附列资料；

增值税小规模纳税人的增值税纳税申报服务，应在规定的期限内向主管税务机关报送纳税申报表。

税务师在编制纳税申报表时，应按以下规范操作。

（1）核查销售原始凭证及相关账户，稽核销售货物、劳务、销售服务、无形资产、不动产及视同销售的收入。

（2）对于有经营免税项目或有混合销售、兼营的，应通过核查原始凭证及核算过程，正确区分征免税项目及应税项目的销售收入，将免税销售额分离出来。

（3）核查"应交税费——应交增值税"明细分类账，将含税收入换算成不含税销售额乘以征收率计算出当期应纳税额。

3. 纳税申报其他资料

已开具的税控机动车销售统一发票和普通发票的存根联；

符合抵扣条件且在本期申报抵扣的增值税专用发票（含税控机动车销售统一发票）的抵扣联；

符合抵扣条件且在本期申报抵扣的海关进口增值税专用缴款书、购进农产品取得的普通发票的复印件；

符合抵扣条件且在本期申报抵扣的税收完税凭证及其清单，书面合同、付款证明和境外单位的对账单或者发票；

纳税人销售服务、不动产和无形资，在确定服务、不动产和无形资产销售额时，按照有关规定可以从取得的全部价款和价外费用中扣除价款的合法凭证及其清单；

主管税务机关规定的其他资料。

6.1.3　填制《增值税纳税申报表》的方法

1. 企业概况模拟案例

1）企业概况

（1）纳税人识别号：912301021271310×××

（2）所属行业：工业制造业

（3）纳税人名称：哈尔滨××机械制造有限公司

（4）法定代表人：许峰

（5）注册地址：哈尔滨市道里区新阳路 49 号

（6）生产经营地址：哈尔滨市道里区新阳路 49 号

（7）开户银行及账号：哈尔滨银行股份有限公司新阳支行　　账号：313261002×××

（8）登记注册类型：有限责任公司

（9）电话号码：0451-84667962

（10）主管税务机关：哈尔滨市道里区国家税务局

业务资料如下。

【业务 1】2018 年 5 月 3 日，因产品生产需要，购入甲型钢材，取得供货方开具的防伪税控增值税专用发票和运输单位开具的增值税专用发票。货款 400 000 元，税款 64 000 元，运费 6 000 元（含税），取得增值税专用发票，装卸费 600 元，保险费 200 元，相关款项已从结算账户转账付讫，发票已通过税务机关认证。

【业务 2】2018 年 5 月 9 日，进行 4 月份增值税纳税申报并通过网上划款缴纳增值税 93 500 元，并取得工商银行电子缴税付款凭证。

【业务 3】2018 年 5 月 11 日，销售一批甲产品，开出增值税专用发票，取得运输单位开具的增值税专用发票，发票已通过税务机关认证，货款 800 000 元、税款 128 000 元已收讫，运费 3 000 元（含税）、装卸费 300 元、保险费 100 元已支付。

【业务 4】2018 年 5 月 12 日，因管理不善，导致库存乙型钢材丢失，购进该材料时已取得增值税专用发票，进项税额已在购进月份申报抵扣。该批材料实际成本价 104 650 元，其中运费成本 4 650 元。

【业务 5】2018 年 5 月 13 日，支付电费，取得香坊区国家电网公司开具的增值税专用发票，生产用电 149 000 元，税款 23 840 元；在建工程购入原材料 37 250 元，税款 5 960 元，以上款项已通过转账付讫。发票已通过税务机关认证。

【业务 6】2018 年 5 月 15 日，以自产丙产品 4 台作价 1 200 000 元，与哈尔滨海天工贸公司联合组建哈尔滨市天元工业有限公司，占该公司 10% 股份，已知每台产品对外不含税售价 300 000 元，成本价 250 000 元。已开出增值税专用发票。

【业务 7】2018 年 5 月 31 日，根据业务 1 至业务 6 项，计算该企业增值税应纳税额及填写相应纳税申报表。

2）业务分析

【业务 1】根据上述运费发票计算可抵扣的运费进项税额。

$$运费进项税额 = [6\ 000/(1+10\%)] \times 10\% = 545.45（元）$$
$$计入原材料成本的运杂费 = 6\ 800 - 545.45 = 6\ 254.55（元）$$

【业务 3】根据上述运费发票计算可抵扣的运费进项税额。

$$运费进项税额 = [3\ 000/(1+10\%)] \times 10\% = 272.73（元）$$
$$计入销售费用的运杂费 = 3\ 400 - 272.73 = 3\ 127.27（元）$$

【业务 4】根据领料单及材料明细分类账，计算进项税额转出。

$$进项税额转出 = (104\ 650 - 4\ 650) \times 16\% + 4\ 650 \times 10\%$$
$$= 16\ 000 + 465$$
$$= 16\ 465（元）$$
$$应计入管理费用的金额 = 104\ 650 + 16\ 465 = 121\ 115（元）$$

【业务 5】外购货物用于在建工程，进项税额分两年从销项税额中抵扣，第一年抵扣 60%，第二年抵扣 40%。本月在建工程用的 40% 税款，本年不可以抵扣。

$$计入在建工程成本的原材料 = 37\ 250 + 5\ 960 \times 40\% = 39\ 634（元）$$

【业务 6】根据相关原始凭证及同类产品对外不含税售价，计算销项税额

$$销项税额 = 1\ 200\ 000 \times 16\% = 192\ 000（元）$$

【业务 7】销项税额 $= 128\ 000 + 192\ 000 = 320\ 000（元）$

进项税额 $= 64\ 000 + 545.45 + 272.73 + 23\ 840 + 5\ 960 \times 60\% = 92\ 234.18（元）$

进项税额转出 = 16 465（元）

应抵扣税额合计 = 92 234.18 - 16 465 = 75 769.18（元）

实际抵扣税额合计 = 75 769.18（元）

应纳税额 = 320 000 - 75 769.18 = 244 230.82（元）

3）《增值税纳税申报表（一般纳税人适用)》及其附列资料填写

《增值税纳税申报表（一般纳税人适用）》的填制具体如表 6-1 所示。

表 6-1　增值税纳税申报表

（一般纳税人适用）

根据国家税收法律法规及增值税相关规定制定本表。纳税人不论有无销售额，均应按税务机关核定的纳税期限填写本表，并向当地税务机关申报。

税款所属时间：自 2018 年 5 月 1 日至 2018 年 5 月 31 日　　填表日期：2018 年 6 月 3 日　　金额单位：元至角分

纳税人识别号	9 1 2 3 0 1 0 2 1 2 7 1 3 1 0 × × ×			所属行业		工业制造业	
纳税人名称	哈尔滨××机械制造有限公司	法定代表人姓名	许峰	注册地址	哈尔滨市道里区新阳路 49 号	生产经营地址	哈尔滨市道里区新阳路 49 号
开户银行及账号	哈尔滨银行股份有限公司新阳支行 313261002×××		登记注册类型	有限责任公司		电话号码	0451-84667962

	项　目	栏　次	一般项目		即征即退项目	
			本月数	本年累计	本月数	本年累计
销售额	（一）按适用税率计税销售额	1	2 000 000.00			
	其中：应税货物销售额	2	2 000 000.00			
	应税劳务销售额	3	0.00			
	纳税检查调整的销售额	4	0.00			
	（二）按简易办法计税销售额	5	0.00			
	其中：纳税检查调整的销售额	6	0.00			
	（三）免、抵、退办法出口销售额	7	0.00			
	（四）免税销售额	8	0.00			
	其中：免税货物销售额	9	0.00			
	免税劳务销售额	10	0.00			
税款计算	销项税额	11	320 000.00			
	进项税额	12	92 234.18			
	上期留抵税额	13	0.00			
	进项税额转出	14	16 465			
	免、抵、退应退税额	15	0.00			
	按适用税率计算的纳税检查应补缴税额	16	0.00			
	应抵扣税额合计	17=12+13-14-15+16	75 769.18			
	实际抵扣税额	18(如 17<11,则为 17,否则为 11)	75 769.18			

续表

项　目		栏　次	一般项目		即征即退项目	
			本月数	本年累计	本月数	本年累计
税款计算	应纳税额	19＝11－18	244 230.82			
	期末留抵税额	20＝17－18	0.00			
	简易计税办法计算的应纳税额	21	0.00			
	按简易计税办法计算的纳税检查应补缴税额	22	0.00			
	应纳税额减征额	23	0.00			
	应纳税额合计	24＝19＋21－23	244 230.82			
税款缴纳	期初未缴税额（多缴为负数）	25	93 500.00			
	实收出口开具专用缴款书退税额	26	0.00			
	本期已缴税额	27＝28＋29＋30＋31	93 500.00			
	① 分次预缴税额	28	0.00			
	② 出口开具专用缴款书预缴税额	29	0.00			
	③ 本期缴纳上期应纳税额	30	93 500.00			
	④ 本期缴纳欠缴税额	31	0.00			
	期末未缴税额（多缴为负数）	32＝24＋25＋26－27	244 230.82			
	其中：欠缴税额（≥0）	33＝25＋26－27	0.00	—		
	本期应补（退）税额	34＝24－28－29	244 230.82	—		
	即征即退实际退税额	35	0.00			
	期初未缴查补税额	36	0.00			
	本期入库查补税额	37	0.00			
	期末未缴查补税额	38＝16＋22＋36－37	0.00			
授权声明	如果你已委托代理人申报，请填写下列资料： 为代理一切税务事宜，现授权＿＿＿＿＿＿＿＿ （地址）＿＿＿＿＿＿＿＿＿为本纳税人的代理申报人，任何与本申报表有关的往来文件，都可寄予此人。 　　　　　　　　授权人签字：		申报人声明	本纳税申报表是根据国家税收法律法规及相关规定填报的，我确定它是真实的、可靠的、完整的。 声明人签字：		

主管税务机关：　　　　　　　　　接收人：　　　　　　　　　接收日期：

　　《增值税纳税申报表附列资料（一）》的填制具体如表6-2所示。

税款所属时间：2018 年 5 月 1 日至 2018 年 5 月 31 日
纳税人名称：（公章）

表 6-2　增值税纳税申报表附列资料（一）

（本期销售情况明细）

金额单位：元至角分

项目及栏次	栏次	开具税控增值税专用发票 销售额	销项（应纳）税额	开具其他发票 销售额	销项（应纳）税额	未开具发票 销售额	销项（应纳）税额	纳税检查调整 销售额	销项（应纳）税额	合计 销售额 9=1+3+5+7	销项（应纳）税额 10=2+4+6+8	价税合计 11=9+10	服务、不动产和无形资产扣除项目本期实际扣除金额 12	扣除后 含税（免税）销售额 13=11-12	销项（应纳）税额 14=13÷（100%+税率或征收率）×税率或征收率
		1	2	3	4	5	6	7	8	9	10	11	12	13	14
一、一般计税方法计税 全部征税项目：16%税率的货物及加工修理修配劳务	1	2 000 000	320 000	—	—	0.00	0.00	0.00	0.00	2 000 000	320 000	—	—	—	—
16%税率的服务、不动产和无形资产	2	0.00	0.00	—	0.00	0.00	0.00	—	0.00	0.00	0.00	0.00	0.00	0.00	0.00
13%税率	3	—	—	—	—	—	—	—	—	—	—	—	—	—	—
10%税率的货物及加工修理修配劳务	4a	0.00	0.00	0.00	0.00	0.00	0.00	0.00	0.00	0.00	0.00	0.00	0.00	—	—
10%税率的服务、不动产和无形资产	4b	0.00	0.00	0.00	0.00	0.00	0.00	0.00	0.00	0.00	0.00	0.00	0.00	—	—
6%税率	5	0.00	0.00	0.00	0.00	0.00	0.00	0.00	0.00	0.00	0.00	0.00	0.00	0.00	—
其中：即征即退项目 即征即退货物及加工修理修配劳务	6	0.00	0.00	—	0.00	0.00	0.00	—	—	—	—	—	—	—	—
即征即退服务、不动产和无形资产	7	0.00	0.00	0.00	0.00	0.00	0.00	—	—	0.00	0.00	0.00	0.00	0.00	0.00
二、简易计税方法计税 全部征税项目：5%征收率的货物及加工修理修配劳务	8	0.00	0.00	0.00	0.00	0.00	0.00	—	—	0.00	0.00	—	—	—	—
5%征收率的服务、不动产和无形资产	9a	0.00	0.00	0.00	0.00	0.00	0.03	—	—	0.00	0.00	0.00	0.00	0.00	0.00
5%征收率的服务、不动产和无形资产	9b	0.00	0.00	0.00	0.00	0.00	0.03	—	—	—	—	—	—	—	—

续表

项目及栏次		栏次	开具税控增值税专用发票 销售额 1	开具税控增值税专用发票 销项(应纳)税额 2	开具其他发票 销售额 3	开具其他发票 销项(应纳)税额 4	未开具发票 销售额 5	未开具发票 销项(应纳)税额 6	纳税检查调整 销售额 7	纳税检查调整 销项(应纳)税额 8	合计 销售额 9=1+3+5+7	合计 销项(应纳)税额 10=2+4+6+8	价税合计 11=9+10	服务、不动产和无形资产扣除项目本期实际扣除金额 12	扣除后 含税(免税)销售额 13=11-12	扣除后 销项(应纳)税额 14=13÷(100%+税率或征收率)×税率或征收率
二、简易计税方法计税	全部征税项目	4%征收率	10	0.00	0.00	0.00	0.00	0.00	0.00	—	—	0.00	0.00	—	—	—	—
		3%征收率的货物及加工修理修配劳务	11	0.00	0.00	0.00	0.00	0.00	0.00	—	—	0.00	0.00	—	—	—	—
		3%征收率的服务、不动产和无形资产	12	0.00	0.00	0.00	0.00	0.00	0.00	—	—	0.00	0.00	0.00	0.00	0.00	0.00
		预征率　%	13a	0.00	0.00	0.00	0.00	0.00	0.00	—	—	0.00	0.00	0.00	0.00	0.00	0.00
		预征率　%	13b	0.00	0.00	0.00	0.00	0.00	0.00	—	—	0.00	0.00	0.00	0.00	0.00	0.00
		预征率　%	13c	0.00	0.00	0.00	0.00	0.00	0.00	—	—	0.00	0.00	0.00	0.00	0.00	0.00
	其中:即征即退项目	即征即退货物及加工修理修配劳务	14	—	—	—	—	—	—	—	—	0.00	0.00	—	—	—	—
		即征即退服务、不动产和无形资产	15	—	—	—	—	—	—	—	—	0.00	0.00	0.00	0.00	0.00	0.00
三、免抵退税		货物及加工修理修配劳务	16	—	—	—	—	—	—	—	—	0.00	—	—	—	—	—
		服务、不动产和无形资产	17	—	—	—	—	—	—	—	—	0.00	—	—	0.00	—	—
四、免税		货物及加工修理修配劳务	18	0.00	—	0.00	—	0.00	—	—	—	0.00	—	—	—	—	—
		服务、不动产和无形资产	19	0.00	—	0.00	—	0.00	—	—	—	0.00	—	0.00	0.00	0.00	—

《增值税纳税申报表附列资料（二）》的填制具体如表6-3所示。

表6-3　增值税纳税申报表附列资料（二）

（本期进项税额明细）

税款所属时间：2018 年 5 月 1 日至 2018 年 5 月 31 日

纳税人名称：（公章）　　　　　　　　　　　　　　　　　　　　　　金额单位：元至角分

一、申报抵扣的进项税额				
项　目	栏次	份数	金额	税额
（一）认证相符的增值税专用发票	1＝2＋3		516 863.63	82 698.18
其中：本期认证相符且本期申报抵扣	2		516 863.63	82 698.18
前期认证相符且本期申报抵扣	3		0.00	0.00
（二）其他扣税凭证	4＝5＋6＋7＋8a＋8b		0.00	0.00
其中：海关进口增值税专用缴款书	5		0.00	0.00
农产品收购发票或者销售发票	6		0.00	0.00
代扣代缴税收缴款凭证	7		—	0.00
加计扣除农产品进项税额	8a		—	—
其他	8b		0.00	0.00
（三）本期用于购建不动产的扣税凭证	9	1	37 250.00	5 960
（四）本期不动产允许抵扣进项税额	10	—	—	3 576
（五）外贸企业进项税额抵扣证明	11	—	—	0.00
当期申报抵扣进项税额合计	12＝1＋4－9＋10＋11		479 613.63	92 234.18
二、进项税额转出额				
项　目	栏次		税额	
本期进项税额转出额	13＝14 至 23 之和		16 465	
其中：免税项目用	14		0.00	
集体福利、个人消费	15		0.00	
非正常损失	16		0.00	
简易计税方法征税项目用	17		0.00	
免抵退税办法不得抵扣的进项税额	18		0.00	
纳税检查调减进项税额	19		0.00	
红字专用发票信息表注明的进项税额	20		0.00	
上期留抵税额抵减欠税	21		0.00	
上期留抵税额退税	22		0.00	
其他应作进项税额转出的情形	23		16 465	

续表

三、待抵扣进项税额				
项　目	栏次	份数	金额	税额
（一）认证相符的增值税专用发票	24	—	—	—
期初已认证相符但未申报抵扣	25			0.00
本期认证相符且本期未申报抵扣	26			0.00
期末已认证相符但未申报抵扣	27			0.00
其中：按照税法规定不允许抵扣	28			0.00
（二）其他扣税凭证	29＝30至33之和			0.00
其中：海关进口增值税专用缴款书	30			0.00
农产品收购发票或者销售发票	31			0.00
代扣代缴税收缴款凭证	32		—	0.00
其他	33			0.00
	34			0.00
四、其他				
项目	栏次	份数	金额	税额
本期认证相符的增值税专用发票	35			0.00
代扣代缴税额	36	—	—	0.00

《增值税纳税申报表附列资料（四）》的填制具体如表6-4所示。

表6-4　增值税纳税申报表附列资料（四）
（税额抵减情况表）

税款所属时间：2018年5月1日至2018年5月31日

纳税人名称：（公章）　　　　　　　　　　　　　　　　　　　　　　金额单位：元至角分

序号	抵减项目	期初余额	本期发生额	本期应抵减税额	本期实际抵减税额	期末余额
		1	2	3＝1+2	4≤3	5＝3-4
1	增值税税控系统专用设备费及技术维护费					
2	分支机构预征缴纳税款					
3	建筑服务预征缴纳税款					
4	销售不动产预征缴纳税款					
5	出租不动产预征缴纳税款					

《增值税纳税申报表附列资料（五）》的填制具体如表6-5所示。

表 6-5　增值税纳税申报表附列资料（五）

（不动产分期抵扣计算表）

税款所属时间：2018 年 5 月 1 日至 2018 年 5 月 31 日

纳税人名称：（公章）　　　　　　　　　　　　　　　　　　　　　金额单位：元至角分

期初待抵扣不动产进项税额	本期不动产进项税额增加额	本期可抵扣不动产进项税额	本期转入的待抵扣不动产进项税额	本期转出的待抵扣不动产进项税额	期末待抵扣不动产进项税额
1	2	3≤1+2+4	4	5≤1+4	6=1+2-3+4-5
0.00	5 960	3 576	0.00	0.00	2 384

固定资产（不含不动产）进项税额抵扣情况表的填制具体如表 6-6 所示。

表 6-6　固定资产（不含不动产）进项税额抵扣情况表

税款所属时间：2018 年 5 月 1 日至 2018 年 5 月 31 日

纳税人名称：（公章）　　　　　　　填表日期：2018 年 6 月 3 日　　　　金额单位：元至角分

项目	当期申报抵扣的固定资产进项税额	申报抵扣的固定资产进项税额累计
增值税专用发票		
海关进口增值税专用缴款书		
合　计		

《增值税减免税申报明细表》的填制如表 6-7 所示。

表 6-7　增值税减免税申报明细表

税款所属时间：2018 年 5 月 1 日至 2018 年 5 月 31 日

纳税人名称：（公章）　　　　　　　　　　　　　　　　　　　　　金额单位：元至角分

一、减税项目						
减税性质代码及名称	栏次	期初余额	本期发生额	本期应抵减税额	本期实际抵减税额	期末余额
		1	2	3=1+2	4≤3	5=3-4
合计	1					
	2					
	3					
	4					
	5					
	6					

续表

		二、免税项目				
免税性质 代码及名称	栏次	免征增值税项目 销售额	免税销售额扣除 项目本期实际 扣除金额	扣除后免税 销售额	免税销售额 对应的进项税额	免税额
		1	2	3＝1-2	4	5
合计	7					
出口免税	8		—	—	—	—
其中：跨境服务	9		—	—	—	—
	10					
	11					
	12					
	13					
	14					
	15					
	16					

2. 增值税小规模纳税人申报表

《增值税纳税申报表（小规模纳税人适用)》及其附列资料，具体如表 6-8 和表 6-9
所示。

表 6-8　增值税纳税申报表

（小规模纳税人适用）

纳税人识别号：□□□□□□□□□□□□□□□□□□□

纳税人名称（公章）：　　　　　　　　　　　　　　　　金额单位：元至角分

税款所属期：　年　月　日至　年　月　日　　　　　填表日期：　年　月　日

	项　目	栏次	本期数		本年累计	
			货物及劳务	服务、不动产 和无形资产	货物及劳务	服务、不动产 和无形资产
一、计税 依据	（一）应征增值税不含税销售额 （3%征收率）	1				
	税务机关代开的增值税 专用发票不含税销售额	2				
	税控器具开具的普通发票 不含税销售额	3				

续表

项　目	栏次	本期数		本年累计	
		货物及劳务	服务、不动产和无形资产	货物及劳务	服务、不动产和无形资产
一、计税依据 → （二）应征增值税不含税销售额（5%征收率）	4	—		—	
税务机关代开的增值税专用发票不含税销售额	5	—		—	
税控器具开具的普通发票不含税销售额	6	—		—	
（三）销售使用过的固定资产不含税销售额	7（7≥8）		—		—
其中：税控器具开具的普通发票不含税销售额	8		—		—
（四）免税销售额	9＝10＋11＋12				
其中：小微企业免税销售额	10				
未达起征点销售额	11				
其他免税销售额	12				
（五）出口免税销售额	13（13≥14）				
其中：税控器具开具的普通发票销售额	14				
二、税款计算 → 本期应纳税额	15				
本期应纳税额减征额	16				
本期免税额	17				
其中：小微企业免税额	18				
未达起征点免税额	19				
应纳税额合计	20＝15－16				
本期预缴税额	21			—	—
本期应补（退）税额	22＝20－21			—	—

续表

纳税人或代理人声明：	如纳税人填报，由纳税人填写以下各栏：	
本纳税申报表是根据国家税收法律法规及相关规定填报的，我确定它是真实的、可靠的、完整的。	办税人员： 财务负责人：	
	法定代表人： 联系电话：	
	如委托代理人填报，由代理人填写以下各栏：	
	代理人名称（公章）： 经办人：	
	联系电话：	

主管税务机关：   接收人：   接收日期：

表 6-9 增值税纳税申报表

（小规模纳税人适用）附列资料

税款所属期： 年 月 日至 年 月 日   填表日期： 年 月 日

纳税人名称（公章）：   金额单位：元至角分

应税行为（3%征收率）扣除额计算			
期初余额	本期发生额	本期扣除额	期末余额
1	2	3（3≤1+2，且 3≤5）	4＝1+2-3
应税行为（3%征收率）计税销售额计算			
全部含税收入（适用3%征收率）	本期扣除额	含税销售额	不含税销售额
5	6＝3	7＝5-6	8＝7÷1.03
应税行为（5%征收率）扣除额计算			
期初余额	本期发生额	本期扣除额	期末余额
9	10	11（11≤9+10，且 11≤13）	12＝9+10-11
应税行为（5%征收率）计税销售额计算			
全部含税收入（适用5%征收率）	本期扣除额	含税销售额	不含税销售额
13	14＝11	15＝13-14	16＝15÷1.05

3. 生产企业"免、抵、退"税申报

（1）生产企业出口货物免、抵、退税申报汇总表。

生产企业出口货物免、抵、退税申报汇总表具体（增值税一般纳税人适用）如表6-10所示。

表 6-10　生产企业出口货物免、抵、退税申报汇总表

（增值税一般纳税人适用）　　　　　　　　　金额单位：元（列至角分）

企业代码：		纳税人名称（公章）：		
纳税人识别号：		税款所属期：　　年　月　日		
项　目	栏次	当期	本年累计	与增值税纳税申报表差额
		a	b	c
当期免、抵、退出口货物销售额（美元）	1			—
当期免、抵、退出口货物销售额	2＝3＋4			—
其中：单证不齐销售额	3			—
单证齐全销售额	4			—
前期出口货物当期收齐单证销售额	5			—
单证齐全出口货物销售额	6＝4＋5			—
不予免、抵、退税出口货物销售额	7			—
出口销售额乘以征、退税率之差	8			—
上期结转免、抵、退税不得免征和抵扣税额抵减额	9			—
免、抵、退税不得免征和抵扣税额抵减额	10			—
免、抵、退税不得免征和抵扣税额	11（如 8＞9＋10 则为 8－9－10，否则为 0）			0
结转下期免、抵、退税不得免征和抵扣税额抵减额	12（如 9＋10＞8 则为 9＋10－8，否则为 0）			—
出口销售额乘以退税率	13			—
上期结转免、抵、退税额抵减额	14			—
免、抵、退税额抵减额	15			—
免、抵、退税额	16（如 13＞14＋15 则为 13－14－15，否则为 0）			—
结转下期免、抵、退税额抵减额	17（如 14＋15＞13 则为 14＋15－13，否则为 0）			—
增值税纳税申报表期末留抵税额	18			—
计算退税的期末留抵税额	19＝18－11c			—
当期应退税额	20（如 16＞19 则为 19，否则为 16）			—
当期免抵税额	21＝16－20			—
出口企业		退税部门		
此表各栏目填报内容是真实、合法的，与实际出口货物情况相符。此次申报的出口业务不属于"四自三不见"等违背正常出口经营程序的出口业务。否则，本企业愿承担由此产生的相关责任。 　　经办人： 　　财务负责人：（公章） 　　企业负责人：　　　　　　　　　年　月　日		经办人： 　　复核人：　　（公章） 　　负责人：　　年　月　日		

注：本表一式四联，退税部门审核签章后返给企业两联，其中一联作为下期《增值税纳税申报表》附表，退税部门留存一联，报上级退税机关一联；第 c 列"与增值税纳税申报表差额"为退税部门审核确认的第 b 列"本年累计"申报数减《增值税纳税申报表》对应项目的累计数的差额，企业应作相应账务调整并在下期增值税纳税申报时对《增值税纳税申报表》进行调整。

（2）生产企业出口货物免、抵、退税申报明细表。

生产企业出口货物免、抵、退税申报明细表具体如表6-11所示。

表6-11　生产企业出口货物免、抵、退税申报明细表

企业代码：

企业名称：

纳税人识别号：　　　　　　　　　　所属期：　　年　　月　　金额单位：元（列至角分）、美元

序号	出口发票号码	出口报关单号	出口日期	代理证明号	核销单号	出口商品代码	出口商品名称	计量单位	出口数量	出口销售额		征税率	退税率	出口销售额乘以征、退税率之差	出口销售额乘以退税率	海关进料加工手册	单证不齐标志	备注
										美元	人民币							
1	2	3	4	5	6	7	8	9	10	11	12	13	14	15＝12×（13-14）	16＝12×14	17	18	19
合计																		

出口企业	退税部门
兹声明以上申报无讹并愿意承担一切法律责任。 经办人： 财务负责人：　　（公章） 企业负责人：　　年　月　日	经办人： 复核人：　　　　　（公章） 负责人： 　　　　　　　年　月　日

4. 外贸企业出口货物退税申报

外贸企业出口货物退税申报表（增值税一般纳税人适用）具体如表6-12所示。

表 6-12　外贸企业出口货物退税申报表

（增值税一般纳税人适用）

申报年月：　　年　　月　　　　　　申报批次：

纳税人识别号：　　　　　　　　　　　　　　　　　　海关代码：

纳税人名称（公章）：　　　　申报日期：　年　月　日　　金额单位：元（列至角分）、美元

出口企业申报		主管退税机关审核	
		审单情况	机审情况
出口退税出口明细申报表　　份，记录　　条			
出口发票　　　　张，出口额　　　美元			本次机审通过退增值税额　　　元
出口报关单　　　　张，			其中：上期结转疑点退增值税　　元
代理出口货物证明　　　　张，			本期申报数据退增值税　　元
收汇核销单　　　张，收汇额　　　美元			
远期收汇证明　　张，其他凭证　　　张			本次机审通过退消费税额　　　元
出口退税进货明细申报表　　份，　　记录　　条			其中：上期结转疑点退消费税　　元
增值税专用发票　　张，其中非税控专用发票　张			本期申报数据退消费税　　元
普通发票　　　张，专用税票　　　张			本次机审通过退消费税额　　　元
其他凭证　　　张，总进货金额　　　元			结余疑点数据退增值税　　　元
			结余疑点数据退消费税　　　元
总进货税额　　　元，		审单情况	授权人声明
其中：增值税　　　元，消费税　　　元			
本月申报退税额　　　元，			
其中：增值税　　　元，消费税　　　元			
进料应抵扣税额　　　元，			
申请开具单证			（如果你已委托代理申报人，请填写以下资料）
代理出口货物证明　　份，记录　　条			为代理出口货物退税申报事宜，现授权_____（地址）_____
代理进口货物证明　　份，记录　　条			为本纳税人的代理申报人，任何与本申报表有关的往来文件都可寄给此人。
进料加工免税证明　　份，记录　　条			
来料加工免税证明　　份，记录　　条			
出口货物转内销证明　　份，记录　　条			
补办报关单证明　　份，记录　　条			授权人签字：　　　　（盖章）
补办收汇核销单证明　　份，记录　　条			
补办代理出口证明　　份，记录　　条			
内销抵扣专用发票　　张，其他非退税专用发票　张		审单人：	审核人：年　月　日
申报人声明			
此表各栏目填报内容是真实、合法的，与实际出口货物情况相符。此次申报的出口业务不属于"四自三不见"等违背正常出口经营程序的出口业务。否则，本企业愿承担由此产生的相关责任。 企业填表人： 财务负责人：　　　（公章） 企业负责人：　　年　月　日		签批人：	（公章）年　月　日

受理人：　　　　　　　受理日期：　年　月　日　　　受理税务机关（签章）

6.1.4　增值税防伪税控系统对增值税专用发票的认购及具体要求

增值税防伪税控系统是运用数字密码和电子存储技术，强化增值税专用发票防伪功能，实现对增值税一般纳税人税源监控的计算机管理系统，也是国家"金税工程"的重要组成部分。这一系统的推广和运用，对传统的专用发票认购及增值税纳税申报提出了全新的要求。

1. 纳税人防伪税控系统的认定和登记

主管税务机关根据防伪税控系统推行计划确定纳入防伪税控系统管理的企业（以下简称防伪税控企业），下达《增值税防伪税控系统使用通知书》。防伪税控企业应在规定的时间内，向主管税务机关填报《防伪税控企业认定登记表》。主管税务机关应认真审核防伪税控企业提供的有关资料和填写的登记事项，确认无误后签署审批意见。

《防伪税控企业认定登记表》一式三联：第一联防伪税控企业留存；第二联税务机关认定登记部门留存；第三联为防伪税控企业办理系统发行的凭证。防伪税控企业认定登记事项发生变化，应到主管税务机关办理变更认定登记手续。

防伪税控企业发生下列情形的，应到主管税务机关办理注销认定登记，同时由主管税务机关收缴金税卡和 IC 卡。

（1）依法注销税务登记，终止纳税义务。

（2）被取消一般纳税人资格。

（3）减少分开票机。

2. 防伪税控系统的发行与管理

防伪税控系统发行实行分级管理。国家税务总局负责发行省级税务发行子系统，以及省局直属征收分局认证报税子系统、企业发行子系统和发票发售子系统；省级税务机关负责发行地级税务发行子系统，以及地级直属征收分局认证报税子系统、企业发行子系统和发票发售子系统；地级税务机关负责发行县级认证报税子系统、企业发行子系统和发票发售子系统。地级税务机关经省级税务机关批准，可发行县级所属征收单位认证报税子系统、企业发行子系统和发票发售子系统。防伪税控企业办理认定登记后，由主管税务机关负责向其发行开票子系统。防伪税控企业认定登记事项发生变化的，到主管税务机关办理变更认定登记，同时办理变更发行。

3. 防伪税控系统增值税专用发票的领购、开具和清理缴销管理

防伪税控企业凭税控 IC 卡向主管税务机关领购计算机版增值税专用发票。主管税务机关核对企业出示的相关资料与税控 IC 卡记录的内容，确认无误后，按照增值税专用发票发售管理规定，通过企业发票发售子系统发售增值税专用发票，并将专用发票的起始号码及发售时间登录在税控 IC 卡内。新纳入防伪税控系统的企业，在系统启用后 10 日内将启用前尚未使用完的增值税专用发票（包括误填作废的增值税专用发票）报主管税务机关缴销。防伪税控企业必须使用防伪税控系统开具的专用发票，不得以其他方式开具手工版或计算机版增值税专用发票。防伪税控企业应按照《增值税专用发票使用规定》开具增值税专用发票，打印压线或错格的，应作废重开。

4. 防伪税控系统的申报纳税和认证抵扣管理

防伪税控企业应在纳税申报期限内将抄有申报所属月份纳税信息的 IC 卡和备份数据软

盘向主管税务机关报税。防伪税控企业和未纳入防伪税控系统管理的企业取得的防伪税控系统开具的专用发票抵扣联，应根据增值税有关扣税规定核算当期进项税额，如期申报纳税，属于扣税范围的，应于纳税申报时或纳税申报前报主管税务机关认证。主管税务机关应在企业申报月份内完成企业申报所属月份的防伪税控专用发票抵扣联的认证。对因褶皱、揉搓等无法认证的加盖"无法认证"戳记，认证不符的加盖"认证不符"戳记，属于利用丢失、被盗金税卡开具的加盖"丢失被盗"戳记。认证完毕后，应将认证相符和无法认证的增值税专用发票抵扣联退还企业，并同时向企业下达《认证结果通知书》。对认证不符和确认为利用丢失、被盗金税卡开具的增值税专用发票应及时组织查处。认证戳记式样由各省级税务机关统一制定。防伪税控企业应将税务机关认证相符的增值税专用发票抵扣联连同《认证结果通知书》和认证清单一起按月装订成册备查。

经税务机关认证确认为"无法认证""认证不符"和"丢失被盗"的增值税专用发票，防伪税控企业如申报扣税的，应调减当月进项税额。报税子系统采集的增值税专用发票存根联数据和认证子系统采集的增值税专用发票抵扣联数据应按规定传递到增值税计算机稽核系统。防伪税控企业金税卡需要维修或更换时，其存储的数据，必须通过磁盘保存并列出清单。税务机关应检查金税卡内尚未申报的数据和软盘中增值税专用发票开具的明细信息，生成专用发票存根联数据传递到增值税计算机稽核系统；企业计算机主机损坏不能抄录开票明细信息的，税务机关应对企业开具的增值税专用发票存根联通过防伪税控认证子系统进行报税，产生的增值税专用发票存根联数据传递到增值税计算机稽核系统。

6.1.5　生产企业免、抵、退税申报服务操作规范

1. 申报程序

生产企业在货物出口并按会计制度的规定在财务上做销售处理后，先向主管征税机关的征税部门或岗位（以下简称征税部门）办理增值税纳税和免、抵税申报，并向主管征税机关的退税部门或岗位（以下简称退税部门）办理退税申报。退税申报期为每月 1 日至 15 日（逢节假日顺延）。

2. 申报资料

（1）生产企业向征税机关的征税部门办理增值税纳税及免、抵、退税申报时，应提供下列资料。

①《增值税纳税申报表》及其附列资料。

② 退税部门确认的上期《生产企业出口货物免、抵、退税申报汇总表》。

③ 税务机关要求的其他资料。

（2）生产企业向征税机关的退税部门办理免、抵、退税申报时，应提供下列凭证资料。

① 生产企业出口货物免、抵、退税申报汇总表。

② 生产企业出口货物免、抵、退税申报明细表。

③ 经征税部门审核签章的当期《增值税纳税申报表》。

④ 有进料加工业务的还应填报：《生产企业进料加工登记申报表》《生产企业进料加工进口料件申报明细表》《生产企业进料加工海关登记手册核销申请表》《生产企业进料加工贸易免税证明》。

⑤ 装订成册的报表及原始凭证：《生产企业出口货物免、抵、退税申报明细表》；与进

料加工业务有关的报表；加盖海关验讫章的出口货物报关单（出口退税专用）；经外汇管理部门签章的出口收汇核销单（出口退税专用）或有关部门出具的中远期收汇证明；代理出口货物证明；企业签章的出口发票；主管退税部门要求提供的其他资料。

（3）国内生产企业中标销售的机电产品申报免、抵、退税时，除提供上述申报表外，还应提供下列凭证资料。

① 招标单位所在地主管税务机关签发的《中标证明通知书》。

② 由中国招标公司或其他国内招标组织签发的中标证明（正本）。

③ 中标人与中国招标公司或其他招标组织签订的供货合同（协议）。

④ 中标人按照标书规定及供货合同向用户发货的发货单。

⑤ 销售中标机电产品的普通发票或外销发票。

⑥ 中标机电产品用户收货清单。

国外企业中标再分包给国内生产企业供应的机电产品，还应提供分包合同（协议）。

3. 申报要求

1）《增值税纳税申报表》有关项目的申报要求

（1）"出口货物免税销售额"填写享受免税政策出口货物销售额，其中实行"免、抵、退税办法"的出口货物销售额为当期出口并在财务上做销售确认的全部（包括单证不齐部分）免、抵、退税出口货物人民币销售额。

（2）"免、抵、退税货物不得抵扣税额"按当期全部（包括单证不齐全部分）免、抵、退税出口货物人民币销售额与征、退税率之差的乘积计算填报，有进料加工业务的应扣除"免、抵、退税不得免征和抵扣税额抵减额"。当"免、抵、退税不得免征和抵扣税额抵减额"大于"出口货物销售额乘以征、退税率之差"时，"免、抵、退税货物不得抵扣税额"按0填报，其差额结转下期。

按"实耗法"计算的"免、抵、退税不得免征和抵扣税额抵减额"，为当期全部（包括单证不齐全部分）进料加工贸易方式出口货物所耗用的进口料件组成计税价格与征、退税率之差的乘积；按"购进法"计算的"免、抵、退税不得免征和抵扣税额抵减额"，为当期全部购进的进口料件组成计税价格与征、退税率之差的乘积。

（3）"免、抵、退税货物已退税额"按照退税部门审核确认的上期《生产企业出口货物免、抵、退税汇总表》中的"当期应退税额"填报。

（4）若退税部门审核《生产企业出口货物免、抵、退税申报汇总表》的"累计申报数"与《增值税纳税申报表》对应项目的累计数不一致，企业应在下期增值税纳税申报时根据《生产企业出口货物免、抵、退税申报汇总表》中"与增值税纳税申报表差额"栏内的数据对《增值税纳税申报表》有关数据进行调整。

2）《生产企业出口货物免、抵、退税申报明细表》的申报要求

（1）企业按当期在财务上做销售的全部出口明细填报《生产企业出口货物免、抵、退税申报明细表》，对单证不齐无法填报的项目暂不填写，并在"单证不齐标志"栏内按填写表说明作相应标志。

（2）对前期出口货物单证不齐，当期收集齐全的，应在当期免、抵、退税申报时一并申请参与免、抵、退税的计算，可单独填报《生产企业出口货物免、抵、退税申报明细表》，在"单证不齐标志"栏内填写原申报时的所属期和申报序号。

3)《生产企业出口货物免、抵、退税申报汇总表》的申报要求

（1）"出口销售额乘以征、退税率之差"按企业当期全部（包括单证不齐全部分）免、抵、退税出口货物人民币销售额与征、退税率之差的乘积计算填报。

（2）"免、抵、退税不得免征和抵扣税额抵减额"按退税部门当期开具的《生产企业进料加工贸易免税证明》中"免、抵、退税不得免征和抵扣税额抵减额"填报。

（3）"出口销售额乘以退税率"按企业当期出口单证齐全部分及前期出口当期收齐单证部分且经过退税部门审核确认的免、抵、退税出口货物人民币销售额与退税率的乘积计算填报。

（4）"免、抵、退税额抵减额"按退税部门当期开具的《生产企业进料加工贸易免税证明》中的"免、抵、退税额抵减额"填报。

（5）"与增值税纳税申报表差额"为退税部门审核确认的"累计"申报数减《增值税纳税申报表》对应项目的累计数的差额，企业应作相应账务调整并在下期增值税纳税申报时对《增值税纳税申报表》进行调整。

当本表 11c 不为 0 时，"当期应退税额"的计算公式需进行调整，即按照"当期免、抵、退税额"栏与增值税纳税申报表差额 11c 后的余额进行计算填报。

（6）新发生出口业务的生产企业，12 个月内"应退税额"按 0 填报，"当期免抵税额"与"当期免、抵、退税额"相等。

4. 申报数据的调整

对前期申报错误的，当期可进行调整。前期少报出口额或低报征、退税率的，可在当期补报；前期多报出口额或高报征、退税率的，当期可以红字（或负数）差额数据冲减；也可用红字（或负数）将前期错误数据全额冲减，再重新全额申报蓝字数据。对于按会计制度规定允许扣除的运费、保险费和佣金，与原预估入账值有差额的，也按此规则进行调整。本年度出口货物发生退运的，可在下期用红字（或负数）冲减出口销售收入进行调整。

6.2 消费税纳税申报服务实务

消费税是在对所有货物普遍征收增值税的基础上，选择特定消费品为征税对象而征税，其特点是列举征税，税目税率设置具体。代理消费税的纳税申报，税务师应熟悉应税消费品生产工艺流程，准确掌握有关应税消费品计税依据、适用税目税率、纳税环节和计税方法。

6.2.1 消费税应纳税额计算方法

消费税计征方法有 3 种：从价定率征收、从量定额征收和复合计税方法征收。

实行从价定率计征办法的，其计算公式为

$$应纳税额 = 应税消费品销售额 \times 适用税率$$

实行从量定额计征办法的，其计算公式为

$$应纳税额 = 应税消费品的课税数量 \times 单位税额$$

卷烟、粮食白酒和薯类白酒的计税办法为实行从量定额和从价定率相结合计算应纳税额

的复合计税方法。应纳税额计算公式为

应纳税额=销售数量×定额税率+销售额×比例税率

1. 应税消费品的销售额

销售额为纳税人销售应税消费品向购买方收取的全部价款和价外费用。"价外费用"是指价外收取的基金、集资费，返还利润，补贴、违约金（延期付款利息）和手续费，包装费、储备费，运输装卸费，代收款项、代垫款项，以及其他各种性质的价外收费。但下列款项不包括在内。

（1）承运部门的运费发票开具给购货方的。

（2）纳税人将该项发票转交给购货方的。

2. 应税消费品的课税数量

（1）纳税人通过自设非独立核算门市部销售自产消费品的，应按照门市部对外销售数量征收消费税。

（2）纳税人自产自用的应税消费品，其计税依据为应税消费品的移送使用量。

（3）委托加工的应税消费品，其计税依据为纳税人收回的应税消费品数量。

（4）进口的应税消费品，其计税依据为海关核定的应税消费品进口征税数量。

3. 用外购已税消费品连续生产应税消费品

下列用外购已税消费品连续生产的应税消费品，在计税时按当期生产领用数量计算准予扣除外购的应税消费品已纳的消费税税款。

（1）以外购或委托加工收回的已税烟丝为原料生产的卷烟。

（2）以外购或委托加工收回的已税高档化妆品为原料生产的高档化妆品。

（3）以外购或委托加工收回的已税珠宝玉石为原料生产的贵重首饰及珠宝玉石。

（4）以外购或委托加工收回的已税鞭炮焰火为原料生产的鞭炮焰火。

（5）以外购或委托加工收回的已税摩托车生产的摩托车。

（6）以外购或委托加工收回的已税杆头、杆身和握把为原料生产的高尔夫球杆。

（7）以外购或委托加工收回的已税木制一次性筷子为原料生产的木制一次性筷子。

（8）以外购或委托加工收回的已税实木地板为原料生产的实木地板。

（9）以外购或委托加工收回的已税汽油、石脑油、柴油、燃料油、滑润油用于连续生产应税成品油。

上述当期准予扣除外购应税消费品已纳消费税税款的计算公式为：

当期准予扣除的外购应税消费品已纳消费税税额=当期准予扣除的外购应税消费品买价×外购应税消费品适用税率

当期准予扣除的外购应税消费品买价=期初库存的外购应税消费品的买价+当期购进的应税消费品的买价-期末库存的外购应税消费品的买价

4. 自产自用应税消费品

（1）用于连续生产应税消费品的不纳税。

（2）用于其他方面的，应于移送使用时纳税。

纳税人自产自用的应税消费品，应按照纳税人生产的同类消费品的销售价格计算纳税；没有同类消费品销售价格的，按照组成计税价格计算纳税。

组成计税价格=（成本+利润）/（1-消费税税率）

5. 委托加工应税消费品

委托加工的应税消费品，按照受托方的同类消费品的销售价格计算纳税；没有同类消费品销售价格的，按照组成计税价格计算纳税。

$$组成计税价格=（材料成本+加工费）/（1-消费税税率）$$

委托方收回委托加工的已税消费品后，直接对外出售的不再征收消费税。委托方以收回的委托加工的已税消费品作为原料连续生产应税消费品的，准予从应纳税款中扣除原材料中已由受托方代收代缴的消费税税额。

当期准予扣除委托加工收回的应税消费品已纳消费税税款的计算公式为：

当期准予扣除委托加工收回的应税消费品已纳消费税税款=期初库存的委托加工应税消费品已纳消费税税款+当期收回的委托加工应税消费品已纳消费税税款-期末库存的委托加工应税消费品已纳消费税税款

6. 兼营不同税率应税消费品

纳税人兼营不同税率的应税消费品，应当分别核算不同税率应税消费品的销售额、销售数量。未分别核算销售额、销售数量，或者将不同税率的应税消费品组成成套消费品销售的，从高适用税率。

7. 出口应税消费品退（免）税的计算

外贸企业从生产企业购进应税消费品直接出口或受其他外贸企业委托代理出口应税消费品的应退消费税税款，分以下两种情况处理。

（1）属于从价定率征收的应税消费品，应依照外贸企业从工厂购进货物时征收消费税的价格计算，其公式为

$$应退消费税税额=出口货物工厂销售额×税率$$

（2）属于从量定额征收的应税消费品，应依照货物购进和报关出口的数量计算，其公式为

$$应退消费税税额=出口数量×单位税额$$

【例 6-2】某酒厂生产粮食白酒和黄酒，2018 年 6 月销售自产的粮食白酒 200 吨，其中 50 吨售价为 20 000 元/吨，另外 150 吨售价为 20 100 元/吨；销售自产黄酒 100 吨，售价为 2 000 元/吨；销售白酒炮制的药酒 5 吨，售价为 10 000 元/吨（上述均为不含增值税价）。粮食白酒适用复合税率，比例税率为 20%，定额税率为 0.5 元/500 克；黄酒定额税率为 240 元/吨；药酒比例税率为 10%。

根据上述条件，计算该厂当月消费税应纳税额如下。

（1）销售白酒应纳税额：（20 000×50+20 100×150）×20%+200×2 000×0.5=1 003 000（元）

（2）销售黄酒应纳税额：100×240=24 000（元）

（3）销售药酒应纳税额：10 000×5×10%=5 000（元）

（4）该厂当月应纳税额：1 003 000+24 000+5 000=1 032 000（元）

6.2.2　消费税纳税申报服务操作规范

消费税纳税申报服务包括销售自产应税消费品的纳税申报；委托加工应税消费品代收代缴申报；出口应税消费品的免税或退税申报。此处主要讲解后两种。

1. 自产或委托加工应税消费品

（1）自产应税消费品于销售环节纳税，自产自用的消费品于移送使用时纳税。代理自产应税消费品纳税申报应首先确定应税消费品适用的税目税率，核实计税依据，在规定的期限内向主管税务机关报送消费税纳税申报表。

（2）委托加工应税消费品，由受托方办理代收代缴消费税申报。税务师首先应确定双方是否为委托加工业务，核查组成计税价格的计算，如为受托方代理申报应向主管税务机关报送代收代缴申报表；如为委托方代理申报，应向主管税务机关提供已由受托方代收代缴税款的完税证明。

2. 出口应税消费品

1）生产企业

有进出口经营权的生产企业自营或委托出口应税消费品的申报服务，税务师应向主管征税机关提供"两单一票"办理免税手续。如发生退关或国外退货，出口时已予以免税的，经所在地主管税务机关批准，可暂不办理补税，待其转为国内销售时，再在当期办理补缴消费税的申报手续，于报送消费税纳税申报表的同时，提供"出口货物转内销证明"。

2）外贸企业

外贸企业出口应税消费品退（免）税实行专用税票管理制度，其代理申报程序如下。

（1）生产企业将应税消费品销售给外贸企业出口，应到主管征税机关办理消费税专用税票开具手续，然后办理消费税纳税申报手续。

（2）应税消费品出口后外贸企业凭"两单两票"及消费税专用税票向主管退税机关办理退税手续，报送出口退税货物进货凭证申报明细表和出口货物退税申报明细表。

（3）出口的应税消费品办理退税后，发生退关或国外退货，外贸企业应在当期向主管退税机关申报补缴已退的消费税税款，办理"出口商品退运已补税证明"。

6.2.3　填制《消费税纳税申报表》的方法

为了在全国范围内统一、规范消费税纳税申报资料，加强消费税管理的基础工作，国家税务总局制定了《烟类应税消费品消费税纳税申报表》《酒类应税消费品消费税纳税申报表》《成品油消费税纳税申报表》《小汽车消费税纳税申报表》《其他应税消费品消费税纳税申报表》等表。

1. 企业概况

（1）纳税人名称：哈尔滨××卷烟厂

（2）纳税人识别号：912301025470341×××

（3）主管税务机关：哈尔滨市道里区国家税务局

2. 业务资料

哈尔滨××卷烟厂主要生产品牌卷烟，卷烟对外调拨价格（不含增值税）为 90 元/标准条。2017 年 7 月有关经济业务资料如下。

【业务 1】7 月初库存外购烟丝买价为 250 万元。

【业务 2】7 月 5 日，购入烟丝，不含增值税价款为 350 万元，取得了增值税专用发票，该批烟丝已经验收入库。

【业务 3】7 月 10 日，委托天一公司（增值税一般纳税人，纳税人识别号：912301025470954×××）加工烟丝，天一公司提供烟叶账面价值为 55 000 元，天一公司收取加工费 20 000 元（不含增值税）。天一公司无同类烟丝销售价格。7 月 22 日，烟丝加工完成验收入库，加工费等已经支付。该批烟收回后全部用于继续生产卷烟。

【业务 4】7 月 19 日，对外销售卷烟 900 标准箱，取得不含增值税销售额 2 025 万元。

【业务 5】月末库存外购烟丝为 100 万元。

要求：计算消费税应纳税额及相关消费税申报表的填写。

计算分析如下。

（1）天一公司受托加工烟丝，本期代收代缴税款＝[（55 000＋20 000）÷（1－30%）]×30%＝32 142.86（元）

（2）××卷烟厂销售卷烟应纳税额＝20 250 000×56%＋900×150＝11 475 000（元）

（3）本期生产领用外购烟丝买价＝2 500 000＋3 500 000－1 000 000＝5 000 000（元）

（4）当期准予扣除外购烟丝已纳税款＝5 000 000×30%＝1 500 000（元）

（5）当期准予扣除的委托加工烟丝已纳税款＝[（55 000＋20 000）÷（1－30%）]×30%＝32 142.86（元）

（6）本期准予扣除税额＝1 500 000＋32 142.86＝1 532 142.86（元）

（7）消费税应纳税款＝11 475 000－1 500 000－32 142.86＝9 942 857.14（元）

《消费税纳税申报表》及附件的填制具体如表 6-13 至表 6-16 所示。

表 6-13　烟类应税消费品消费税纳税申报表

税款所属期：2017 年 7 月 1 日至 2017 年 7 月 31 日

纳税人名称（公章）：哈尔滨××卷烟厂　　　　　　　纳税人识别号：912301025470341×××

填表日期：2017 年 8 月 10 日

单位：卷烟万支、雪茄烟支、烟丝千克　　　　　　　　金额单位：元（列至角分）

项目 应税消费品名称	适用税率		销售数量	销售额	应纳税额
	定额税率	比例税率			
卷烟（甲类）	30 元/万支	56%	4 500 万支	20 250 000	11 475 000
卷烟（乙类）	30 元/万支	36%			
雪茄烟	—	36%			
烟丝		30%			
合　计	—	—	—	—	

本期准予扣除税额：1 532 142.86	声明 此纳税申报表是根据国家税收法律的规定填报的，我确定它是真实的、可靠的、完整的。 经办人（签章）： 财务负责人（签章）： 联系电话：
本期减（免）税额：	
期初未缴税额：	

续表

本期缴纳前期应纳税额：	（如果你已委托代理人申报，请填写）
本期预缴税额：	授权声明
本期应补（退）税额：9 942 857.14	为代理一切税务事宜，现授权_____（地址）_____为本纳税人的代理申报人，任何与本申报表有关的往来文件，都可寄给此人。
期末未缴税额：9 942 857.14	授权人（签章）：

以下由税务机关填写

受理人（签章）：　　　　受理日期：　年　月　日　　　　受理税务机关（盖章）：

附件一

表 6-14　本期准予扣除税额计算表

税款所属期：2017 年 7 月 1 日至 2017 年 7 月 31 日

纳税人名称（公章）：哈尔滨××卷烟厂　　　　纳税人识别号：912301025470341×××

填表日期：2017 年 8 月 10 日　　　　金额单位：元（列至角分）

一、当期准予扣除的委托加工烟丝已纳税款计算
1. 期初库存委托加工烟丝已纳税款：0.00
2. 当期收回委托加工烟丝已纳税款：32 142.86
3. 期末库存委托加工烟丝已纳税款：0.00
4. 当期准予扣除的委托加工烟丝已纳税款：32 142.86
二、当期准予扣除的外购烟丝已纳税款计算
1. 期初库存外购烟丝买价：2 500 000.00
2. 当期购进烟丝买价：3 500 000.00
3. 期末库存外购烟丝买价：1 000 000.00
4. 当期准予扣除的外购烟丝已纳税款：1 500 000.00
三、本期准予扣除税款合计：1 532 142.86

附件二

表 6-15　本期代收代缴税额计算表

税款所属期：2017 年 7 月 1 日至 2017 年 7 月 31 日

纳税人名称（公章）：天一公司　　　　　　　　　　　纳税人识别号：912301025470954×××

填表日期：2017 年 8 月 10 日　　　　　　　　　　　　金额单位：元（列至角分）

项　　目	应税消费品名称	卷烟	卷烟	雪茄烟	烟丝	合计
适用税率	定额税率	30 元/万支	30 元/万支	—	—	—
	比例税率	56%	36%	36%	30%	—
受托加工数量						—
同类产品销售价格						—
材料成本					55 000.00	—
加工费					20 000.00	—
组成计税价格					107 142.86	—
本期代收代缴税款					32 142.86	

附件三

表 6-16　卷烟销售明细表

税款所属期：2017 年 1 月 1 日至 2017 年 12 月 31 日

纳税人名称（公章）：哈尔滨××卷烟厂　　　　　　　纳税人识别号：912301025470341×××

填表日期：2018 年 1 月 10 日　　　　单位：万支、元、元/条（200 支）　　金额单位：元（列至角分）

卷烟牌号	烟支包装规格	产量	销量	消费税计税价格	销售额	备注
			4 500	4 500	20 250 000.00	7 月份
合计	—			—	—	—

2. 酒类应税消费品消费税纳税申报表及附件

具体如表 6-17 至表 6-20 所示。

表6-17　酒类应税消费品消费税纳税申报表

税款所属期：　年　月　日至　年　月　日

纳税人名称（公章）：　　　　　　　　　　　　　　　　　　　纳税人识别号：

填表日期：　年　月　日　　　　　　　　　　　　　　　　　金额单位：元（列至角分）

应税消费品名称 \ 项目	适用税率		销售数量	销售额	应纳税额
	定额税率	比例税率			
粮食白酒（定额税率）	0.5元/斤	—		—	
粮食白酒（比例税率）	—	20%		—	
薯类白酒（定额税率）	0.5元/斤	—		—	
薯类白酒（比例税率）	—	20%		—	
啤酒	250元/吨	—			
啤酒	220元/吨	—			
黄酒	240元/吨	—			
其他酒	—	10%			
合计	—	—	—	—	—

本期准予抵减税额：	
	声明
	此纳税申报表是根据国家税收法律的规定填报的，我确定它是真实的、可靠的、完整的。
本期减（免）税额：	
	经办人（签章）：
	财务负责人（签章）：
期初未缴税额：	联系电话：
本期缴纳前期应纳税额：	
	（如果你已委托代理人申报，请填写）
	授权声明
本期预缴税额：	为代理一切税务事宜，现授权＿＿＿＿＿（地址）＿＿＿＿＿
本期应补（退）税额：	为本纳税人的代理申报人，任何与本申报表有关的往来文件，都可寄给此人。
期末未缴税额：	授权人（签章）：

以下由税务机关填写

受理人（签章）：　　　　　　　受理日期：　年　月　日　　　　　　受理税务机关（盖章）：

附件一

表 6-18　本期准予抵减税额计算表

税款所属期：　　年　月　日至　　年　月　日

纳税人名称（公章）：　　　　　　　　　　　　　　　　纳税人识别号：

填表日期：　　年　月　日　　　　　　　　　　　　　　单位：吨、元（列至角分）

一、当期准予抵减的外购啤酒液已纳税款计算					
1. 期初库存外购啤酒液数量：					
2. 当期购进啤酒液数量：					
3. 期末库存外购啤酒液数量：					
4. 当期准予抵减的外购啤酒液已纳税款：					
二、当期准予抵减的进口葡萄酒已纳税款：					
三、本期准予抵减税款合计：					
附：准予抵减税款合计					
	号码	开票日期	数量	单价	定额税率（元/吨）
啤酒 （增值税专用发票）					
葡萄酒 （海关进口消费税专用缴款书）					

附件二

表 6-19　本期代收代缴税额计算表

税款所属期：　　年　月　日至　　年　月　日

纳税人名称（公章）：　　　　　　　　　　　　　　　　纳税人识别号：

填表日期：　　年　月　日　　　　　　　　　　　　　　金额单位：元（列至角分）

项目 \ 应税消费品名称		粮食白酒	薯类白酒	啤酒	啤酒	黄酒	其他酒	合计
适用税率	定额税率	0.5元/斤	0.5元/斤	250元/吨	220元/吨	240元/吨	—	—
	比例税率	20%	20%	—	—	—	10%	—
受托加工数量								
同类产品销售价格						—		—

续表

项目 \ 应税消费品名称	粮食白酒	薯类白酒	啤酒	啤酒	黄酒	其他酒	合计
材料成本					—		—
加工费					—		—
组成计税价格					—		—
本期代收代缴税款							

附件三

表6-20　生产经营情况表

税款所属期：　　年　月　日至　　年　月　日

纳税人名称（公章）：　　　　　　　　　　　　　　　　纳税人识别号：

填表日期：　　年　月　日　　　　　　　　　　　　　金额单位：元（列至角分）

项目 \ 应税消费品名称	粮食白酒	薯类白酒	啤酒（适用税率250元/吨）	啤酒（适用税率220元/吨）	黄酒	其他酒
生产数量						
销售数量						
委托加工收回酒类应税消费品直接销售数量						
委托加工收回酒类应税消费品直接销售额						
出口免税销售数量						
出口免税销售额						

3. 成品油消费税纳税申报表及附件

具体如表6-21至表6-25所示。

表6-21　成品油消费税纳税申报表

税款所属期：　　年　月　日至　　　年　月　日

纳税人名称（公章）：　　　　　　　　　　　　　　　　纳税人识别号：

填表日期：　　年　月　日　　　计量单位：升　　　　金额单位：元（列至角分）

应税消费品名称 \ 项目	适用税率（元/升）	销售数量	应纳税额
汽油	1.52		
柴油	1.20		
石脑油	1.52		
溶剂油	1.52		
润滑油	1.52		
燃料油	1.20		

项目 应税 消费品名称	适用税率 （元/升）	销售数量	应纳税额
航空煤油	1.20		—
合计	—	—	

本期减（免）税额：	
期初留抵税额：	
本期准予扣除税额：	**声明** 　此纳税申报表是根据国家税收法律、法规规定填报的，我确定它是真实的、可靠的、完整的。
本期应抵扣税额：	
期初未缴税额：	声明人签字：
期末留抵税额：	
本期实际抵扣税额：	
本期缴纳前期应纳税额：	**（如果你已委托代理人申报，请填写）** 　　　　授权声明
本期预缴税额：	为代理一切税务事宜，现授权 ＿＿＿＿＿＿＿＿＿＿＿＿＿＿＿（地址）
本期应补（退）税额：	＿＿＿＿＿＿＿＿＿＿为本纳税人的代理申报人，任何与本申报表有关的往来文件，都可寄予此人。
期末未缴税额：	授权人签字：

以下由税务机关填写

受理人（签字）：　　　　　受理日期：　　年　月　日　　　　受理税务机关（公章）：

　附件一

表 6-22　本期准予扣除税额计算表

税款所属期：　　　年　月　日至　　　年　月　日

纳税人名称（公章）：　　　　　　　　　　　　　　纳税人识别号：

填表日期：　　年　月　日　　　　计量单位：升　　　　金额单位：元（列至角分）

应税消费品名称 项　　目	汽油	柴油	石脑油	润滑油	燃料油	合计
	1	2	3	4	5	6=1+2+3+4+5
1. 当期准予扣除的委托加工收回应税消费品已纳税款						
2. 当期准予扣除的外购应税消费品已纳税款						
3. 当期准予扣除的进口应税消费品已纳税款						
本期准予扣除税款合计						

附件二

表6-23 代收代缴税款报告表

税款所属期：　　年　月　日至　　　年　月　日

纳税人名称（公章）：　　　　　　　　　　　　　　　　　　　纳税人识别号：

填表日期：　　年　月　日　　　　　计量单位：升　　　　　金额单位：元（列至角分）

应税消费品名称＼项目	汽油	柴油	石脑油	溶剂油	润滑油	燃料油	航空煤油	合计
适用税率（元/升）	1.52	1.20	1.52	1.52	1.52	1.20	1.20	—
受托加工数量								—
本期代收代缴税款							—	

附件三

表6-24 成品油销售明细表

税款所属期：　　年　月　日至　　　年　月　日

纳税人名称（公章）：　　　　　　　　　　　　　　　　　　　纳税人识别号：

填表日期：　　年　月　日　　　　　数量单位：升　　　　　金额单位：元（列至角分）

成品油名称	发票代码	发票号码	销量	销售额	购货方纳税人名称	购货方纳税人识别号	备注
合　计		—			—	—	—

附件四

表 6-25　准予扣除消费税凭证明细表

税款所属期：　年　月　日至　年　月　日

纳税人名称（公章）：　　　　　　　　　　　　　　　　　　纳税人识别号：

填表日期：　年　月　日　　　　　　计量单位：升　　　　　金额单位：元（列至角分）

应税消费品名称	凭证类别	凭证号码	开票日期	数量	金额	适用税率	消费税税额
合　计							

4. 小汽车消费税纳税申报表及附件

具体如表 6-26 至表 6-28 所示。

表 6-26　小汽车消费税纳税申报表

税款所属期：　年　月　日至　年　月　日

纳税人名称（公章）：　　　　　　　　　　　　　　　　　　纳税人识别号：

填表日期：　年　月　日　　　　　　　　　　　　　　　　　单位：辆、元（列至角分）

项目 应税消费品名称		适用税率	销售数量	销售额	应纳税额
乘用车	气缸容量≤1.0升	1%			
	1.0升<气缸容量≤1.5升	3%			
	1.5升<气缸容量≤2.0升	5%			
	2.0升<气缸容量≤2.5升	9%			
	2.5升<气缸容量≤3.0升	12%			
	3.0升<气缸容量≤4.0升	25%			
	气缸容量>4.0升	40%			
中轻型商用客车		5%			
合　计		—	—	—	

续表

本期准予扣除税额:	声明
本期减（免）税额:	此纳税申报表是根据国家税收法律的规定填报的，我确定它是真实的、可靠的、完整的。
期初未缴税额:	经办人（签章）: 财务负责人（签章）: 联系电话:
本期缴纳前期应纳税额:	（如果你已委托代理人申报，请填写）
本期预缴税额:	授权声明 为代理一切税务事宜，现授权 _____为本纳税人的代理申报人，任何与本申报表有关的往来文件，都可寄给此人。
本期应补（退）税额:	
期末未缴税额:	授权人（签章）:

以下由税务机关填写

受理人（签章）:　　　　　　受理日期：　年　月　日　　　　　　受理税务机关（盖章）:

附件一

表 6-27　本期代收代缴税额计算表

税款所属期：　年　月　日至　年　月　日

纳税人名称（公章）:　　　　　　　　　　　　　　纳税人识别号：

填表日期：　年　月　日　　　　　　　　　　　　金额单位：元（列至角分）

项目　　　应税消费品名称	乘用车：气缸容量≤1.0升	乘用车：1.0升<气缸容量≤1.5升	乘用车：1.5升<气缸容量≤2.0升	乘用车：2.0升<气缸容量≤2.5升	乘用车：2.5升<气缸容量≤3.0升	乘用车：3.0升<气缸容量≤4.0升	乘用车：气缸容量>4.0升	中轻型商用客车	合计
适用税率	1%	3%	5%	9%	12%	25%	40%	5%	
受托加工数量									—
同类产品销售价格									—
材料成本									—
加工费									—
组成计税价格									—
本期代收代缴税款									

附件二

表6-28 生产经营情况表

税款所属期: 年 月 日至 年 月 日

纳税人名称（公章）: 纳税人识别号:

填表日期: 年 月 日 金额单位：元（列至角分）

项目＼应税消费品名称	乘用车：气缸容量≤1.0升	乘用车：1.0升<气缸容量≤1.5升	乘用车：1.5升<气缸容量≤2.0升	乘用车：2.0升<气缸容量≤2.5升	乘用车：2.5升<气缸容量≤3.0升	乘用车：3.0升<气缸容量≤4.0升	乘用车：气缸容量>4.0升	中轻型商用客车
生产数量								
销售数量								
委托加工收回应税消费品直接销售数量								
委托加工收回应税消费品直接销售额								
出口免税销售数量								
出口免税销售额								

5. 其他应税消费品消费税纳税申报表及其附件

具体如表6-29至表6-33所示。

表6-29 其他应税消费品消费税纳税申报表

税款所属期: 年 月 日至 年 月 日

纳税人名称（公章）: 纳税人识别号:

填表日期: 年 月 日 金额单位：元（列至角分）

应税消费品名称＼项目	适用税率	销售数量	销售额	应纳税额
合 计	—	—	—	
本期准予抵减税额:			声明 此纳税申报表是根据国家税收法律的规定填报的，我确定它是真实的、可靠的、完整的。 经办人（签章）: 财务负责人（签章）: 联系电话:
本期减（免）税额:			
期初未缴税额:			

续表

本期缴纳前期应纳税额：	（如果你已委托代理人申报，请填写） 授权声明 　为代理一切税务事宜，现授权＿＿＿＿＿
本期预缴税额：	
	＿＿＿＿＿＿（地址）＿＿＿＿＿＿为本纳税人的代理申报人，任何与本申报表有关的往来文件，都可寄给此人。
本期应补（退）税额：	授权人（签章）：
期末未缴税额：	

以下由税务机关填写

受理人（签章）：　　　　　受理日期：　　年　月　日　　　　受理税务机关（盖章）：

附件一

表 6-30　本期准予扣除税额计算表

税款所属期：　　年　月　日至　　年　月　日

纳税人名称（公章）：　　　　　　　　　　　　纳税人识别号：

填表日期：　　年　月　日　　　　　　　　　　金额单位：元（列至角分）

项目 ＼ 应税消费品名称					合计
当期准予扣除的委托加工应税消费品已纳税款计算	期初库存委托加工应税消费品已纳税款				—
	当期收回委托加工应税消费品已纳税款				—
	期末库存委托加工应税消费品已纳税款				—
	当期准予扣除委托加工应税消费品已纳税款				
当期准予扣除的外购应税消费品已纳税款计算	期初库存外购应税消费品买价				—
	当期购进应税消费品买价				—
	期末库存外购应税消费品买价				—
	外购应税消费品适用税率				—
	当期准予扣除外购应税消费品已纳税款				
本期准予扣除税款合计					

附件二

表 6-31 准予扣除消费税凭证明细表

税款所属期： 年 月 日至 年 月 日

纳税人名称（公章）： 纳税人识别号：

填表日期： 年 月 日 金额单位：元（列至角分）

应税消费品名称	凭证类别	凭证号码	开票日期	数量	金额	适用税率	消费税税额
合计	—		—			—	

附件三

表 6-32 本期代收代缴税额计算表

税款所属期： 年 月 日至 年 月 日

纳税人名称（公章）： 纳税人识别号：

填表日期： 年 月 日 金额单位：元（列至角分）

项目 \ 应税消费品名称				合 计
适用税率				—
受托加工数量				—
同类产品销售价格				—
材料成本				—
加工费				—
组成计税价格				—
本期代收代缴税款				

附件四

表 6-33　生产经营情况表

税款所属期：　　年　　月　　日至　　年　　月　　日

纳税人名称（公章）：　　　　　　　　　　　　　　　　　　纳税人识别号：

填表日期：　　年　　月　　日　　　　　　　　　　　　　　金额单位：元（列至角分）

项目＼应税消费品名称			
生产数量			
销售数量			
委托加工收回应税消费品直接销售数量			
委托加工收回应税消费品直接销售额			
出口免税销售数量			
出口免税销售额			

6.3　营业税改征增值税纳税申报服务实务

为了完善税收制度，2012 年 1 月 1 日起我国开始在上海市对交通运输业和部分现代服务业实施"营业税改征增值税"改革试点，2012 年 12 月月已在 9 个省（市）推动改革。自 2013 年 8 月 1 日起在全国范围内试点，同时增加广播影视服务业。从 2014 年 1 月 1 日起，试点行业增加了铁路运输和邮政服务业，2014 年 6 月 1 日，增加电信业。自 2016 年 5 月 1 日起，建筑业、房地产业、金融业以及生活服务业纳入营改增试点范围。自此，营业税全部改征增值税。

6.3.1　营业税改征增值税应纳税额的计算方法

增值税的计税方法，包括一般计税方法和简易计税方法。一般纳税人发生应税行为适用一般计税方法计税。一般纳税人发生财政部和国家税务总局规定的特定应税行为，可以选择适用简易计税方法计税，但一经选择，36 个月内不得变更。小规模纳税人发生应税行为适用简易计税方法计税。

一般计税方法的应纳税额，是指当期销项税额抵扣当期进项税额后的余额。

1）应纳税额计算公式

$$应纳税额 = 当期销项税额 - 当期进项税额$$

当期销项税额小于当期进项税额不足抵扣时，其不足部分可以结转下期继续抵扣。

2）销项税额

销项税额是指纳税人发生应税行为按照销售额和增值税税率计算并收取的增值税额。销项税额计算公式

$$销项税额 = 销售额 × 税率$$

销售额，是指纳税人发生应税行为取得的全部价款和价外费用，财政部和国家税务总局

另有规定的除外。

价外费用,是指价外收取的各种性质的收费,但不包括以下项目。

(1) 代为收取并符合本办法第十条规定的政府性基金或者行政事业性收费。

(2) 以委托方名义开具发票代委托方收取的款项。

一般计税方法的销售额不包括销项税额,纳税人采用销售额和销项税额合并定价方法的,按照下列公式计算销售额

$$销售额 = 含税销售额/(1+税率)$$

3) 进项税额

进项税额是指纳税人购进货物、劳务、服务、无形资产、不动产,支付或者负担的增值税额。

下列进项税额准予从销项税额中抵扣。

(1) 从销售方取得的增值税专用发票(含税控机动车销售统一发票,下同)上注明的增值税额。

(2) 从海关取得的海关进口增值税专用缴款书上注明的增值税额。

(3) 购进农产品,除取得增值税专用发票或者海关进口增值税专用缴款书外,按照农产品收购发票或者销售发票上注明的农产品买价和10%(财税〔2018〕32号通知,自2018年5月1日起,纳税人购进农产品,原适用11%扣除率的,扣除率调整为10%。)的扣除率计算的进项税额;纳税人购进用于生产销售或委托加工16%税率货物的产品,按照12%的扣除率计算的进项税额。国务院另有规定的事项除外。计算公式为

$$进项税额 = 买价×扣除率$$

买价,是指纳税人购进农产品在农产品收购发票或者销售发票上注明的价款和按照规定缴纳的烟叶税。

购进农产品,按照《农产品增值税进项税额核定扣除试点实施办法》抵扣进项税额的除外。

(4) 从境外单位或者个人购进劳务服务、无形资产或者境内的不动产,从税务机关或者扣缴义务人取得的代扣代缴税款的完税凭证上注明的增值税额。

6.3.2 具体销售额的规定

1. 交通运输业

航空运输企业的销售额,不包括代收的机场建设费和代售其他航空运输企业客票而代收转付的价款。

试点纳税人中的增值税一般纳税人(以下称一般纳税人)提供客运场站服务,以其取得的全部价款和价外费用,扣除支付给承运方运费后的余额为销售额。

2. 建筑服务

(1) 一般纳税人以清包工方式提供的建筑服务,可以选择适用简易计税方法计税。

以清包工方式提供建筑服务,是指施工方不采购建筑工程所需的材料或只采购辅助材料,并收取人工费、管理费或者其他费用的建筑服务。

(2) 一般纳税人为甲供工程提供的建筑服务,可以选择适用简易计税方法计税。

甲供工程,是指全部或部分设备、材料、动力由工程发包方自行采购的建筑工程。

（3）一般纳税人为建筑工程老项目提供的建筑服务，可以选择适用简易计税方法计税。

建筑工程老项目，是指：

①《建筑工程施工许可证》注明的合同开工日期在 2016 年 4 月 30 日前的建筑工程项目；

② 未取得《建筑工程施工许可证》的，建筑工程承包合同注明的开工日期在 2016 年 4 月 30 日前的建筑工程项目。

（4）一般纳税人跨县（市）提供建筑服务，适用一般计税方法计税的，应以取得的全部价款和价外费用为销售额计算应纳税额。纳税人应以取得的全部价款和价外费用扣除支付的分包款后的余额，按照 2% 的预征率在建筑服务发生地预缴税款后，向机构所在地主管税务机关进行纳税申报。

（5）一般纳税人跨县（市）提供建筑服务，选择适用简易计税方法计税的，应以取得的全部价款和价外费用扣除支付的分包款后的余额为销售额，按照 3% 的征收率计算应纳税额。纳税人应按照上述计税方法在建筑服务发生地预缴税款后，向机构所在地主管税务机关进行纳税申报。

（6）试点纳税人中的增值税小规模纳税人（以下称小规模纳税人）跨县（市）提供建筑服务，应以取得的全部价款和价外费用扣除支付的分包款后的余额为销售额，按照 3% 的征收率计算应纳税额。纳税人应按照上述计税方法在建筑服务发生地预缴税款后，向机构所在地主管税务机关进行纳税申报。

3. 金融保险业

（1）贷款服务，以提供贷款服务取得的全部利息及利息性质的收入为销售额。

（2）直接收费金融服务，以提供直接收费金融服务收取的手续费、佣金、酬金、管理费、服务费、经手费、开户费、过户费、结算费、转托管费等各类费用为销售额。

（3）金融商品转让，按照卖出价扣除买入价后的余额为销售额。

转让金融商品出现的正负差，按盈亏相抵后的余额为销售额。若相抵后出现负差，可结转下一纳税期与下期转让金融商品销售额相抵，但年末时仍出现负差的，不得转入下一个会计年度。

金融商品的买入价，可以选择按照加权平均法或者移动加权平均法进行核算，选择后 36 个月内不得变更。

金融商品转让，不得开具增值税专用发票。

（4）经纪代理服务，以取得的全部价款和价外费用，扣除向委托方收取并代为支付的政府性基金或者行政事业性收费后的余额为销售额。向委托方收取的政府性基金或者行政事业性收费，不得开具增值税专用发票。

（5）融资租赁和融资性售后回租业务。

① 经人民银行、银监会或者商务部批准从事融资租赁业务的试点纳税人，提供融资租赁服务，以取得的全部价款和价外费用，扣除支付的借款利息（包括外汇借款和人民币借款利息）、发行债券利息和车辆购置税后的余额为销售额。

② 经人民银行、银监会或者商务部批准从事融资租赁业务的试点纳税人，提供融资性售后回租服务，以取得的全部价款和价外费用（不含本金），扣除对外支付的借款利息（包括外汇借款和人民币借款利息）、发行债券利息后的余额作为销售额。

③ 试点纳税人根据 2016 年 4 月 30 日前签订的有形动产融资性售后回租合同，在合同到期前提供的有形动产融资性售后回租服务，可继续按照有形动产融资租赁服务缴纳增值税。

（6）保险。

① 办理初保业务向保户收取的保费。营业额为纳税人经营保险业务向对方收取的全部价款，即向被保险人收取的全部保险费。

② 储金业务。保险公司如采用收取储金方式取得经济利益的（即以被保险人所交保险资金的利息收入作为保费收入，保险期满后将保险资金本金返还被保险人），其"储金业务"的营业额，为纳税人在纳税期内的储金平均余额乘以人民银行公布的一年期存款的月利率。

储金平均余额为纳税期期初储金余额与期末余额之和乘以 50%。

4. 试点纳税人提供旅游服务

试点纳税人提供旅游服务，可以选择以取得的全部价款和价外费用，扣除向旅游服务购买方收取并支付给其他单位或者个人的住宿费、餐饮费、交通费、签证费、门票费和支付给其他接团旅游企业的旅游费用后的余额为销售额。

选择上述办法计算销售额的试点纳税人，向旅游服务购买方收取并支付的上述费用，不得开具增值税专用发票，可以开具普通发票。

5. 房地产开发企业中的一般纳税人销售其开发的房地产项目

房地产开发企业中的一般纳税人销售其开发的房地产项目（选择简易计税方法的房地产老项目除外），以取得的全部价款和价外费用，扣除受让土地时向政府部门支付的土地价款后的余额为销售额。

【例 6-3】某金融企业系增值税一般纳税人，2018 年 5 月取得贷款利息收入 106 万元（含税金额），当月支付基础电信费用 10 万元（不含税金额，取得增值税专用发票上注明的增值税额为 1 万元），购入运输车辆 100 万元（不含税金额，取得增值税专用发票上注明的增值税额为 16 万元）。发票均已通过税务机关认证，税务师根据增值税纳税申报操作规范的要求，计算金融企业应纳税额。

$$2016 年 5 月应纳税额 = [106/(1+6\%)] \times 6\% - 1 - 16 = -11 \text{ 万元}$$

该纳税人本月不需缴纳增值税，上述 11 万元可结转下期继续抵扣。

【例 6-4】某增值税一般纳税人 2018 年 5 月 15 日购进不动产，支付 2 000 万元（不含税金额，取得增值税专用发票上注明的增值税额为 200 万元，发票已通过税务机关认证）。

$$当期可抵扣的不动产进项税额 = 200 \times 60\% = 120 \text{ 万元}$$

取得不动产后的第 13 个月再抵扣余下的 40%，即 80 万元。

【例 6-5】某建筑业增值税一般纳税人 2018 年 5 月购进一台发电设备，取得增值税专用发票，注明不含税金额 120 万元，增值税进项税额 19.2 万元，发票已通过税务机关认证，未抵扣进项税额。该固定资产先用于了简易计税项目，2018 年 6 月转变用途，既用于简易计税应税项目，也用于应税项目，已知该固定资产净值为 116 万元，假定未取得其他进项税额，该纳税人 2018 年 7 月可抵扣的进项税额为

$$[116/(1+16\%)] \times 16\% = 16 \text{ 万元}$$

6.3.3 营业税改征增值税纳税申报服务操作规范

税务师代理交通运输业、建筑业、金融保险业等营业税改征纳税申报服务操作规范要点如下。

(1) 核查营业收入相关账户及主要的原始凭证，计算应税收入。

(2) 根据企业应税项目的具体情况，确认税前应扣除的销售额。

(3) 核查兼营项目、混合销售以及减免税项目的销售额，确认应税销售额和适用的税目税率。

(4) 计算填表后按规定期限向主管税务机关报送《增值税纳税申报表》及其附列资料。

6.3.4 填制《增值税纳税申报表》的方法

为保障全面推开营业税改征增值税改革试点工作顺利实施，现将增值税纳税申报有关事项公告如下：中华人民共和国境内增值税纳税人均应按照本公告的规定进行增值税纳税申报。

1. 纳税申报表及其附列资料

(1) 增值税一般纳税人（以下简称一般纳税人）纳税申报表及其附列资料包括：

① 《增值税纳税申报表（一般纳税人适用）》。

② 《增值税纳税申报表附列资料（一）》（本期销售情况明细）。

③ 《增值税纳税申报表附列资料（二）》（本期进项税额明细）。

④ 《增值税纳税申报表附列资料（四）》（税额抵减情况表）。

⑤ 《增值税纳税申报表附列资料（五）》（不动产分期抵扣计算表）。

⑥ 《固定资产（不含不动产）进项税额抵扣情况表》。

⑦ 《增值税减免税申报明细表》。

(2) 增值税小规模纳税人（以下简称小规模纳税人）纳税申报表及其附列资料包括：

① 《增值税纳税申报表（小规模纳税人适用）》。

② 《增值税纳税申报表（小规模纳税人适用）附列资料》。

小规模纳税人销售服务，在确定服务销售额时，按照有关规定可以从取得的全部价款和价外费用中扣除价款的，需填报《增值税纳税申报表（小规模纳税人适用）附列资料》。其他情况不填写该附列资料。

③ 《增值税减免税申报明细表》。

2. 纳税申报其他资料

(1) 已开具的税控机动车销售统一发票和普通发票的存根联。

(2) 符合抵扣条件且在本期申报抵扣的增值税专用发票（含税控机动车销售统一发票）的抵扣联。

(3) 符合抵扣条件且在本期申报抵扣的海关进口增值税专用缴款书、购进农产品取得的普通发票的复印件。

(4) 符合抵扣条件且在本期申报抵扣的税收完税凭证及其清单，书面合同、付款证明和境外单位的对账单或者发票。

(5) 已开具的农产品收购凭证的存根联或报查联。

（6）纳税人销售服务、不动产和无形资产，在确定服务、不动产和无形资产销售额时，按照有关规定从取得的全部价款和价外费用中扣除价款的合法凭证及其清单。

（7）主管税务机关规定的其他资料。

纳税申报表及其附列资料为必报资料。纳税申报其他资料的报备要求由各省、自治区、直辖市和计划单列市国家税务局确定。

3. 纳税人跨县（市）提供建筑服务、房地产开发企业预售自行开发的房地产项目、纳税人出租与机构所在地不在同一县（市）的不动产，按规定需要在项目所在地或不动产所在地主管国税机关预缴税款的，需填写《增值税预缴税款表》。

4. 主管税务机关应做好增值税纳税申报的宣传和辅导工作。

5. 本公告自 2016 年 6 月 1 日起施行。《国家税务总局关于调整增值税纳税申报有关事项的公告》（国家税务总局公告 2012 年第 31 号）、《国家税务总局关于营业税改征增值税总分机构试点纳税人增值税纳税申报有关事项的公告》（国家税务总局公告 2013 年第 22 号）、《国家税务总局关于调整增值税纳税申报有关事项的公告》（国家税务总局公告 2013 年第 32 号）、《国家税务总局关于铁路运输和邮政业营业税改征增值税后纳税申报有关事项的公告》（国家税务总局公告 2014 年第 7 号）、《国家税务总局关于调整增值税纳税申报有关事项的公告》（国家税务总局公告 2014 年第 45 号）、《国家税务总局关于调整增值税纳税申报有关事项的公告》（国家税务总局公告 2014 年第 58 号）、《国家税务总局关于调整增值税纳税申报有关事项的公告》（国家税务总局公告 2014 年第 69 号）、《国家税务总局关于调整增值税纳税申报有关事项的公告》（国家税务总局公告 2015 年第 23 号）同时废止。

6.4　流转税纳税审核服务实务

6.4.1　增值税纳税审核服务实务

1. 增值税一般纳税人纳税审核服务

增值税一般纳税人纳税审核服务，一般应遵循增值税的计税规律确定审查环节，重点审核征税范围、销售额与销项税额、进项税额的抵扣与进项税额的转出、应纳税额与出口货物退（免）税。

1）征税范围的审核

（1）增值税一般纳税人和增值税小规模纳税人确定的审核。

① 审核增值税一般纳税人的认定手续是否完备。重点审核纳税人认定手续是否完备、真实。

② 审核纳税人年应税销售额是否达到一般纳税人条件。

③ 审核纳税人会计核算制度是否健全。

（2）增值税征税范围审核的基本内容。

① 应税货物范围的审核要点是审核企业是否所有应税货物的销售都申报并缴纳了增值税；审核征收消费税、资源税的货物销售是否没有申报增值税。

② 应税劳务范围的审核要点是审核企业有无将加工、修理修配同其他劳务相混淆不申

报增值税；审核企业受托加工的货物是否符合受托加工的条件。

③ 进口货物范围的审核要点是审核进口的应税货物是否全部申报了增值税；审核从境内保税地购进的应税货物是否申报了增值税。

④ 出口货物范围的审核要点是审核纳税人出口不适用零税率的货物是否依法纳税。

2）销项税额的审核

销项税额的计算要素有销售额与适用税率。销项税额的审核是增值税审核的首要环节，税务师应把握基本的操作要点。

（1）销售额审核要点。销售额是销项税额的计税依据，是正确计算销项税额的关键所在，应重点审核以下几方面内容。

① 审核销售收入的结算方式，是否存在结算期内的应税销售额未申报纳税的情况。

② 根据现行增值税法的有关规定，审核纳税人在申报时对应税销售额的计算有无下列情况。

• 销售货物、劳务、服务、不动产、无形资产收取价外费用是否并入应税销售额。

• 销售残次品（废品）、半残品、副产品，以及下脚料、边角料等取得的收入是否并入应税销售额。

• 采取以旧换新方式销售货物，是否按新货物的同期销售价格确认应税销售额。

• 采取还本销售方式销售货物，是否从应税销售额中减除了还本支出，造成少计应税销售额。

• 采取折扣方式销售货物，将折扣额另开发票的，是否从应税销售额中减除了折扣额，造成少计应税销售额。

• 为销售货物而出租、出借包装物收取押金，因逾期而不再退还的，是否已并入应税销售额并按所包装货物适用税率计算纳税。同时应注意审核有关特殊的纳税规定，如对销售酒类产品（除适用啤酒、黄酒外）收取的包装物押金的规定。

• 将自产或委托加工的货物用于集体福利、个人消费的，是否视同销售将其金额并入应税销售额。

• 将自产、委托加工或购买的货物对外投资，分配给股东、投资者、无偿赠送他人，是否按规定视同销售将其金额并入应税销售额。

• 将货物交付他人代销是否按规定视同销售将其金额并入应税销售额。

• 销售代销货物是否按规定视同销售将其金额并入应税销售额。

• 移送货物用于销售是否按规定视同销售将其金额并入应税销售额。

• 对外提供有偿加工货物的应税劳务，是否按规定将收入并入应税销售额。

• 以物易物或用应税货物抵偿债务，是否并入应税销售额。

• 混合销售行为和兼营行为，按规定应当征收增值税的，其应税销售额的确认是否正确。

• 纳税人发生销售退回或销售折让，是否依据退回的增值税专用发票或购货方主管税务机关开具的"企业进货退出及索取折让证明单"，按退货或折让金额冲减原销售额。

• 销售货物、应税劳务或应税服务的价格偏低或有视同销售货物行为而无销售额，纳税人按规定需组成计税价格确定销售额的，其应税销售额的计算是否正确。

• 销售货物、劳务、服务、不动产、无形资产采用销售额与销项税额合并定价方法的，其应税销售额的计算是否正确。

● 外汇结算销售额折计人民币应税销售额是否正确。

（2）适用税率审核要点。

① 增值税税率运用是否正确，是否扩大了低税率货物的适用范围。审核时，要深入企业了解情况，从投入产出和产品（商品）的性能、用途、生产工艺等各方面，严格对照税法规定的征税范围及注释，审定适用的税率是否正确。

② 增值税税率已发生变动的货物，是否按税率变动的规定执行日期计算纳税。

③ 纳税人兼营不同税率的货物、劳务或服务，未分别核算销售额的，是否从高适用增值税税率计算纳税。

④ 出口货物适用的退税率是否正确。是否将不同税率的出口货物分开核算和申报办理退税，如划分不清适用税率的，是否从低适用退税率计算退税。

（3）销售自己使用过的固定资产的审核。自 2009 年 1 月 1 日起，纳税人销售自己使用过的固定资产应区分不同情形征收增值税。

① 销售自己使用过的 2009 年 1 月 1 日以后购进或自制的固定资产，按照适用税率征收增值税。

② 2008 年 12 月 31 日以前未纳入扩大增值税抵扣范围试点的纳税人，销售自己使用过的 2008 年 12 月 31 日以前购进或自制的固定资产，按照 3% 征收率减按 2% 征收增值税。

③ 2008 年 12 月 31 日以前已纳入扩大增值税抵扣范围试点的纳税人，销售自己使用过的在本地区扩大增值税抵扣范围试点以前购进或自制的固定资产，按照 3% 征收率减按 2% 征收增值税；销售自己使用过的在本地区扩大增值税抵扣范围试点以后购进或自制的固定资产，按照适用税率征收增值税。

（4）关于纳税人销售自己使用过的固定资产。增值税一般纳税人销售自己使用过的固定资产，凡根据《财政部　国家税务总局关于全国实施增值税转型改革若干问题的通知》（财税〔2008〕170 号）、《财政部　国家税务总局关于部分货物适用增值税低税率和简易办法征收增值税政策的通知》（财税〔2009〕9 号）、《财政部　国家税务总局关于简并增值税征收率政策的通知》（财税〔2014〕57 号）文件等规定，适用于简易办法按照 3% 征收率减按 2% 征收增值税政策的，应开具普通发票，不得开具增值税专用发票。

增值税小规模纳税人销售自己使用过的固定资产，应开具普通发票，不得由税务机关代开增值税专用发票。

（5）关于销售额和应纳税额。

① 增值税一般纳税人销售自己使用过的物品和旧货，适用于简易办法按照 3% 征收率减按 2% 征收增值税政策的，按下列公式确定销售额和应纳税额

销售额＝含税销售额／（1+3%）

应纳税额＝销售额×2%

② 增值税小规模纳税人销售自己使用过的固定资产和旧货，按下列公式确定销售额和应纳税额

销售额＝（含税销售额）／（1+3%）

应纳税额＝销售额×2%

审核要点如下。

● 审核"固定资产"明细分类账，审核已出售的固定资产是否为应税固定资产，是否

按规定申报缴纳了增值税。

● 审核"固定资产清理"账户的贷方发生额，并与"固定资产"明细分类账核对，审核是否按规定申报缴纳了增值税。

3）进项税额的审核要点

对于纳税人进项税额的计算和会计处理，税务师既要审核原始抵扣凭证，又要结合有关账户审核，防止虚增进项税额多抵销项税额、少缴增值税的问题。

（1）进项税额抵扣凭证的审核要点。审核进项抵扣凭证，应结合"应付职工薪酬""长期股权投资""应交税费——应交增值税"等账户进行。

① 购进货物、劳务、服务、不动产、无形资产是否按规定取得增值税扣税凭证，取得的增值税专用发票抵扣联是否合法有效。

● 审核纳税人购进货物、劳务、服务、不动产、无形资产取得增值税专用发票注明的进项税额。

● 审核纳税人据以核算进项税额的增值税专用发票的发票联、抵扣联的记载内容是否一致，有无只有抵扣联而无发票联，或者只有发票联而无抵扣联的增值税专用发票。

● 审核纳税人购进货物是否与购货方的生产、经营相关。其主要是核对生产经营范围；核对"原材料""库存商品"明细分类账，防止虚开、代开。

② 进口货物是否按规定取得完税凭证，并按税法规定进行税款抵扣。

● 审核海关代征进口货物增值税时的增值税专用缴款书票据的真实性。即原件的唯一性、企业名称的准确性。专用缴款书上若标明有两个单位名称，既有代理进口单位名称，又有委托进口单位名称的，只准予其中取得专用缴款书原件的单位抵扣税款。

● 审核专用缴款书所注明的进口货物入库单。重点追踪进口货物的流向，若无库存，是否已做销售申报纳税。

③ 购进免税农业产品准予抵扣的进项税额，其原始凭证是否符合规定，有无超范围计算进项税额抵扣的问题。

④ 对进货退回或折让而收回的增值税税额，是否在取得红字专用发票的当期，从进项税额中扣减。

（2）进项税额转出的审核要点。当纳税人购进的原材料、商品改变用途时，应将其负担的进项税额由"应交税费——应交增值税"账户的贷方"进项税额转出"科目转入相应的账户中去。因此，对纳税人发生的下列业务，应审核在结转材料和商品销售成本的同时，是否作了转出进项税额的账务处理。

① 用于简易计税方法计税项目、免征增值税项目、集体福利或者个人消费的购进货物、加工修理修配劳务、服务、无形资产、不动产。

② 非正常损失的购进货物，以及相关的加工修理修配劳务和交通运输服务。

③ 非正常损失的在产品、产成品所耗用的购进货物（不包括固定资产）、加工修理所配劳务和交通运输服务。

④ 非正常损失的不动产，以及该不动产所耗用的购进货物、设计服务和建筑服务。

⑤ 非正常损失的不动产在建工程所耗用的购进货物、设计服务和建筑服务。

⑥ 购进的旅客运输服务、贷款服务、餐饮服务、居民日常服务和娱乐服务。

⑦ 财政部和国家税务总局规定的其他情形。

对上述项目除了注意审查计算方法是否正确外，还要注意审核企业进项税额转出的金额计算依据是否正确，进项税额转出的时间与增值税会计处理的规定是否一致。

（3）销售返还进项税额转出的审核要点。对增值税一般纳税人，因购买货物而从销售方取得的各种形式的返还资金，均应依所购货物的增值税税率计算应冲减的进项税额，并从其取得返还资金当期的进项税额中予以冲减，并按以下公式计算

当期应冲减的进项税额 ＝［当期取得返回资金/（1+所购货物适税率）］×所购货物适用的增值税税率

增值税一般纳税人因购买货物而从销售方取得的返还资金一般有以下几种表现形式。

① 购买方直接从销售方取得货币资金。

② 购买方直接从应向销售方支付的货款中代扣。

③ 购买方向销售方索取或代扣有关销售费用或管理费用。

④ 购买方在销售方直接或间接列支或报销有关费用。

⑤ 购买方取得销售方支付的费用补偿。

上述情况主要集中在流通领域内的商业企业。其在财务上的审核要点如下。

● 审核"主营业务收入"账户，判断是否存在将因购买货物取得的返还资金列入该账户核算，特别是"代销手续费"，是否符合代销的条件。

● 审核"其他业务收入"账户，分析该收入的性质及取得该收入的原因。

● 审核"投资收益""本年利润"账户，分析是否未向销售方投资或未与销售方联营协作而以投资收益或联营分利的名义分解利润。

● 审核"应付账款"账户明细分类账，若购货方与供货方始终保持业务往来，而购货方应付账款余额越滚越大，要进一步分析原因。若应付账款余额被核销，需了解核销的原因。销售方对此债权是否也予以核销，而让购货方取得了除实物形式以外的返还利润。

● 审核"银行存款""库存现金"等贷方发生额与购货发票票面所载金额的差额，对照购、销双方的结算清单，确定应结算与实际结算货款的差额，分析差额部分是否有代扣广告费、促销费，管理费等问题。

● 审查"销售费用""管理费用"账户，了解"销售费用""管理费用"贷方发生额或红字冲销的原因，或者"销售费用""管理费用"某一会计期间大幅度减少的原因，是否向销售方转移费用支出。

（4）进项税额抵扣时限的审核要点。自 2017 年 7 月 1 日起，增值税一般纳税人申请抵扣的防伪税控系统开具的增值税专用发票，必须自该专用发票开具之日起 360 日内到税务机关认证，否则不予抵扣进项税额。增值税一般纳税人认证通过的防伪税控系统开具的增值税专用发票，应在认证通过的次月按照增值税有关规定核算当期进项税额并申报抵扣，否则不予抵扣进项税额。

4）增值税应纳税额的审核

（1）增值税"应交税费"明细分类账审核要点。"应交税费——应交增值税"明细分类账，是为了全面核算和反映增值税的应缴、已缴情况而设置的。对纳税人"应交税费——应交增值税"明细分类账的审核，是否符合有关增值税会计处理的规定。

增值税是否做到按月计算应纳税额，"月清月结"有无将本月欠税用下期进项税额抵顶、滞纳税款的问题。

有无多计"进项税额"、少计"销项税额""进项税额转出",造成当期应缴税金不实的问题。

生产销售的货物按简易办法计算缴纳增值税的企业,其不得抵扣进项税额计算是否正确;出口企业按出口货物离岸价与征、退税率之差计算的不予抵扣的税额是否在当期从"进项税额转出"科目转增产品销售成本等。

(2)增值税一般纳税人申报表审核要点。

① 本期销项税额,应根据"主营业务收入(出口销售收入)""其他业务收入""应交税费——应交增值税(销项税额)"等账户,检查销售货物、劳务、服务、不动产、无形资产的应税销售额和销项税额,出口货物的免税销售额。对于视同销售行为,应根据"营业外支出"等账户核算内容,计算其销项税额。

② 本期进项税额,应根据"原材料""应付账款""管理费用""固定资产""应交税费——应交增值税(进项税额)"等账户,计算确认纳税人的本期进项税额、不允许抵扣的进项税额、本期应抵扣进项税额。

③ 税款计算,应按《增值税纳税申报表(一般纳税人适用)》上的逻辑关系正确计算各项税额,确认本期应纳税额和留抵税额。

【例6-6】某企业系为增值税一般纳税人,取得的发票,均已通过税务机关认证。税务师事务所于2018年6月受托对企业5月份增值税纳税情况进行审核,取得该企业5月份会计资料如下。

(1)5月5日,购进原材料一批,已验收入库,取得增值税专用发票一张,注明价款10 000元,税额1 600元,取得运输部门开具的增值税专用发票,注明运费金额600元,另支付装卸费300元,款项均未支付。企业账务处理为

借:原材料　　　　　　　　　　　　　　　　　　　10 910
　　应交税费——应交增值税(进项税额)　　　　　　1 690
　　贷:应付账款　　　　　　　　　　　　　　　　12 600

(2)5月7日,购进原材料并入库,增值税专用发票上注明价款12 950元,税额2 585元;取得运输部门开具的增值税专用发票,注明运费金额420元,其他杂费80元;银行解款通知单,注明金额16 035元。企业账务处理为

借:原材料　　　　　　　　　　　　　　　　　　　13 390
　　应交税费——应交增值税(进项税额)　　　　　　2 635
　　贷:银行存款　　　　　　　　　　　　　　　　16 035

(3)5月9日,购进原材料一批,尚未取得增值税专用发票一张,按照企业自制出库单据上注明价款15 000元,税额2 400元,货款未付,材料尚未入库。企业账务处理为

借:在途物资　　　　　　　　　　　　　　　　　　15 000
　　应交税费——应交增值税(进项税额)　　　　　　2 400
　　贷:应付账款　　　　　　　　　　　　　　　　17 550

(4)5月15日,销售产品一批,开出增值税专用发票一张,注明价款20 000元,税额3 200元,货已发出,款项已收到60%。企业账务处理为

借:银行存款　　　　　　　　　　　　　　　　　　13 840
　　应收账款　　　　　　　　　　　　　　　　　　9 360

	贷：主营业务收入	20 000
	应交税费——应交增值税（销项税额）	1 920
	其他应付款——应交增值税	1 280

（5）5月22日，5月12日售出的部分产品，由于质量问题，购货单位退货，销货额为5 000元，税额800元，退回产品已验收入库，成本价为4 000元。企业账务处理为

借：主营业务收入　　　　　　　　　　　　　　　　　　　　　　　　5 000
　　应交税费——应交增值税（销项税额）　　　　　　　　　　　　　800
　　　贷：银行存款　　　　　　　　　　　　　　　　　　　　　　　5 800

同时

借：库存商品　　　　　　　　　　　　　　　　　　　　　　　　　　4 000
　　　贷：主营业务成本　　　　　　　　　　　　　　　　　　　　　4 000

（7）5月26日，月末盘库发生原材料盘亏。企业账务处理为

借：待处理财产损溢　　　　　　　　　　　　　　　　　　　　　　　2 000
　　　贷：原材料　　　　　　　　　　　　　　　　　　　　　　　　2 000

后附：存货盘点表一张。业务内容：盘亏原材料成本2 000元。

要求：

（1）计算企业增值税应纳税额，指出该企业增值税计算缴纳存在的问题，并计算本月企业少计（多计）增值税应纳税额。

（2）根据上述经济业务，进行"应交税费——应交增值税"明细分类账相关账务调账处理。

解：

（1）计算企业增值税应纳税额：

① 销项税额 = 20 000×16% +（-800）= 2 400（元）

② 进项税额 = 1 600+600×10% +420×10% +（-2 000×16% ）= 1 382（元）

③ 应纳税额 = 2 400-1 382 = 1 018（元）

④ 本期已缴税额 = 0

⑤ 本期应补（退）税额 = 1 018-0 = 1 018（元）

（2）企业增值税计算缴纳存在问题与"应交税费——应交增值税"会计处理调整。

① 5月5日，对增值税一般纳税人外购货物所支付的运输费用，根据增值税专用发票进项税额准予扣除，但随同运费支付的装卸费、保险费等其他杂费不得计算抵扣进项税额。该企业把装卸费300元也按10%进行了抵扣，多抵扣进项税额为：300×10% = 30（元）。

当期调账分录如下

借：原材料　　　　　　　　　　　　　　　　　　　　　　　　　　　30
　　贷：应交税费——应交增值税（进项税额转出）　　　　　　　　　30

② 5月7日，销售方开具的增值税专用发票不符合各项目内容正确无误的要求，因此增值税专用发票上的税额2 585元不允许抵扣。对增值税一般纳税人外购货物所支付的运输费用，根据增值税专用发票上的进项税额准予扣除，但随同运费支付的装卸费、保险费等其他杂费不得计算抵扣进项税额。该企业把杂费80元也按10%进行了抵扣，多抵扣进项税额：80×10% = 8（元），共计多抵扣进项税额为：2 585+8 = 2 593（元）。

当期调账分录如下

借：原材料　　　　　　　　　　　　　　　　　　　　　　　　2 593

　　贷：应交税费——应交增值税（进项税额转出）　　　　　　　　　　2 593

③ 5 月 9 日，工业企业购进货物必须在取得合法扣税凭证后，才能申报抵扣进项税额，该企业原材料尚未取得合法扣税凭证，企业却申报纳税，因此，多抵扣进项税额 2 400 元。

当期调账分录如下

借：管理费用——待抵扣进项税额　　　　　　　　　　　　　　2 400

　　贷：应交税费——应交增值税（进项税额转出）　　　　　　　　　　2 400

④ 5 月 15 日，企业对尚未收款部分，挂往来账户，少计销项税额，应调增销项税额。

当期调账分录如下

借：其他应付款——应交增值税　　　　　　　　　　　　　　　1 280

　　贷：应交税费——应交增值税（销项税额）　　　　　　　　　　　　1 280

⑤ 5 月 22 日，账务处理正确。

⑥ 5 月 26 日，非正常损失的购进货物的进项税额不允许抵扣，而该企业发生材料盘亏，其进项税额未转出，多计进项税额为：$2\,000 \times 16\% = 320$（元）。

当期调账分录如下

借：待处理财产损溢　　　　　　　　　　　　　　　　　　　　320

　　贷：应交税费——应交增值税（进项税额转出）　　　　　　　　　　320

⑧ 根据上述 6 笔调账分录，月末调整本月应补缴增值税 1 018 元。

借：应交税费——应交增值税（转出未交增值税）　　　　　　　1 018

　　贷：应交税费——未交增值税　　　　　　　　　　　　　　　　　1 018

2. 增值税小规模纳税人的纳税审核服务

增值税小规模纳税人的纳税审核服务，要根据小规模纳税人计税资料和会计核算的特点，确定审核内容和方法。

（1）重点核查小规模纳税人将含税的销售额换算成不含税销售额的计算是否正确。将本期含税的销售额换算成不含税的销售额，与纳税人申报表中的销售额进行对比，审核是否一致。

（2）审核小规模纳税人计算应纳税额适用的征收率是否正确。小规模纳税人自 2009 年 1 月 1 日起，其征收率调减为 3%。

（3）审核应纳税额计算是否准确无误，纳税人是否按规定时限缴纳税款。

3. 出口货物退（免）税的审核

1）出口退（免）税重点审核的产品

凡在出口退税预警、评估分析工作中发现出口数量、出口价格异常增长的，生产企业自营或委托出口的，主管税务机关应对生产企业的场地、设备、生产能力、生产规模，以及生产的品种、数量和纳税情况等进行实地核查。

2）出口企业业务往来、资金流向的审核重点

（1）外贸企业的管理规定。

在审核外贸企业退税申报时，对出口业务购货渠道、付款方向和出口退税款的资金流向等，属下列异常情况的，必须严格审核。

① 货物报关出口后即收汇，出口企业在收汇的当天或次日，将出口货物的价款付给供货方，收到退税款后，再将退税款支付给供货方或第三方。

② 出口企业收汇后，以现金或现金支票等形式支付给个人。

③ 收款单位与增值税专用发票上注明的供货单位不一致。

④ 在异地结汇，本地收汇核销的。

⑤ 对外贸企业母子公司关系及借权、挂靠关系等问题的界定，应实事求是，区别对待。

（2）外贸企业与其关联企业的业务往来重点审核内容。

① 审核出口货物的换汇成本是否过高，是否存在虚抬出口货物的购进价格问题；上游关联企业是否存在大量农产品和废旧物资收购凭证，是否已对上游关联企业作延伸核查或发函调查；对从境内关联企业购进出口到境外关联企业的货物，是否存在购进价格和出口。

② 审核与关联企业间开展的加工贸易及从关联企业购进原材料委托加工收回出口的货物，其原材料、产成品等是否存在异常的问题。

③ 关联企业若为小规模纳税人、新发生出口业务的企业、小型出口企业的，应审核是否存在借权出口或假自营代理的问题。

④ 对关联企业为享受先征后返或即征即退税收政策的，从其购进出口货物办理退税后是否仍享受先征后返或即征即退的政策。

6.4.2　消费税纳税审核服务实务

消费税是一个特定的税种，在征税范围、计税依据、纳税环节、税额扣除等方面都有特殊规定。因此，代理消费税的纳税审核应注重其特点，有针对性地核查纳税人的计税资料。

1. 计税依据的审核

消费税实行从价定率、从量定额和复合计税的办法计算应纳税额，其计税依据分别是应税消费品的销售额和销售数量。实行从量定额征税办法的应税消费品有黄酒、啤酒、汽油和柴油等，卷烟、粮食白酒和薯类白酒实行复合计税的办法，其余应税消费品均按从价定率办法征税。在实际工作中，税务师应针对税法中对自产和委托加工应税消费品的不同规定，选择其计税依据审核的侧重点。

1）销售自产应税消费品的审核

（1）实行从价定率征税办法的应税消费品，其计税依据为纳税人销售应税消费品向购买方收取的全部价款和价外费用，但不包括应向购买方收取的增值税税款。应重点审核的内容包括以下几点。

① 对价外费用的审核要点。

• 审核纳税人"其他业务收入""营业外收入"等明细分类账，核对有关会计凭证，查看属于销售应税消费品从购货方收取的价外费用，是否按规定依照应税消费品的适用税率计算消费税，并与"应交税费——应交消费税"账户相核对。

• 审核纳税人"销售费用""管理费用""财务费用""其他业务成本"等明细分类账，如有借方红字发生额或贷方发生额，应对照有关会计凭证逐笔进行核对，审核纳税人是否有销售应税消费品收取的价外费用，是否按规定计算消费税，并与"应交税费——应交消费税"账户相核对。

• 审核纳税人的"应收账款""应付账款""其他应收款""其他应付款"等往来账

户，审查纳税人销售应税消费品收取的价外费用是否直接通过往来账户核算而不并入销售额计算消费税。

● 审核纳税人已开具的普通发票存根联时，如发现有运输费、仓储费等收费项目的，应注意审查是否属于价外费用。

● 审核纳税人与购买方的销售结算清单，仔细审查销售清单反映的收费项目是否有属于应征消费税、增值税的价外费用。

② 对包装物计税的审核要点。随同应税消费品做销售的包装物是否按所包装的产品适用的税率缴纳了消费税；逾期不再退还的包装物押金及已收取 1 年以上的包装物押金，是否按规定缴纳了消费税；从 1995 年 6 月 1 日起，对销售酒类消费品（除啤酒、黄酒外）收取的包装物押金是否按规定及时缴纳了消费税；对于酒类产品包装物的审核，主要通过"包装物""其他应付款"等明细分类账，审核企业是否有出售包装物收入和收取包装物押金，应缴纳消费税的包装物收入和收取的包装物押金，是否缴纳了消费税。

③ 对应税消费品以物易物、以货抵债、投资入股的审核要点。纳税人将自产的应税消费品用于换取生产资料、消费资料、投资入股、抵偿债务的是否纳税。

计税价格是如何确定的，是否按纳税人同类消费品的最高销售价格作为计税依据计算缴纳消费税。

（2）实行从量定额征税办法的应税消费品，其计税依据为应税消费品的销售数量。应审核"主营业务收入""税金及附加""库存商品""应交税费——应交消费税"等明细分类账，对照销货发票等原始凭证，查看计量单位折算标准的使用及销售数量的确认是否正确，有无多计或少计销售数量的问题。

【例 6-7】税务师在代理审核某化妆品厂 2018 年 6 月应纳消费税情况时发现，该企业采用预收货款方式销售高档化妆品 50 箱，取得含税销售额 58 000 元，商品已发出（高档化妆品消费税税率为 15%）。企业会计处理为

借：银行存款   58 000

    贷：预收账款   58 000

要求：计算本月应纳消费税并调账。

（1）对采取预收货款方式销售的高档化妆品，应于收到货款后、发出商品时缴纳消费税，并同时缴纳增值税。因此，该企业本月应纳消费税为

$$[58\ 000/(1+16\%)]\times15\% = 7\ 500（元）$$

（2）调账。

① 企业在商品发出时应将预收的销售款从"预收账款"账户转作产品销售收入，应作以下账务处理。

借：预收账款   58 000

    贷：主营业务收入   50 000

       应交税费——应交增值税（销项税额）   8 000

② 将应缴纳的消费税款作以下账务处理。

借：税金及附加   7 500

    贷：应交税费——应交消费税   7 500

借：应交税费——应交消费税   7 500

　　　　贷：银行存款　　　　　　　　　　　　　　　　　　　　　　　　　7 500

　　2）委托加工应税消费品审核要点

　　对于委托加工的应税消费品，首先应审核是否符合税法中规定的委托加工方式，如不符合规定，是否按销售自制应税消费品缴纳了消费税，然后应重点审核以下几点。

　　（1）应审核"委托加工物资""应交税费——应交消费税"等明细分类账，对照委托加工合同等原始凭证，查看纳税人委托加工的应税消费品是否按照受托方的同类消费品的销售价格计算纳税；没有同类消费品销售价格的，是否按照组成计税价格计算纳税，受托方代收代缴的消费税税额计算是否正确。

　　（2）应审核"委托加工物资""生产成本""应交税费——应交消费税"等明细分类账，查看纳税人外购或委托加工收回的已税烟丝等应税消费品连续生产应税消费品，在计税时准予扣除外购或收购的应税消费品的已纳消费税税款，是否按当期生产领用数量计算，计算是否正确。

　　（3）应审查"委托加工物资""应交税费——应交消费税"等明细分类账，查看委托加工应税消费品直接出售的，有无重复征收消费税的问题。

　　3）视同销售应税消费品的审核要点

　　（1）审核"库存商品""原材料""应付账款"等明细分类账，查看有无应税消费品换取生产资料和消费资料、投资入股和抵偿债务等情况。如有，是否以纳税人同类应税消费品的最高销售价格作为计税依据计征消费税。

　　（2）纳税人用于生产非应税消费品，在建工程、管理部门、非生产机构、提供劳务，以及用于馈赠、赞助、集资、广告、职工福利、奖励等方面的应税消费品，应于移送使用时视同销售缴纳消费税。税务师应审核"库存商品""原材料""应付账款""应付职工薪酬""管理费用"等明细分类账，查看有无这种情况，是否于移送使用时缴纳了消费税。

　　4）金银首饰的审核要点

　　（1）金银首饰范围的审核。税务师审核时，应注意正确掌握金银首饰消费税的征收范围，不能简单地以商品名称确定其是否属于应税金银首饰的范围。

　　（2）金银首饰计税依据的审核要点。

　　① 以旧换新、翻新改制的审核。其主要审核要点是：审核纳税人"主营业务收入""库存商品""其他业务收入"等明细分类账，并与金银首饰零售发票核对，审核纳税人是否按规定申报缴纳消费税；审核纳税人"其他应付款""销售费用"等明细分类账的贷方发生额或借方红字发生额，审核纳税人是否将收取的加工费挂往来账或直接冲减费用未申报缴纳消费税。

　　② 带料加工业务的审核。其主要审核要点是：审核纳税人带料加工业务是否真实，将"原材料""生产成本""其他业务收入"等明细分类账与有关会计凭证相互对照检查，审核其是否符合带料加工业务的条件；审核纳税人带料加工业务的计税依据是否正确，对纳税人当期或最近时期的同类金银首饰销售价格的有关资料或"主营业务收入——加工收入"明细分类账和委托加工合同进行检查，审核纳税人使用的计税价格或计算的组成计税价格是否正确。

　　③ 用于馈赠、赞助、集资、广告、样品、职工福利、奖励等方面的审核。其主要审核要点是：审核纳税人的"库存商品"等明细分类账户的贷方发生额，并与"应付职工薪酬"

"营业外支出""管理费用""销售费用"等明细分类账核对，审核纳税人用于馈赠、赞助、职工福利等方面的金银首饰是否按规定申报缴纳消费税；审核纳税人当期或最近时期的同类金银价格的有关资料或"生产成本"明细分类账，审核纳税人使用的计税价格或计算的组成计税价格是否正确。

④ 成套销售的审核。其主要审核要点是：询问企业有关人员有无成套金银首饰的业务并深入金银首饰专柜，查看和了解有无成套销售金银首饰的样品及情况；审核纳税人"主营业务收入"明细分类账及有关会计凭证，并与金银首饰销售发票核对，审核纳税人若有成套销售金银首饰业务的，是否按规定申报缴纳消费税，有无分解销售收入少申报缴纳消费税的情况。

2. 适用税目、税率、纳税环节的审核

1）适用税目、税率的审核要点

（1）审核纳税人生产消费税税率已发生变化的应税消费品其应纳消费税是否按税法规定时间执行。

（2）审核纳税人兼营不同税率的应税消费品是否分别核算不同税率应税消费品的销售额、销售数量，未分别核算销售额、销售数量，或者将不同税率应税消费品组成成套消费品销售的，是否从高适用税率。

2）纳税环节审核要点

（1）审核"税金及附加""应交税费——应交消费税""生产成本""库存商品"等明细分类账，确认纳税人生产的应税消费品是否于销售时纳税。对于自产自用的应税消费品，用于连续生产应税消费品的，不纳税；用于其他方面的，是否已于移送使用时纳税。

（2）审核"委托加工物资""应交税费——应交消费税"等明细分类账，确认委托加工收回的应税消费品，是否已由受托方在向委托方交货时代收代缴税款。

（3）将纳税人"应付账款""预收账款""库存商品""分期收款发出商品"等明细分类账与有关会计凭证和产品销售合同相核对，审核有无已实现的销售收入不计入"主营业务收入"账户的情况。

3. 出口货物退免税的审核

1）生产企业出口应税消费品审核要点

对生产企业直接出口应税消费品或通过外贸企业出口应税消费品，按规定直接予以免税的，可不计算应缴消费税。

2）外贸企业出口应税消费品审核要点

对外贸企业自营出口的应税消费品，除审核出口发票、出口收汇核销单（出口退税专用）、出口报关单（出口退税专用）、购货发票等退税凭证外，还应审核"出口货物消费税专用缴款书"。

另外，在审核中还应注意，纳税人出口按规定不予退税或免税的应税消费品，应视同国内销售处理。

6.4.3 营业税改征增值税审核服务实务

1. 交通运输服务审核要点

（1）将"主营业务收入——运输收入"等收入明细分类账与增值税纳税申报表及有关

的发票、收款单据等原始凭证核对，审核已实现的营运业务收入是否及时足额申报纳税，有无收入不及时入账、漏报收入或以收抵支的现象。

（2）有无将应税运营收入计入"营业外收入""其他业务收入"账户，少计收入、少缴税款的现象。

（3）审核"应付账款""预收账款"等科目相应的原始凭证，查看有无将已实现的运营收入长期挂账，不做收入处理的现象。

（4）审核"主营业务成本——运输支出""主营业务成本——装卸支出"等支出类明细分类账，是否存在以收入直接冲减费用支出、少计收入的现象。

【例 6-8】 北京通达交通运输股份有限公司，系增值税一般纳税人，下设顺义、丰台、石景山三个中心站，丰台中心站 2018 年 5 月 5 日营业收入日报显示：材料销售收入 23 200 元、技术转让收入 200 000 元、广告收入 8 480 元，收入均为含税销售额，款项收讫并转存银行。

材料销售收入应交增值税，税率 16%；广告收入应交增值税，税率 6%；技术转让收入免税。

材料销售收入应计销项税额 = ［23 200/（1+16%）］×16% = 3 200（元）
广告收入应计销项税额 = ［8 480/（1+6%）］×6% = 480（元）
销项税额合计 = 3 200+480 = 3 680（元）

会计处理如下。

借：银行存款　　　　　　　　　　　　　　　　　231 680
　　贷：其他业务收入——材料销售收入　　　　　　　20 000
　　　　　　　　　　——广告收入　　　　　　　　　8 000
　　　　　　　　　　——技术转让收入　　　　　　200 000
　　　应交税费——应交增值税（销项税额）　　　　　3 680

2. 邮政服务、电信服务审核要点

邮政电信企业的邮政收入、长途电信收入和市内电话费收入在"主营业务收入"科目核算，邮政电信物品销售收入在"其他业务收入"科目核算。税务师应从以下几方面予以审核。

（1）审核纳税人"主营业务收入"和"其他业务收入"明细分类账的贷方发生额，并与企业纳税申报额核对，审查纳税人的纳税申报情况，有无少报、瞒报收入。

（2）审核纳税人"主营业务收入"和"其他业务收入"明细分类账，并与有关会计凭证核对，审查纳税人有无分解应税收入。

（3）审核纳税人"主营业务成本""销售费用""管理费用""其他业务支出"等明细分类账，并与有关会计凭证核对，审查纳税人有无将营业收入直接冲减成本、费用而不计收入的情况。

（4）审核纳税人"营业款结算""应付账款""预收账款"等往来账，并与有关会计凭证核对，审核纳税人有无将营业收入长期挂账而延期纳税的情况。

3. 建筑服务审核要点

建筑业务是使用建筑材料建造建筑物、构筑物并对其进行修缮、装饰，以及安装各种设备工程作业的劳务活动。建筑业务的计税依据是从事建筑业务所取得的全部收入。

纳税人从事建筑业务所取得的收入，在不同的行业中，会计核算也是不相同的。施工企业通过设置"主营业务收入"科目进行核算，其他行业的建筑业务往往不是其主营业务，在会计上设置"其他业务收入"科目来核算。

（1）审核应税收入是否全额纳税。建筑业增值税的销售额包括建筑安装企业向建设单位收取的工程价款（工程造价）及工程价款之外收取的各种费用。审核中应参照工程承包合同、纳税申报表，结合"主营业务收入"账户，查看纳税人"工程价款结算账单"中确认的价款是否全额申报纳税。

（2）审核有无分解工程价款的现象。抽查"主营业务收入""库存商品""其他业务收入""营业外收入"等有关账户的原始凭证和记账凭证，审查材料出库单等原始凭证，确定实际完成工作量的施工成本。注意纳税人有无为逃避纳税分解工程价款的情况。

① 将工程耗用的材料不计入施工成本，而是直接冲减库存材料。

② 将向发包单位收取的各种索赔款不作为计税收入，而计入"营业外收入"。

③ 向建设单位收取抢工费、全优工程奖和提前竣工奖，将这部分收入计入"应付职工薪酬"，作为职工奖励基金。

④ 将材料差价款直接冲减工程结算成本或材料等账户，少计工程收入额。

（3）审核"应付账款""预收账款"等往来明细分类账，核对记账凭证及原始凭证，查看有无将已结算的工程价款长期挂账不计收入的情况。

（4）建筑业的总承包人将工程分包或转包给他人的，应对照分包转包建筑安装工程合同及分包、转包工程的"工程价款结算账单"，核实"应付账款"等账户核算内容，审查其销售额是否为工程的全部承包额减去付给分包人或转包人的价款后的余额。

（5）从事建筑、修缮工程作业的纳税人，一般情况下，无论与对方如何结算，其营业额均应包括工程所用原材料及其他物资和动力的价款在内；从事安装工程作业的纳税人，要查看安装工程合同，凡所安装的设备价值作为安装工程产值的，其销售额应包括设备的价款在内。

（6）对于企业行政事业单位的自营施工单位为所在单位承担建筑安装工程的，应查验该纳税人是否为独立核算单位，是否与本单位结算工程价款。从而确定该施工项目是否确属于自建自用工程项目，有无借故"自建自用建筑物"而未计征增值税。

4. 金融服务审核要点

1）金融企业审核要点

金融企业的收入在会计核算中的明细分类账为"利息收入""金融企业往来收入""手续费及佣金收入""汇兑收益""证券发行收入"等科目，因此，审核时，应结合企业增值税申报表及各收入类账户进行。

（1）贷款服务。① 对于一般贷款业务主要审核"利息收入""利息支出""销售费用"明细分类账及其有关的原始凭证和记账凭证，查看纳税人有无随意分解收入，或者将费用、支出直接冲减收入现象。② 对于委托贷款业务，应重点审核"应付账款"和"手续费及佣金收入"账户，核实每期应付的委托贷款利息和扣收的手续费，查看有无错计、漏计增值税的。③ 对典当业的抵押贷款业务，应注意审核典当物品的保管费用和经营费用是否并入应税营业额中。

（2）金融商品转让。其主要审核"利息支出""金融企业往来支出"等账户，并抽查重要的原始凭证和记账凭证，核实从利息收入等科目中抵减的支出项目是否真实、准确。

（3）直接收款金融服务。其主要审核"手续费及佣金收入""手续费及佣金支出"等明细分类账，并抽查相关原始凭证及记账凭证，查看有无将收入冲减费用或差额计税的情况。

2）保险服务审核要点

保险服务以向投保者收取的全部保险费为销售额。在会计核算中，保险公司主要通过"保费收入""追偿款收入""利息收入""手续费收入""其他收入"等科目核算。

（1）将企业的纳税申报表与"保费收入"等账户相核对，查看企业的纳税申报是否正确，有无少报、瞒报收入的现象。将"保费收入"明细分类账与有关会计凭证相核对，查看有无分解收入或将费用支出冲减收入的现象。

（2）审核分保险业务，应结合保险合同和分保账单，审查"保费收入""应付分保账款""分保费支出"等明细分类账，以及有关原始凭证、记账凭证，查看其保费收入是否全部纳税，有无借故付给分保人保险费，而减少应税销售额。

（3）审核无赔款奖励业务。保险机构的无赔款奖励支出，进行冲减保费收入处理时，在计征增值税时仍要以冲减前的保费收入为计税依据，纳税人如有无赔款奖励支出，计算纳税时是否扣除了这部分支出而少纳增值税。

（4）审核有无收费收入长期挂账的问题。按规定对保户采取分期收费的，必须全额贷记"保费收入"。审核时应注意，企业有无收取保费，但长期挂账而不结转的问题。

（5）审核保险企业支付的手续费及佣金是否超过税法规定的标准。企业发生与生产经营有关的手续费用佣金支出，不超过以下规定计算限额以内的部分，准予扣除；超过部分，不得扣除。

① 保险企业：财产保险企业按当年全部保费收入扣除退保金等后余额的15%（含本数，下同）计算限额；人身保险企业按当年全部保费收入扣除退保金等后余额的10%计算限额。

② 其他企业：按与具有合法经营资格中介服务机构或个人（不含交易双方及其雇员、代理人和代表人等）所签订服务协议或合同确认的收入金额的5%计算限额。

5. 现代服务审核要点

现代服务包括研发和技术服务、信息技术服务、文化创意服务、物流辅助服务、租赁服务、鉴证咨询服务、广播影视服务、商务辅助服务和其他现代服务。现就主要服务行业代理纳税审核的重点介绍如下。

1）物流辅助服务中仓储服务审核

对仓储业主要通过审核现金、银行存款等账户及企业已开具使用的收款凭证等，审核其价外收取的各类款项，如汽车进仓佩戴防火罩费、熏蒸虫费、吊机费、延期提货（付款）费、过地磅费、铁路专用线费、搬运费等，是否已按规定计入销售额中申报纳税。

2）租赁服务的审核

租赁服务的审核要点如下。

（1）通过对"其他业务收入"或"营业外收入"、往来账户进行审核，查看企业有无取得的出租收入通过"其他业务收入"科目反映，但不申报纳税，或者通过"其他应付款""营业外收入"科目反映，逃避纳税的情形。

（2）通过对成本费用类科目的审查，查看企业有无取得的租赁收入冲减成本费用的情形。

（3）注意租赁服务的纳税义务发生时间是否正确，按现行税法规定，采取预收款方式发生的租赁业务应当于实际收到预收款的当天确认纳税义务缴纳增值税，查看企业有无不按税法规定，递延收入实现人为缓缴税款的行为发生。

3）广播影视服务中广告服务审核

（1）通过审核承揽合同、收款凭证，查看其应收的收入是否入账，有无以提供广告为前提，向对方索取货物，而不折算为收入入账，或者以赞助费、联营利润名义入账，偷逃税款的情况。

（2）审核企业有无将制作费、劳务费、播放费、信息费以党政机关报刊或广播电台、电视台的名义收款，混入免税收入中偷逃税款的情况。

6. 生活服务审核要点

生活服务包括文化体育服务、教育医疗服务、旅游娱乐服务、餐饮住宿服务、居民日常服务和其他生活服务。各个具体行业的服务项目也可能有相互兼容的情况。现就主要行业代理纳税审核的重点介绍如下。

1）餐饮住宿服务的审核

（1）餐饮服务审核如下。

① 将"主营业务收入"明细分类账与有关的收款凭证和原始记录相核对，如服务员开具的菜码单、报送的营业日报表等，审核纳税人有无分解营业收入的现象。

对于纳税人申报收入明显偏低，与其经营规模、雇工人数、饮食营业成本、水电费用等明显不成比例的，应查明其有无不计收入、钱货直接交易的情况。必要时，通过原材料的耗用量来换算成品销售量，测算营业收入额，并与营业日报表和交款凭单核对，查明有无漏计、漏报或瞒报收入的情况。

抽查销售价格，查看其是否按配料定额成本和规定的毛利率或加成率计算营业收入。

$$销售价格=原材料成本×(1-毛利率)$$
或　　　　　　　　　$$销售价格=原材料成本×(1+加成率)$$

② 将"主营业务成本""销售费用""管理费用"等明细分类账与有关的凭证进行核对，注意成本、费用账户的贷方发生额，查看有无将收入直接冲减成本、费用而未计入"主营业务收入"的现象。

③ 将"应付账款""预收账款"等往来明细分类账与有关的记账凭证、原始凭证相核对，查看有无将收入长期挂往来账、偷逃税款的现象；有无将收入不入账直接抵顶租赁费、装修费、承包费等各项债务等。

④ 审核发票开具及领、用、存情况，并对照收入账户，查看纳税人是否按规定开具发票，是否存在开具大头小尾发票等现象。

（2）住宿服务审核如下。

住宿服务应区分不同情形予以审核。对规模小、档次低的旅店、宾馆等，应特别认真地核查住宿登记本（或登记单），将登记本（或登记单）上登记的人次、天数与住宿收入相核对，查看收到的款项是否有不入账或少入账的情况。对经营规模大、档次高的旅店、宾馆等，其功能除了住宿以外，还从事饮食、桑拿、歌舞厅、理发美容、会议、代理购票、代办长途电话、洗车、停车等项服务。对这类企业的审查，首先要调查清楚经营项目、经营方式（如有些项目是承包经营的）、收费标准；然后对其会计资料进行审核，查看其该收的收入是否已全额入账，已入账的收入是否已全额申报纳税，已申报纳税的应税收入有无错用税目、税率的情况。

2）旅游娱乐服务的审核

旅游娱乐服务的审核要点如下。

（1）通过审查其自印收款凭证的领、用、存情况和旅客报名表等，查看"主营业务收入"账户贷方和"应收账款"等账户借方，核实营业收入结算是否及时、正确。查看有无在收费以外另收餐费、保险费、签证费等费用不入账或少入账而不按规定计税的情况。

（2）查看"主营业务成本"账户借方及其对应账户，确定应当从旅游业营业收入中扣除计税的项目范围及金额，要注意纳税人为旅游者支付给其他单位的住宿费、餐饮费、交通费和其他代付费用是否取得合法凭证。

【例 6-9】某培训中心属全民所有制的餐饮服务企业，经营范围有住宿、餐饮、服务等。2017 年 12 月份，累计实现营业收入 1 850 000 元，缴纳各项税费合计 90 300 元。

某税务师事务所受托于 2018 年 1 月份对该培训中心 2017 年度的纳税情况进行审核。税务师用逆查法对该培训中心 2017 年度的会计账簿和会计凭证进行了审查。在审核资金往来账簿时，发现"应付账款"科目贷方有一笔本市某公司拨来的补助款 200 000 元，原会计分录如下。

借：银行存款　　　　　　　　　　　　　　　　　　　　　　　　200 000
　　贷：应付账款　　　　　　　　　　　　　　　　　　　　　　　200 000

通过进一步审查核实，此笔款项实为培训中心的营业收入。

税务师认为，根据《餐饮服务业财务管理制度》的规定，此笔款项应记入"主营业务收入"科目，并缴纳增值税 = 200 000×6% = 12 000（元），缴纳城市维护建设税 = 12 000×7% = 840（元），缴纳教育费附加 = 12 000×3% = 360（元）。

（1）假定税务师审核后，发现该培训中心 2016 年度尚未结账，则可做以下调账处理。

① 调整收入。

借：应付账款　　　　　　　　　　　　　　　　　　　　　　　　200 000
　　贷：主营业务收入——餐饮收入　　　　　　　　　　　　　　　200 000

② 补提税金。

借：税金及附加　　　　　　　　　　　　　　　　　　　　　　　1 200
　　贷：应交税费——应交城市维护建设税　　　　　　　　　　　　840
　　　　　　　　——应交教育费附加　　　　　　　　　　　　　　360

③ 补缴税金。

借：应交税费——应交城市维护建设税　　　　　　　　　　　　　840
　　　　　　——应交教育费附加　　　　　　　　　　　　　　　360
　　贷：银行存款　　　　　　　　　　　　　　　　　　　　　　　1 200

（2）税务师审核后，如果发现该培训中心 2017 年度账务已结，则应按调整上年损益的方法做以下调账处理。

① 调整收入如下。

借：应付账款　　　　　　　　　　　　　　　　　　　　　　　　200 000
　　贷：以前年度损益调整　　　　　　　　　　　　　　　　　　　200 000

② 补提税金：

借：以前年度损益调整　　　　　　　　　　　　　　　　　　　　1 200

　　　贷：应交税费——应交城市维护建设税　　　　　　　　　　　840
　　　　　　　　　——应交教育费附加　　　　　　　　　　　　360
　　③ 补缴税金如下。
　　借：应交税费——应交城市维护建设税　　　　　　　　　　　840
　　　　　　　　　——应交教育费附加　　　　　　　　　　　　360
　　　贷：银行存款　　　　　　　　　　　　　　　　　　　　1 200

　　7. 销售不动产、转让无形资产的审核

　　1）房地产开发企业

　　（1）将"主营业务收入"账户与有关会计凭证相核对，同时核对纳税人开具的"商品房发票"和"动迁房发票"存根联，查看有无分解收入、减少销售额的现象。

　　（2）将"主营业务收入""分期收款开发产品"等明细分类账与有关记账凭证、原始凭证和销售合同核对，查看有无按合同规定应收取的销售款因实际未收到等原因而未转作"经营收入"的现象。

　　（3）将"应付账款""预收账款"等往来明细分类账与有关记账凭证、原始凭证、销售合同等相核对，查看有无将收入挂往来账而不纳税的现象。

　　2）其他企业

　　（1）将纳税人的纳税申报表与"固定资产清理"账相核对，查看纳税人出售建筑物等不动产的收入是否申报纳税，其计税依据应为出售时获得的价款，而不是从所获价款中扣除清理费等以后的净收益。

　　（2）将"固定资产清理"账户与有关记账凭证、原始凭证相核对，查看有无分解销售不动产销售额的现象。

　　（3）将"固定资产""营业外收入""营业外支出"等账户与有关记账凭证、原始凭证相对照，查看有无将出售不动产的销售额未通过"固定资产清理"账户，而直接列作营业外收支的现象。

　　（4）将"固定资产""营业外支出"等账户与有关会计凭证相对照，查看有无对外捐赠不动产的行为，捐赠不动产是否已比照销售不动产缴纳了增值税。

　　3）转让无形资产审核要点

　　纳税人转让无形资产向对方收取的全部价款和价外费用为计税销售额，在会计核算中记入"营业外收入"等账户，在确认纳税人转让无形资产的行为是否属税法规定的本税目征税范围的同时，应重点审核其确认的收入额正确与否。

　　（1）应审核纳税人确认的收入额正确与否，将"营业外收入""无形资产"等账户与有关记账凭证、原始凭证相对照，查看有无分解收入，或者将收入直接冲减无形资产成本或其他支出的现象。

　　（2）将"应付账款""预收账款"等往来明细分类账与有关凭证相核对，查看有无将已实现的营业额如预收定金等挂往来账而不及时纳税的现象。

　　（3）如果纳税人转让无形资产取得的是货物或其他经济利益，审核中应注意其货物价值在合同中有无明确规定，如果没有规定，是否按以下顺序确定其价值。

　　① 受让人提供的货物的当月销售价格。

　　② 受让人同类货物的近期销售价格。

③ 同类货物的市场销售价格。

【例6-10】2018年6月，税务师受托对某街道办集体企业进行纳税审查，发现企业签订了一份技术所有权转让合同（已按规定贴印花税票并划销）标明转让金额为20万元，该项无形资产账面摊余价值为12万元，企业会计的账务处理如下。

（1）取得收入时：

借：银行存款　　　　　　　　　　　　　　　　　　　　　　200 000
　　贷：无形资产——××技术　　　　　　　　　　　　　　　　120 000
　　　　其他业务收入　　　　　　　　　　　　　　　　　　　　 80 000

（2）计提税金：

借：税金及附加　　　　　　　　　　　　　　　　　　　　　　　480
　　贷：应交税费——应交城市维护建设税　　　　　　　　　　　　336
　　　　　　　　——应交教育费附加　　　　　　　　　　　　　　144

税务师认为，企业将转让无形资产取得的收入先冲抵账面摊余价值，以余额作收入，应予以调账，并补提相应的税金，故建议企业做以下调账处理。

借：累计摊销　　　　　　　　　　　　　　　　　　　　120 000
　　其他业务收入　　　　　　　　　　　　　　　　　　 80 000
　　贷：税金及附加　　　　　　　　　　　　　　　　　　　　480
　　　　无形资产　　　　　　　　　　　　　　　　　　 120 000
　　　　应交税费——应交城市维护建设税　　　　　　　　　504
　　　　　　　　——应交教育费附加　　　　　　　　　　　216
　　　　资产处置损益——处置非流动资产所得　　　　　　78 800

思考与练习

一、名词解释

1. 外贸企业从工厂购进应税消费品直接出口的，如果该应税消费品是属于从量定额计征消费税的，其退税公式为：应退消费税税额=（　　　　）。

    A. 出口应税消费品的到岸价×消费税税率

    B. 出口应税消费品的离岸价×消费税税率

    C. 出口应税消费品的出口数量×单位税额

    D. 出口应税消费品的收购数量×单位税额

2. 对于增值税销售额的确定，下列说法正确的是（　　　　）。

    A. 销售折扣是指销货方在销售货物或应税劳务时，因购货方购货数量较大等原因而给予购货方的价格优惠

    B. 对于销售折让，可以以折让后的货款为销售额

    C. 折扣销售是指货物销售后，由于其品种、质量等原因购货方未予退货，而销货方给予购货方的一种价格折让

    D. 折扣销售包括货物价格折扣和实物折扣

3. 下列白酒中，不应该按粮食白酒适用税率征收消费税的是（　　　　）。

A. 用粮食白酒加浆降度后生产的白酒

B. 以外购的不同品种白酒勾兑的白酒

C. 用粮食和薯、糠等多种原料混合生产的白酒

D. 用薯和粮食之外的其他原料混合生产的白酒

4. 下列项目中不允许扣除进项税额的是（　　　）。

A. 一般纳税人购进应税劳务

B. 一般纳税人销售货物时支付的运费（有已认证的抵扣凭证）

C. 工业企业购进已取得增值税专用发票并已认证的原材料

D. 商业企业购进尚未取得发票的货物

5. 某日化厂向购买方收取价款的同时，还收取了其他款项。下列项目中，属于与并入价款一并计征增值税、消费税的是（　　　）。

A. 向购买方收取的增值税额

B. 向购买方收取的延期付款利息

C. 同购买方收取的以前年度借款本息

D. 向购买方收取的代垫运费（已将承运部门发票转交给购买方）

三、多项选择题

1. 采集系统的增值税一般纳税人，在增值税纳税申报时必须提供的资料包括（　　　）。

A.《发票领用存月报表》

B.《资产负债表》《损益表》的电子数据

C.《增值税普通发票使用明细表》

D. 使用防伪税控系统的纳税人的 IC 卡

2. 生产企业出口货物"免、抵、退税额"时具体情况可依据（　　　）及出口货物的退税率计算。

A. 出口货物的到岸价　　　　　　　B. 出口货物的离岸价

C. 购进货物的不含税价款　　　　　D. 税务机关依据有关规定核定的离岸价

3. 下列货物免征增值税的有（　　　）。

A. 农业生产者销售的自产农业产品

B. 将自产的货物用于集体福利的

C. 避孕药品和用具

D. 居民用煤炭制品

4. 以下有关消费税课税数量的表述不正确的有（　　　）。

A. 委托加工的应税消费品，其计税依据为纳税人移送的应税消费品数量

B. 纳税人自产自用应税消费品，其计税依据为应税消费品的实际使用数量

C. 纳税人通过自设独立核算门市部销售自产消费品的，按照门市部对外销售数量征收消费税

D. 进口的应税消费品，其计税依据为海关核定的应税消费品进口征税数量

5. 纳税人向税务机关申请办理出口货物的免、抵、退税手续时，应向主管税务机关报送的资料有（　　　）。

A. 来料加工免税证明复印件

　　B. 出口货物报关单（出口退税联）复印件

　　C. 出口发票原件

　　D. 生产企业进料加工贸易申请表

四、判断题

1. 为了鼓励购货方及早偿还货款而给予购货方的货款折扣可以从货物销售额中减除。

（　　）

2. 我国目前增值税采用的是价外计税的办法。（　　）

3. 纳税人采取以旧换新方式销售货物的，不得从新货物销售额中减除收购旧货物的款额。

（　　）

4. 出口货物增值税退税率是出口货物的实际增值税征税额与退税计税依据的比例。

（　　）

5. 2009 年，我国增值税类型由过去的生产型变为消费型。（　　）

五、问答题

1. 增值税纳税申报的操作要点是什么？

2. 增值税有哪几种类型？

3. 消费税有何特点？

4. 现行消费税应纳税额的计算方法有哪几种？

六、实务题

　　某制药厂是专门从事药品生产的企业，被主管税务机关认定为增值税一般纳税人。2018 年 5 月发生如下经济义务。

　　（1）8 日，上缴 9 月份应缴未缴的增值税 38 000 元。

　　（2）9 日，销售应税药品一批，开具增值税专用发票 3 张，合计价款 120 000 元。

　　（3）10 日，从农民手中收购玉米 10 吨，每公斤收购价为 1.60 元，企业开具了经主管税务机关核准使用的"某某市免税农产品专用收购凭证"，该批玉米已验收入库。

　　（4）12 日，赊销一批应税药品，合同确定含税价款 116 000 元，分四期等额付款，发货时收到应税货款和税款的 25%，并开具相应的增值税专用发票 1 张，其余价款及税款在以后 3 个月分别收回。

　　（5）13 日，厂办公室外购办公用品一批，取得的增值税专用发票上注明价款 400 元，税金 64 元。

　　（6）15 日，厂医务室填制出库单领用本厂生产的应税药品一批，生产成本为 1 000 元，按同类产品不含税售价确定价款为 2 000 元。

　　（7）16 日，从外地某农场购进玉米 80 吨，每吨收购价 1 050 元，开具了"某某市免税农产品专用收购凭证"1 份，另支付给运输部门运费，取得的增值税专用发票上注明运费 10 000 元，其他杂费合计 2 000 元。上述款项均已付，玉米已验收入库。

　　（8）17 日，外购低值易耗品一批，取得增值税专用发票 2 张，合计价款 6 000 元，税金 960 元。

　　（9）25 日，将一批应税药品销售给某大医院，开具普通发票 1 张，注明货款 232 000 元，产品已发出，款项已收到。

　　（10）27 日，外购粉碎机 2 台，取得增值税专用发票 1 张，注明价款 5 000 元，税金

800 元。

（11）30 日，通过本企业门市部本月零售药品共取得收入 12 100 元，未开具任何发票。

（12）该药厂生产药品经核实均为应税药品。

要求：根据上述资料，先列式计算出本月销项税额、进项税额及应纳税额，并据此填报《增值税纳税申报表》。

2. 某酒厂为增值税一般纳税人，主要外购粮食作为原料生产 38°、55°两种白酒，2018 年 5 月企业发生如下经济业务。

（1）销售给某商场瓶装白酒 200 箱（每箱 10 瓶，每瓶 1 斤，下同），不含税售价 120 元/瓶，开具增值税专用发票 1 张，货已发出，款已收回送存银行。

（2）从农民手中收购粮食 10 吨，开具主管税务机关核准使用的收购凭证上注明收购金额为 12 000 元。

（3）外购生产用机器设备三台，取得的增值税专用发票上注明价款合计 15 000 元，税金 2 400 元。

（4）外购辅助材料一批，取得的增值税专用发票上注明价款 10 000 元，税金 1 600 元。

（5）本月销售给某糖酒批发站瓶装白酒 500 箱，每箱不含税批发价 120 元，开出了增值税专用发票，货款已收到。

（6）本月将自产瓶装白酒 1 000 瓶，每瓶不含税售价 6 元，成本价 4 元，分给职工，未开具任何发票。

（7）本月将上年 5 月收取的包装物押金 2 320 元予以没收。经核实，收取押金时已按税法规定进行了相应的账务处理。

（8）本月将生产车间报废设备一台进行处理，取得收入 20 800 元，已知该设备账面原值 50 000 元，计提折旧 38 000 元。

要求：根据上述资料，先列式计算当月应纳增值税和消费税，并分别编制增值税和消费税纳税申报表。

第7章 所得税纳税申报服务实务及纳税审查服务实务

学习目标

通过本章的学习，使学生了解个人所得税的计算方法，熟悉个人所得税纳税申报表。同时使学生在了解企业会计核算的前提下，掌握将会计所得按税法的规定调整为应纳税所得额，掌握企业所得税的计算方法，能够准确计算企业所得税应纳税额，掌握企业所得税的纳税申报表及其明细表的填制，掌握纳税审查方法。

导入案例

某农业企业外购一批经济林用于产出水果销售，咨询税务师应如何进行税务处理。其相关问题如下。

请判断为何种生物资产？

如何确定其计税基础？

折旧方法和最低折旧年限有何规定？

（资料来源：中华会计网校. 税务代理实务应试指南. 北京：人民出版社，2011.）

7.1 个人所得税纳税申报服务实务

我国个人所得税的特点是以个人为纳税主体，按分类所得设置税率，实行自行申报和代扣代缴两种征税方法。随着社会各阶层个人收入的提高，个人所得税的税源增长显著，个人所得税在地方税收中已占相当大的比重。

7.1.1 个人所得税的计算方法

1. 工资、薪金所得应纳税额的计算

工资、薪金所得应纳税额可以由纳税人直接缴纳，也可以由扣缴义务人扣缴。从2011年9月1日起，它以纳税人每月取得的工资、薪金收入扣除费用3 500元（或4 800元）后的余额为应纳税所得额，根据7级超额累进税率，计算其应纳税额。

【例7-1】某外商投资企业的中方财务经理2017年12月取得月薪收入6 000元，2017年度全年一次性奖金30 000元。该经理12月份应纳税额计算如下。

12月份工资收入应纳税额为

$$（6\,000-3\,500）×10\%-105=145（元）$$

12月份取得的2017年年度全年一次性奖金应纳税额计算如下。

纳税人取得全年一次性奖金，单独作为一个月工资、薪金所得计算纳税，先将中方财务经理当月内取得的全年一次性奖金 30 000 元，除以 12 个月进行分摊，得到 2 500 元，以 2 500 元为应纳税所得额确定适用税率和速算扣除数，适用税率为 10%，速算扣除数为 105。

12 月份全年一次性奖金收入应纳税额计算如下。

$$30\ 000 \times 10\% - 105 = 2\ 895\ （元）$$

12 月份应纳税额合计为

$$145 + 2\ 895 = 3\ 040\ （元）$$

2. 劳务报酬所得应纳税额的计算

劳务报酬所得应纳税额的计算如下。

（1）每次收入不足 4 000 元的。

$$应纳税额 = 应纳税所得额 \times 适用税率 = （每次收入额 - 800） \times 20\%$$

（2）每次收入在 4 000 元以上的。

$$应纳税额 = 应纳税所得额 \times 适用税率 = 每次收入额 \times （1 - 20\%） \times 20\%$$

（3）每次收入的应纳税所得额超过 20 000 元的。

$$应纳税额 = 应纳税所得额 \times 适用税率 - 速算扣除数$$
$$= 每次收入额 \times （1 - 20\%） \times 适用税率 - 速算扣除数$$

值得注意的是，对劳务报酬所得一次收入畸高，即个人一次取得的应纳税所得额超过 20 000 元至 50 000 元的部分，依税法规定计算应纳税额后再按照应纳税额加征五成，超过 50 000 元的部分，加征十成。

【例 7-2】2017 年 5 月，歌星李雷应邀参加某公司庆典活动的演出，按照协议共演出 5 场，每场出场费为 15 000 元，李雷演出收入应纳税额计算如下。

$$应纳税所得额 = 15\ 000 \times 5 \times （1 - 20\%） = 60\ 000\ （元）$$
$$应纳税额 = 60\ 000 \times 40\% - 7\ 000 = 17\ 000\ （元）$$

3. 在中国境内无住所的个人未满一月工资薪金所得应纳税额的计算

$$应纳税额 = （当月工资薪金应纳税所得额 \times 适用税率 - 速算扣除数） \times$$
$$当月实际在中国天数 \div 当月天数$$

如果是外籍人员个人取得的日工资薪金，应以日工资薪金乘以当月天数换算成月工资薪金后，按上述公式计算应纳税额。

4. 境外所得的已纳税款的扣除

根据《中华人民共和国个人所得税法》的规定，纳税人从中国境外取得的所得，准予其在应纳税额中扣除已在境外缴纳的个人所得税税款。但扣除额不得超过该纳税人境外所得依照我国税法规定计算的应纳税额。

【例 7-3】王丽 2017 年 1—12 月从中国境内取得工资、薪金收入 30 000 元，从 A 国取得稿酬收入 8 000 元，已按 A 国税法规定缴纳了个人所得税 1 400 元，则王丽 2017 年应纳税额计算如下。

（1）月工薪收入 = 30 000/12 = 2 500（元）。

月工资 2 500 元低于费用扣除标准 3 500 元免缴个人所得税。

（2）A 国取得稿酬收入按我国税法规定计算的应纳税额（抵免限额）= 8 000 × （1 - 20%） × 20% × （1 - 30%）= 896（元）。

该纳税人在 A 国实际缴纳的税款超出了抵免限额，只能在抵免限额内抵扣 896 元。剩余部分可在以后5个纳税年度的A国扣除限额的余额中补扣。

5. 个人独资企业和合伙企业投资应纳税额的计算

从2000年1月1日起，个人独资企业和合伙企业（以下简称企业）每一纳税年度的收入总额减除成本、费用及损失后的余额，作为投资者个人的生产经营所得，比照《中华人民共和国个人所得税法》的"个体工商户的生产、经营所得"应税项目，适用5%～35%的五级超额累进税率，计算征收个人所得税。

个人独资企业的投资者以全部生产经营所得为应纳税所得额；合伙企业的投资者按照合伙企业的全部生产经营所得和合伙协议约定的分配比例确定应纳税所得额，合伙协议没有约定分配比例的，以全部生产经营所得和合伙人数量平均计算每个投资者的应纳税所得额。

凡实行查账征税办法的，生产经营所得比照《个体工商户个人所得税计税办法》（国家税务总局令第35号）的规定确定，但下列项目的扣除例外。

（1）投资者的工资不得在税前扣除。自2011年9月1日起投资者的费用扣除标准为（42 000元/年，3 500元/月）。

（2）企业从业人员合理的工资、薪金支出，允许在税前据实扣除。

（3）投资者及其家庭发生的生活费用不允许在税前扣除。投资者及其家庭发生的生活费用与企业生产经营费用混合在一起，并且难以划分的，全部视为投资者个人及其家庭发生的生活费用，不允许在税前扣除。

（4）企业生产经营和投资者及其家庭生活共用的固定资产，难以划分的，由主管税务机关根据企业的生产经营类型、规模等具体情况，核定准予在税前扣除的折旧费用的数额或比例。

（5）企业拨缴的工会经费、职工教育经费、发生的职工福利费分别在工资、薪金总额的2%、2.5%、14%的标准内据实扣除。

（6）企业每一纳税年度发生的广告和业务宣传费不超过当年销售（营业）收入15%的部分，可据实扣除；超过部分，准予在以后纳税年度结转扣除。

（7）企业每一纳税年度发生的与其生产经营业务直接相关的业务招待费，按照发生额的60%扣除，但最高不得超过当年销售（营业）收入的5‰。

（8）企业计提的各种准备金不得扣除。有下列情形之一的，则采取核定征收方式征收个人所得税。

① 企业依照国家有关规定应当设置但未设置账簿的。

② 企业虽设置账簿，但账目混乱，或者成本资料、收入凭证、费用凭证残缺不全，难以查账的。

③ 纳税人发生纳税义务，未按照规定期限办理纳税申报，经税务机关责令限期申报，逾期仍不申报的。

实行核定应税所得率征收方式的，应纳税额的计算公式如下

应纳税额＝应纳税所得额×适用税率

应纳税所得额＝收入总额×应税所得率

或＝［成本费用支出额/（1-应税所得率）］×应税所得率

企业经营多业的，无论其经营项目是否单独核算，均应根据其主营项目确定其适用的应税所得率，具体如表7-1所示。

表 7-1 应税所得率

行　业	应税所得率/%
农、林、牧、渔业	3～10
制造业	5～15
批发和零售贸易业	4～15
交通运输业	7～15
建筑业	8～20
饮食业	8～25
娱乐业	15～30
其他行业	10～30

7.1.2　个人所得税纳税申报服务操作规范

个人所得税纳税申报服务的关键问题，是能否全面、真实地反映纳税人的应税所得。由于个人收入结算与支付具有一定的隐蔽性，会给代理申报带来一定的困难和风险。为确保办税质量，在界定纳税人性质的前提下，税务师应严格按规范程序操作。

1. 居民纳税人

居民纳税人是指在中国境内有住所，或者无住所而在境内居住满1年的个人，应负有无限纳税义务。本节主要介绍我国境内的企业、外国企业常驻代表机构中的中方和外籍人员工资、薪金所得，劳务报酬所得，利息、股息、红利所得代理申报的操作规范。

（1）核查有关工资、薪金所得，劳务报酬所得和利息、股息、红利所得结算账户，审核支付单位的工资、薪金支付明细表，奖金和补贴性收入发放明细表，劳务报酬支付明细表，福利性现金或实物支出，集资债券利息、股息、红利支出，确定应税项目和计税收入。

（2）根据税法有关税前扣除项目的具体规定，确定免予征税的所得，计算应纳税所得额。

（3）核查外籍人员个人来源于中国境内由境外公司支付的收入，来源于中国境外由境内、境外公司支付的所得，根据有无住所或实际居住时间，以及在中国境内企业任职的实际情况，确认纳税义务。

（4）核查税款负担方式和适用的税率，计算应纳税额，并于每月15日前向主管税务机关办理代扣代缴所得税申报手续。

2. 非居民纳税人

非居民纳税人是指在中国境内无住所又不居住，或者无住所而在境内居住不满1年但有从中国境内取得所得的个人。非居民纳税人只负有限纳税义务。对非居民纳税人来源于中国境内的工资、薪金所得，根据在境内实际居住的时间、支付方式和税收协定的有关规定确定是否征税。劳务报酬所得主要根据税收协定有关独立劳务和非独立劳务的判定来确定具体的计税方法。由于利息、股息、红利所得情况各异，征免界定均有具体规定。因此，代理非居民纳税人个人所得税的纳税申报，其计税资料的取得与核实是比较复杂的。

（1）核查外籍人员个人因任职、受雇、履约等出入境的实际日期，确定与其派遣公司或雇主的关系，通过出入境签证、职业证件、劳务合同等判定其所得适用的税目和发生纳税义务的时间。

（2）核查纳税人来源于中国境内分别由境内、境外支付的工资、薪金所得明细表，根据税款负担方式和雇主为其负担税款情况，将不含税收入换算成含税收入。

（3）核查纳税人从中国境内企业取得的各种补贴、津贴及福利费支出明细，除税法规定免予征税的项目外，将其并入工资、薪金所得计算纳税。

（4）核查纳税人劳务报酬所得支付明细表，通过审核外籍人员个人来华提供劳务服务与派遣公司的关系，判定其属于非独立劳务或独立劳务，前者应按工资、薪金所得计税，后者则适用劳务报酬所得的计税方法。

（5）核查纳税人来源于中国境内的利息、股息、红利所得的计税资料，根据其投资的具体内容来判定征免。

（6）核查担任境内企业或外企商社高级职务的外籍人员个人来源于中国境内的工资、薪金所得和实际履行职务的期间，据以计算应税所得。

（7）在对非居民纳税人工资、薪金所得，劳务报酬所得，利息、股息、红利所得等全部计税资料进行核查后，分类计算应税所得，按一定的税款负担方式计算出支付单位应代扣代缴的应纳税额。

7.1.3　填制《个人所得税纳税申报表》的方法

个人所得税纳税申报表主要设置了 9 类 13 种，其中较常用的为 11 种：个人所得税基础信息表（A 表）、个人所得税基础信息表（B 表）、个人所得税减免税事项报告表、个人所得税纳税申报表（适用于年所得 12 万元以上的纳税人申报）、个人所得税生产经营所得纳税申报表［（A 表）、（B 表）、（C 表）］、个人所得税自行纳税申报表［（A 表）、（B 表）］、扣缴个人所得税报告表、特定行业个人所得税报告表。

1. 个人所得税自行纳税申报表（A 表）

1）模拟案例

2017 年 10 月，张君从两家金融公司取得工资。这两家金融公司每月支付给张君的税前工资分别为 8 000 元和 5 000 元，这两家金融公司已经分别代扣代缴了工资、薪金个人所得税。当月，张君出版一本学术著作，取得收入 30 000 元，出版社未代扣代缴税款，计算张君应纳个人所得税额并填制个人所得税自行纳税申报表。

2）计算分析

（1）工资、薪金所得如下。

$$应纳税所得额 = 8\,000 + 5\,000 - 3\,500 = 9\,500（元）$$
$$应纳税额 = 9\,500 \times 25\% - 1\,005 = 1\,370（元）$$
$$甲公司已缴税额 = (8\,000 - 3\,500) \times 10\% - 105 = 345（元）$$
$$乙公司已缴税额 = (5\,000 - 3\,500) \times 3\% = 45（元）$$
$$甲、乙公司合计已缴税额 = 345 + 45 = 390（元）$$
$$张君应补税额 = 1\,370 - 390 = 980（元）$$

（2）稿酬所得如下。

$$应纳税所得额 = 30\,000 \times (1 - 20\%) = 24\,000（元）$$
$$应纳税额 = 30\,000 \times (1 - 20\%) \times 14\% = 3\,360（元）$$

3）填写个人所得税自行纳税申报表（A 表）

张君的个人所得税自行纳税申报表（A 表）、个人所得税基础信息表（B 表）的填制具体如表 7-2 和表 7-3 所示。

表 7-2　个人所得税自行纳税申报表（A 表）

税款所属期：自 2017 年 10 月 1 日至 2017 年 10 月 31 日　　　　　　　　　　金额单位：人民币元（列至角分）

| 姓名 | 张君 | 国籍（地区） | 中国 | 身份证件类型 | 居民身份证 | 身份证件号码 | |

自行申报情形　☑从中国境内两处或者两处以上取得工资、薪金所得　☑没有扣缴义务人　□其他情形

任职受雇单位名称	所得期间	所得项目	收入额	免税所得	基本养老保险费	基本医疗保险费	失业保险费	住房公积金	财产原值	允许扣除的税费	其他	合计	减除费用	准予扣除的捐赠额	应纳税所得额	税率/%	速算扣除数	应纳税额	减免税额	已缴税额	应补（退）税额
1	2	3	4	5	6	7	8	9	10	11	12	13	14	15	16	17	18	19	20	21	22
金融公司	10.1-10.31	工资、薪金所得	13 000.00	0.00	0.00	0.00	0.00	0.00	0.00	0.00	0.00	0.00	3 500.00	0.00	9 500.00	25%	1 005	1 370.00	0.00	390.00	980.00
出版社	10月	稿酬所得	30 000.00	0.00	0.00	0.00	0.00	0.00	0.00	0.00	0.00	0.00	6 000.00	0.00	24 000.00	14%	0	3 360.00	0.00	0.00	3 360.00
合计			43 000.00										9 500.00		33 500.00			4 730.00		390.00	4 340.00

谨声明：此表是根据《中华人民共和国个人所得税法》及其实施条例和国家相关法律法规规定填写的，是真实的、完整的、可靠的。

纳税人签字：

代理机构（人）公章：	主管税务机关受理专用章：
经办人：	受理人：
经办人执业证件号码：	受理日期：　年　月　日
代理申报日期：　年　月　日	

国家税务总局监制

表 7-3　个人所得税基础信息表（B 表）

项目	内容
姓名	张君
身份证件类型	☑居民身份证
身份证件号码	
纳税人类型	☑有任职受雇单位　□无任职受雇单位（不含股东投资者）　□投资者　□无住所个人（可多选）
任职受雇单位名称及纳税人识别号	
"三费一金"缴纳情况	□基本养老保险费　□基本医疗保险费　□失业保险费　□住房公积金　☑无（可多选）
境内联系地址	省＿＿　市＿＿　区（县）＿＿　邮政编码＿＿　电子邮箱＿＿
联系电话	手机：＿＿　固定电话：＿＿
职务	○高层　○中层　☑普通（只选一）　职业＿＿　学历＿＿
是否残疾人/烈属/孤老	□残疾　□烈属　□孤老　☑否（只选一）　残疾等级情况＿＿
该栏仅由有境外所得纳税人填写	○户籍所在地　○经常居住地　省＿＿　市＿＿　区（县）＿＿　邮政编码＿＿
投资者类型	□个体工商户　□个人独资企业投资者　□合伙企业合伙人　□承包、承租经营者　□股东　□其他投资者（可多选）
被投资单位信息	名称＿＿　扣缴义务人编码＿＿　地址＿＿　邮政编码＿＿　登记注册类型＿＿　行业＿＿　所得税征收方式 ○查账征收 ○核定征收（只选一）　主管税务机关＿＿
该栏仅由投资者纳税人填写（以下由股东及其他投资者填写）	公司股本（投资）总额＿＿　个人股本（投资）额＿＿

续表

纳税人识别号			
国籍（地区）		出生地	
性别		出生日期	年 月 日
劳动就业证号码		是否税收协定缔约国对方居民	○是 ○否
境内职务		境外职务	
来华时间		任职期限	
预计离境时间		预计离境地点	

该栏仅由无住所纳税人填写

境内任职受雇单位	名称		扣缴义务人编码	
	地址		邮政编码	
境外受聘签约单位	名称		扣缴义务人编码	
	地址		邮政编码	
境外派遣单位	名称		地址	
支付地	○境内支付 ○境外支付 ○境内、外同时支付 （只选一）	境外支付地 国别（地区）

谨声明：此表是根据《中华人民共和国个人所得税法》及其实施条例和国家相关法律法规规定填写的，是真实的、完整的、可靠的。

纳税人签字：

主管税务机关受理专用章：

受理人：

受理日期： 年 月 日

代理机构（人）签章：

经办人：

经办人执业证件号码：

填表（代理申报）日期： 年 月 日

国家税务总局监制

2．个人所得税纳税申报表（适用于年所得 12 万元以上的纳税人申报）

年所得 12 万元以上，是指纳税人在一个纳税年度取得以下 11 项所得的合计数额达到 12 万元：工资、薪金所得；个体工商户的生产、经营所得；对企事业单位的承包经营、承租经营所得；劳务报酬所得；稿酬所得；特许权使用费所得；利息、股息、红利所得；财产租赁所得；财产转让所得；偶然所得；其他所得。但是不包含税法规定的免税所得、税法规定的可以免税的来源于中国境外的所得，以及按照国家规定，单位为个人缴付的基本养老保险费、基本医疗保险费、失业保险费和住房公积金。

1）模拟案例

谢金明（身份证号：230102198405060223）是哈尔滨市香坊区哈尔滨××管理咨询有限公司（非上市公司，代码：230106975120612328）的财务总监并拥有公司的股份；联系地址：哈尔滨市香坊区进乡街 15 号；联系电话：0451-82935066。2017 年谢金明的全部收入及税款缴纳情况如下。

（1）每月工资收入 23 200 元，每月个人缴纳基本养老保险费、基本医疗保险费、失业保险费等社会保险及住房公积金共 2 120 元，每个月公司代扣代缴个人所得税 3 390 元；年底取得全年一次性奖金收入 120 000 元，公司已代扣代缴了 12 000 元个人所得税。

（2）取得公司股权分红 20 000 元，公司已代扣代缴个人所得税 4 000 元。

（3）购买国债，取得利息收入 2 000 元。

（4）在上海证券交易所转让 A 股股票盈利 60 000 元。

（5）发明一项专利，让渡给某公司使用，取得收入 40 000 元，公司已代扣代缴个人所得税 6 400 元。

（6）一次购买体育彩票，中奖 9 000 元。

2）计算分析

谢金明全年的收入来源渠道较多，适用的应税项目也多。第（1）项所得适用"工资、薪金所得"税目；第（2）、（3）项所得适用"利息、股息、红利所得"税目；第（4）项所得适用"财产转让所得"税目；第（5）项所得适用"特许权使用费所得"税目；第（6）项所得适用"偶然所得"税目。谢金明在取得这些收入时，应由支付所得的公司作为扣缴义务人扣缴税款并向税务机关进行申报。另外，2017 年年度终了，由于谢金明的年所得达到了 12 万元，应该按规定向主管地税机关办理年所得 12 万元以上的自行纳税申报。分项处理如下。

（1）工资、薪金所得。

全年工资、薪金所得总额＝（23 200-2 120）×12+120 000＝372 960（元）

应纳税所得额＝（23 200-21 20-3 500）×12+120 000

＝330 960（元）

每月工资、薪金应纳税额＝（23 200-2 120-3 500）×25%-1 005＝3 390（元）

全年一次性奖金收入 120 000 元，由于 120 000/12＝10 000 元，所以全年一次性奖金适用 25% 的税率和 1 005 元的速算扣除数。

全年一次性奖金应纳个人所得税额＝120 000×25%-1 005＝28 995（元）

全年工资、薪金所得应纳税额＝3 390×12+28 995＝69 675（元）

2017 年已缴（扣）税额＝3 390×12+12 000＝52 680（元）

全年工资、薪金所得应补税额＝69 675－52 680＝16 995（元）

以上信息填入《个人所得税纳税申报表》（适用于年所得 12 万元以上的纳税人申报）（见表 7-4）的第 1 项"工资、薪金所得"处。

（2）利息、股息、红利所得。

根据税法规定，国债利息收入免纳个人所得税，而且国债利息收入不纳入年所得的范畴。

利息、股息、红利所得额为 20 000 元，应纳税所得额为 20 000 元。

利息、股息、红利所得应纳税额＝20 000×20%＝4 000（元）

利息、股息、红利所得已缴（扣）税额＝4 000（元）

利息、股息、红利所得应补税额＝4 000－4 000＝0（元）

以上信息填入《个人所得税纳税申报表》（适用于年所得 12 万元以上的纳税人申报）（见表 7-4）的第 7 项"利息、股息、红利所得"处。

（3）财产转让所得。

谢金明在上海证券交易所转让 A 股股票盈利 60 000 元属于财产转让所得，但我国为支持股市发展，规定股票转让所得暂免征收个人所得税。

以上信息填入《个人所得税纳税申报表》（适用于年所得 12 万元以上的纳税人申报）（见表 7-4）第 9 项"财产转让所得"处单独列示"股票转让所得"。

（4）特许权使用费所得。

特许权使用费所得的应纳税所得额＝40 000×（1－20%）＝32 000（元）

特许权使用费所得应纳税额＝32 000×20%＝6 400（元）

特许权使用费所得已缴（扣）税额＝6 400（元）

特许权使用费所得应补税额＝6 400－6 400＝0（元）

以上信息填入《个人所得税纳税申报表》（适用于年所得 12 万元以上的纳税人申报）（见表 7-4）的第 6 项"特许权使用费所得"处。

（5）偶然所得。

按照政策规定，购买体育彩票一次中奖收入不超过 1 万元的，暂免征收个人所得税。

偶然所得应纳税额＝0（元）

偶然所得已缴（扣）税额＝0（元）

偶然所得应补税额＝0－0＝0（元）

以上信息填入《个人所得税纳税申报表》（适用于年所得 12 万元以上纳税人申报）（见表 7-4）的第 10 项"偶然所得"处。

3）填写纳税申报表

《个人所得税纳税申报表》（适用于年所得 12 万元以上的纳税人申报）如表 7-4 所示。

表 7-4　个人所得税纳税申报表

（适用于年所得 12 万元以上的纳税人申报）

所得年度：2017 年　　　　填表日期：2018 年 1 月 5 日　　　　金额单位：人民币元（列至角分）

纳税人姓名	谢金明	国籍（地区）	中国	身份证照类型	身份证	身份证照号码	230106975 12061232823
任职、受雇单位	哈尔滨市××管理咨询有限公司	任职、受雇单位代码		任职、受雇单位所属行业	服务业	职务	财务总监	职业	
在华天数		境内有效联系地址	哈尔滨市香坊区进乡街 15 号	境内有效联系地址邮编	150040	联系电话	0451-8295066
此行由取得经营所得的纳税人填写	经营单位纳税人识别号		经营单位纳税人名称	

所得项目	年所得额			应纳税所得额	应纳税额	已缴（扣）税额	抵扣税额	减免税额	应补税额	应退税额	备注
	境内	境外	合计								
1. 工资、薪金所得	372 960.00	0.00	372 960.00	330 960.00	69 675.00	52 680.00	0.00	0.00	16 995.00	0.00	
2. 个体工商户的生产、经营所得	0.00	0.00	0.00	0.00	0.00	0.00	0.00	0.00	0.00	0.00	
3. 对企事业单位的承包经营、承租经营所得	0.00	0.00	0.00	0.00	0.00	0.00	0.00	0.00	0.00	0.00	
4. 劳务报酬所得	0.00	0.00	0.00	0.00	0.00	0.00	0.00	0.00	0.00	0.00	
5. 稿酬所得	0.00	0.00	0.00	0.00	0.00	0.00	0.00	0.00	0.00	0.00	
6. 特许权使用费所得	40 000.00	0.00	40 000.00	32 000.00	6 400.00	6 400.00	0.00	0.00	0.00	0.00	
7. 利息、股息、红利所得	20 000.00	0.00	20 000.00	20 000.00	4 000.00	4 000.00	0.00	0.00	0.00	0.00	
8. 财产租赁所得	0.00	0.00	0.00	0.00	0.00	0.00	0.00	0.00	0.00	0.00	
9. 财产转让所得	60 000.00	0.00	60 000.00	0.00	0.00	0.00	0.00	0.00	0.00	0.00	
其中：股票转让所得	60 000.00	0.00	60 000.00	—	—	—	—	—	—	—	
10. 偶然所得	9 000.00	0.00	9 000.00	0.00	0.00	0.00	0.00	0.00	0.00	0.00	
11. 其他所得	0.00	0.00	0.00	0.00	0.00	0.00	0.00	0.00	0.00	0.00	
合　计	501 960.00	0.00	501 960.00	382 960.00	80 075.00	63 080.00	0.00	0.00	16 995.00	0.00	

谨声明，此纳税申报表是根据《中华人民共和国个人所得税法》及有关法律、法规的规定填报的，是真实的、可靠的、完整的。

代理人（签章）：　　　　　　　　　　　　　　　　　纳税人（签字）：谢金明

税务机关受理人（签字）：　　　税务机关受理时间：　　年　　月　　日　　　联系电话：

受理申报税务机关名称（盖章）：

3. 扣缴个人所得税报告表

1）模拟案例

哈尔滨××印务设计有限公司，作为扣缴义务人的编码是230109020570111000，2017年12月份支付人工费用如下。

（1）支付李莉（身份证号：230102198612037723）工资7 600元，年终一次性奖金20 000元，缴付"三费一金"包括：基本养老保险费800元，基本医疗保险费150元，失业保险费50元，住房公积金560元，共计1 560元。

（2）支付张明（身份证号：230101198710127843）工资8 200元，年终一次性奖金24 000元，缴付"三费一金"包括：基本养老保险费850元，基本医疗保险费180元，失业保险费60元，住房公积金590元，共计1 680元。

（3）支付王华（身份证号：230102197511154585）设计劳务费6 500元。

（4）因有奖销售支付刘云（身份证号：230104198409085522）奖金5 000元。

（5）因受让孙濛（身份证号：230102198608195321）某项专利权，支付专利使用费20 000元。

2）计算分析

李莉工资收入7 600元应按照"工资、薪金所得"应税项目代扣代缴个人所得税，应代扣代缴的个人所得税＝（7 600－1 560－3 500）×10%－105＝149（元）；年终一次性奖金20 000元，应按照"工资、薪金所得"应税项目代扣代缴个人所得税适用的所得税税率为10%，速算扣除数为105元，应代扣代缴的个人所得税＝20 000×10%－105＝1 895（元）。

张明工资收入8 200元应按照"工资、薪金所得"应税项目代扣代缴个人所得税，应代扣代缴的个人所得税＝（8 200－1 680－3 500）×10%－105＝197（元）；年终一次性奖金24 000元，应按照"工资、薪金所得"应税项目代扣代缴个人所得税适用的所得税税率为10%，速算扣除数为105元，应代扣代缴的个人所得税＝24 000×10%－105＝2 295（元）。

支付给王华的6 500元设计劳务费，应按照"劳务报酬所得"应税项目代扣代缴个人所得税。应代扣代缴的个人所得税＝6 500×（1－20%）×20%＝1 040（元）。

因有奖销售支付给刘云的5 000元奖金，应按照"偶然所得"应税项目代扣代缴个人所得税，应代扣代缴的个人所得税＝5 000×20%＝1 000（元）。

因受让专利权支付给孙濛的专利使用费20 000元，应按照"特许权使用费所得"应税项目代扣代缴个人所得税，应代扣代缴的个人所得税＝20 000×（1－20%）×20%＝3 200（元）。

3）填写报告表

《扣缴个人所得税报告表》的填制如表7-5所示。由扣缴义务人申报扣缴个人所得税时填报。

表 7-5　扣缴个人所得税报告表

税款所属期：　2017 年 12 月 1 日至 2017 年 12 月 31 日

扣缴义务人名称：哈尔滨 ×× 印务设计有限公司

扣缴义务人编码：| 2 | 3 | 0 | 0 | 2 | 9 | 0 | 1 | 1 | 0 | 7 | 5 | 0 | 2 | 0 | 9 | 0 | 0 | 0 |

扣缴义务人所属行业：☒ 一般行业　□ 特定行业月份申报

金额单位：人民币元（列至角分）

序号 1	姓名 2	身份证件类型 3	身份证件号码 4	所得项目 5	所得期间 6	收入额 7	免税所得 8	税前扣除项目								减除费用 17	准予扣除的捐赠额 18	应纳税所得额 19	税率/% 20	速算扣除数 21	应纳税额 22	减免税额 23	应扣缴税额 24	已扣缴税额 25	应补(退)税额 26	备注 27
								基本养老保险费 9	基本医疗保险费 10	失业保险费 11	住房公积金 12	财产原值 13	允许扣除的税费 14	其他 15	合计 16											
1	李莉	身份证	230102198612037723	工资薪金所得	2016-12	7 600.00	0.00	800.00	150.00	50.00	560.00	0.00	0.00	0.00	1 560.00	3 500.00	0.00	2 540.00	10%	105.00	149.00	0.00	149.00	149.00	0.00	
				年终一次性奖金	2016-12	20 000.00	0.00	0.00	0.00	0.00	0.00	0.00	0.00	0.00	0.00	0.00	0.00	20 000.00	10%	105.00	1 895.00	0.00	1 895.00	1 895.00	0.00	
2	张明	身份证	230101198710127843	工资薪金所得	2016-12	8 200.00	0.00	850.00	180.00	60.00	590.00	0.00	0.00	0.00	1 680.00	3 500.00	0.00	3 020.00	10%	105.00	197.00	0.00	197.00	197.00	0.00	
				年终一次性奖金	2016-12	24 000.00	0.00	0.00	0.00	0.00	0.00	0.00	0.00	0.00	0.00	0.00	0.00	24 000.00	10%	105.00	2 295.00	0.00	2 295.00	2 295.00	0.00	
3	王华	身份证	230102197511154585	劳务报酬	2016-12	6 500.00	0.00	0.00	0.00	0.00	0.00	0.00	0.00	0.00	0.00	1 300.00	0.00	5 200.00	20%	0.00	1 040.00	0.00	1 040.00	1 040.00	0.00	非雇员
4	刘云	身份证	230104198409085522	偶然所得	2016-12	5 000.00	0.00	0.00	0.00	0.00	0.00	0.00	0.00	0.00	0.00	0.00	0.00	5 000.00	20%	0.00	1 000.00	0.00	1 000.00	1 000.00	0.00	非雇员

续表

序号	姓名	身份证件类型	身份证件号码	所得项目	所得期间	收入额	免税所得	税前扣除项目								减除费用	准予扣除的捐赠额	应纳税所得额	税率/%	速算扣除数	应纳税额	减免税额	应扣缴税额	已扣缴税额	应补(退)税额	备注
								基本养老保险费	基本医疗保险费	失业保险费	住房公积金	财产原值	允许扣除的税费	其他	合计											
1	2	3	4	5	6	7	8	9	10	11	12	13	14	15	16	17	18	19	20	21	22	23	24	25	26	27
5	孙淼	身份证	230102198608195321	特许权使用费所得	2016-12	20 000.00	0.00	0.00	0.00	0.00	0.00	0.00	0.00	0.00	0.00	4 000.00	0.00	16 000.00	20%	0.00	3 200.00	0.00	3 200.00	3 200.00	0.00	非雇员
合 计						91 300.00	0.00	1 650.00	330.00	110.00	1 150.00	0.00	0.00	0.00	3 240.00	12 300.00	0.00	75 760.00		0.00	9 776.00	0.00	9 776.00	9 776.00	0.00	

谨声明: 此扣缴报告表是根据《中华人民共和国个人所得税法》及其实施条例和国家有关税收法律法规定填写的, 是真实的、完整的、可靠的。

扣缴义务人公章:　　　　　　　代理机构(人)签章:　　　　　　主管税务机关受理专用章:

经办人:　　　　　　　　　　　经办人:　　　　　　　　　　　受理人:

填表日期:　　年　月　日　　　经办人执业证件号码:　　　　　法定代表人(负责人)签字:

　　　　　　　　　　　　　　　代理申报日期:　　年　月　日　　受理日期:　　年　月　日

国家税务总局监制

4. 个人所得税生产经营所得纳税申报表

个人所得税生产经营所得纳税申报表适合个体工商户，企事业单位承包、承租经营者，个人独资投资者和合伙企业合伙人在中国境内取得"个体工商户的生产、经营所得"或"对企事业单位的承包、承租经营所得"申报个人所得税时使用。

1）模拟案例

（1）投资者信息如下。

① 姓名：盛福临

② 身份证件类型：身份证

③ 身份证件号码：230102197611036655

④ 国籍（地区）：中国

（2）被投资单位信息如下。

① 名称：哈尔滨××餐饮有限公司

② 纳税人识别号：23010271132964××××

③ 类型：个人独资企业

（3）主管税务机关：哈尔滨市道里区地方税务局

2）业务资料

盛福临投资开办的哈尔滨××个人独资企业，拥有在册职工 20 人，假设其 2017 年 1 月 1 日—2017 年 12 月 31 日会计资料反映的经营情况如下。

（1）取得营业收入总额 1 005 000 元。

（2）营业成本 325 650 元。

（3）税金及附加 55 300 元。

（4）管理费用 352 430 元。

（5）财务费用 5 000 元。

（6）税收罚款 5 000 元。

（7）全年已预缴所得税额 50 000 元。

3）计算分析

（1）利润总额 = 1 005 000−325 650−55 300−352 430−5 000−5 000 = 261 620（元）

（2）纳税调整增加额 = 5 000（元）

（3）纳税调整后所得 = 261 620+5 000 = 266 620（元）

（4）投资者减除费用 = 3 500×12 = 42 000（元）

（5）应纳税所得额 = 266 620−42 000 = 224 620（元）

（6）应纳税额 = 应纳税所得额×适用税率−速算扣除数

　　　　　 = 224 620×35%−14 750

　　　　　 = 63 867（元）

（7）应补（退）税额 = 63 867−50 000 = 13 867（元）

（8）个人所得税生产经营所得纳税申报表的填制。××餐饮有限公司填报申报表时，主要数据计算如下。

第 11 行利润总额 = 1 005 000−325 650−55 300−352 430−5 000−5 000

　　　　　　　　　　 = 261 620（元）

第 12 行纳税调整增加额 = 第 29 行税收滞纳金 = 5 000（元）

第 38 行纳税调整后所得 = 261 620+5 000 = 266 620（元）

第 46 行应纳税额 = 应纳税所得额×适用税率−速算扣除数

　　　　　　　　　　 = 224 620×35%−14 750

　　　　　　　　　　 = 63 867（元）

第 50 行应补（退）税额 = 63 867−50 000 = 13 867（元）

　　根据上述分析计算的结果，哈尔滨××餐饮有限公司填报个人所得税生产经营所得纳税申报表（B 表），具体填写如表 7-6 所示。

表 7-6　个人所得税生产经营所得纳税申报表（B 表）

税款所属期：2017 年 1 月 1 日至 2017 年 12 月 31 日　　　　　　金额单位：人民币元（列至角分）

投资者信息	姓名	盛福临	身份证件类型	身份证	身份证件号码	230102197611036655
	国籍（地区）	中国			纳税人识别号	
被投资单位信息	名称	哈尔滨××餐饮有限公司			纳税人识别号	23010271132964××××
	类型	□个体工商户 □承包、承租经营单位 ☑个人独资企业 □合伙企业				

行次	项　目	金额
1	一、收入总额	1 005 000.00
2	其中：国债利息收入	0.00
3	二、成本费用（4+5+6+7+8+9+10）	743 380.00
4	（一）营业成本	325 650.00
5	（二）销售费用	0.00
6	（三）管理费用	352 430.00
7	（四）财务费用	5 000.00
8	（五）税金	55 300.00
9	（六）损失	0.00
10	（七）其他支出	5 000.00
11	三、利润总额（1-2-3）	261 620.00
12	四、纳税调整增加额（13+27）	5 000.00
13	（一）超过规定标准的扣除项目金额（14+15+16+17+18+19+20+21+22+23+24+25+26）	0.00
14	（1）职工福利费	0.00
15	（2）职工教育经费	0.00
16	（3）工会经费	0.00
17	（4）利息支出	0.00
18	（5）业务招待费	0.00

续表

行次	项　目	金额
19	（6）广告费和业务宣传费	0.00
20	（7）教育和公益事业捐赠	0.00
21	（8）住房公积金	0.00
22	（9）社会保险费	0.00
23	（10）折旧费用	0.00
24	（11）无形资产摊销	0.00
25	（12）资产损失	0.00
26	（13）其他	0.00
27	（二）不允许扣除的项目金额（28+29+30+31+32+33+34+35+36）	5 000.00
28	（1）个人所得税税款	0.00
29	（2）税收滞纳金	5 000.00
30	（3）罚金、罚款和被没收财物的损失	0.00
31	（4）不符合扣除规定的捐赠支出	0.00
32	（5）赞助支出	0.00
33	（6）用于个人和家庭的支出	0.00
34	（7）与取得生产经营收入无关的其他支出	0.00
35	（8）投资者工资薪金支出	0.00
36	（9）国家税务总局规定不准扣除的支出	0.00
37	五、纳税调整减少额	0.00
38	六、纳税调整后所得（11+12-37）	266 620.00
39	七、弥补以前年度亏损	0.00
40	八、合伙企业合伙人分配比例/%	0.00
41	九、允许扣除的其他费用	0.00
42	十、投资者减除费用	42 000.00
43	十一、应纳税所得额（38-39-41-42）或［（38-39）×40-41-42]	224 620.00
44	十二、税率/%	35
45	十三、速算扣除数	14 750
46	十四、应纳税额（43×44-45）	63 867.00
47	十五、减免税额（附报《个人所得税减免税事项报告表》）	0.00
48	十六、实际应纳税额（46-47）	0.00
49	十七、已预缴税额	50 000.00
50	十八、应补（退）税额（48-49）	13 867.00

续表

行次	项　目		金额
附列资料	年平均职工人数（人）		
	工资总额（元）		
	投资者人数（人）		
谨声明：此表是根据《中华人民共和国个人所得税法》及有关法律法规规定填写的，是真实的、完整的、可靠的。 　　　　　　　　　　　　　　　　　　　　　　　纳税人签字：　　　　年　　月　　日			
感谢您对税收工作的支持！			
代理申报机构（负责人）签章： 经办人： 经办人执业证件号码： 　　代理申报日期：　　年　　月　　日		主管税务机关印章： 受理人： 　　受理日期：　　　年　　月　　日	

国家税务总局监制

7.2　企业所得税纳税申报服务实务

企业所得税适用面广，税前扣除项目的计算和报表填报内容繁杂，税务师必须在指导企业正确核算会计所得的前提下，按照《企业所得税法》和征收管理的有关规定，将其会计所得调整为应纳税所得额后，计算填报《企业所得税纳税申报表》及其附表。

7.2.1　企业所得税的计算方法

企业所得税的基本计算公式为

$$应纳税额 = 应纳税所得额 \times 税率 - 减免税额 - 抵免税额$$
$$应纳税所得额 = 收入总额 - 不征税收入 - 免税收入 - 各项扣除 -$$
$$允许弥补的以前年度亏损$$

1. 应纳税所得额的计算

（1）企业以货币形式和非货币形式从各种来源取得的收入，为收入总额。其中包括销售货物收入；提供劳务收入；转让财产收入；股息、红利等权益性投资收益；利息收入；租金收入；特许权使用费收入；接受捐赠收入；其他收入。

（2）收入总额中的不征税收入包括财政拨款；依法收取并纳入财政管理的行政事业性收费，政府性基金；国务院规定的其他不征税收入。

（3）企业的免税收入包括国债利息收入；符合条件的居民企业之间的股息、红利等权益性投资收益；在中国境内设立机构、场所的非居民企业，从居民企业取得与该机构、场所有实际联系的股息、红利等权益性投资收益；符合条件的非营利组织的收入。

（4）各项扣除是企业实际发生的与取得收入有关的、合理的支出，包括成本、费用、税金、损失和其他支出，准予在计算应纳税所得额时扣除。

① 成本。成本是指企业在生产经营活动中发生的销售成本、销货成本、业务支出和其他耗费。

② 费用。费用是指企业在生产经营活动中发生的销售费用、管理费用和财务费用。

③ 税金。税金是指企业实际发生的除企业所得税和允许抵扣的增值税以外的各项税金及附加。

④ 损失。损失是指企业在生产经营活动中发生的固定资产和存货的盘亏、毁损、报废损失，转让财产损失，呆账损失，坏账损失，自然灾害等不可抗力因素造成的损失，以及其他损失。

⑤ 其他支出。其他支出是指除成本、费用、税金、损失外，企业在生产经营活动中发生的与生产经营活动有关的、合理的支出。

（5）亏损是指企业依照企业所得税法及其实施条例的规定，将每一纳税年度的收入总额减除不征税收入、免税收入和各项扣除后小于零的数额。

2. 境外所得抵免税额的计算

居民企业来源于中国境外的应税所得，非居民企业在中国境内设立机构、场所，取得发生在中国境外但与该机构、场所有实际联系的应税所得，已在境外缴纳的所得税税额，可以从其当期应纳税额中抵免。抵免限额为该项所得依照企业所得税法规定计算的应纳税额；超过抵免限额的部分，可以在以后 5 个年度内，用每年度抵免限额抵免当年应抵税额后的余额进行抵补。

居民企业从其直接或间接控制的外国企业分得的来源于中国境外的股息、红利等权益性投资收益，外国企业在境外实际缴纳的应纳税额中属于该项所得负担的部分，可以作为该居民企业的可抵免境外所得应纳税额，在企业所得税法规定的抵免限额内抵免。

7.2.2 企业所得税纳税申报服务操作规范

根据税法规定，税务师应替纳税人在月份或季度终了后 15 日内报送申报表及月份或季度财务报表，履行月份或季度纳税申报手续。年度终了后 5 个月内向其所在地主管税务机关报送《企业所得税年度纳税申报表》和税务机关要求报送的其他有关资料，办理结清税款手续。

（1）核查收入核算账户和主要的原始凭证，计算当期生产经营收入、财产转让收入、股息收入等各项应税收入。

（2）核查成本核算账户和主要的原始凭证，根据行业会计核算制度，确定当期产品销售成本或营业成本。

（3）核查主要的期间费用账户和原始凭证，确定当期实际支出的销售费用、管理费用和财务费用。

（4）核查税金核算账户，确定税前应扣除的税金总额。

（5）核查损失核算账户，计算资产损失、投资损失和其他损失。

（6）核查营业外收支账户及主要原始凭证，计算营业外收支净额。

（7）经过上述 6 个步骤的操作，税务师可据此计算出企业当期收入总额、不征税收入和免税收入额，再按税法规定核查允许的各项扣除及允许弥补的以前年度亏损，计算当期应纳税所得额。

（8）根据企业适用的税率，计算应纳税额。

7.2.3 填制《企业所得税纳税申报表》的方法

1. 模拟案例

1）企业概况

纳税人识别号：330108161929×××

纳税人名称：××广告服务有限公司

公司成立时间：2013 年 2 月 28 日

法定代表人：张均

经济性质：有限责任公司

注册资本：100 万元

股东信息：张均（中国国籍，身份证 362321198610120154）出资比例 65%；刘玉衡
（中国国籍，身份证 362321197509190061）出资比例 25%；黄磊（中国国籍，身份证
332321198309190042）出资比例 10%。

开户银行：中国工商银行杭州市城南支行

银行账号：49122901045996×××

注册地址：浙江省杭州市江干区慕华街 45 号

电话号码：0571-86689001

营业地址：浙江省杭州市江干区慕华街 45 号

所属行业：7240（广告业）

会计主管：张衡鑫

适用的会计准则：企业会计准则（一般企业）

会计核算软件：用友

记账本位币：人民币

会计档案存方地：浙江省杭州市江干区慕华街 45 号

会计政策和估计是否发生变化：否

固定资产折旧方法：年限平均法

存货成本计价方法：先进先出法

坏账损失核算方法：备抵法

所得税计算方法：资产负债表债务法

企业主要经营范围：平面设计、3D 设计、园林设计、环境设计、建筑设计、印刷、喷
绘、雕刻、广告灯箱，LED 电子显屏、电子灯箱、户外喷绘、写真展板、海报吊旗、旗类
展架条幅、车体墙体广告。

企业 2017 年在职人员 120 人，公司为非汇总纳税企业。

2）业务资料

【业务 1】××广告服务有限公司 2017 年全年已经预缴所得税额 30 000.00 元，企业利润
表如表 7-7 所示。

表 7-7　利润表

项　　目	行次	期末数
一、营业收入	1	5 602 000.00
减：营业成本	2	62 000.00
税金及附加	3	1 500 000.00
销售费用	4	605000.00
管理费用	5	2 020 000.00
财务费用	6	120 000.00
资产减值损失	7	
加：公允价值变动收益（损失以"-"号填列）	8	
投资收益（损失以"-"号填列）	9	5000.00
二、营业利润（损失以"-"号填列）	10	1 300 000.00
加：营业外收入	11	
减：营业外支出	12	
三、利润总额（亏损以"-"号填列）	13	1 300 000.00
减：所得税费用	14	
五、净利润（净亏损以"-"号填列）	15	

【业务 2】企业主营收入明细表如表 7-8 所示。

表 7-8　主营收入明细表

一级科目	明细科目	金额	备　　注
主营业务收入	提供劳务收入	5 600 000.00	
	让渡资产使用权收入	2 000.00	
投资收益	国债红利	5 000.00	

【业务 3】企业期间费用明细表如表 7-9 所示。

表 7-9　期间费用明细表

一级科目	明细科目	金额	备　　注
销售费用	职工薪酬	600 000.00	
	业务宣传费	5 000.00	
管理费用	职工薪酬	2 000 000.00	
	固定资产折旧摊销费	20 000.00	
财务费用	利息支出	120 000.00	

【业务 4】企业资产折旧/摊销情况如表 7-10 所示。

表 7-10　资产折旧/摊销情况

（备注：企业本年度采用年限平均法，与税法一致）

资产项目	会计				税法			
	原值	折旧年限/年	本年折旧/摊销额	累计折旧/摊销额	原值	折旧年限/年	本年折旧/摊销额	累计折旧/摊销额
办公电子设备等	100 000.00	5	20 000.00	40 000.00	100 000.00	5	20 000.00	40 000.00

【业务 5】企业业务宣传费调整明细如表 7-11 所示。

表 7-11　业务宣传费调整明细

项目	会计	税法	调整	备　注
业务宣传费	5 000.00			

【业务 6】企业职工薪酬需要调整明细如表 7-12 所示。

表 7-12　职工薪酬需要调整明细

项　目	2016 年会计列支	2015 年会计列支
职工薪酬	2 000 000.00	1 600 000.00
职工福利费	300 000.00	200 000.00
工会经费	280 000.00	20 000.00
职工教育经费	20 000.00	50 000.00
合计	2 600 000.00	1 870 000.00

【业务 7】企业盈利及亏损情况如表 7-13 所示。

表 7-13　企业近 2 年盈利及亏损情况表

年　度	盈利额或亏损额	备　注
2015	−2 250 02.00	
2016	1 07202.00	

2. 纳税申报表的填制，完成 2017 年企业所得税汇算清缴纳税申报

1）企业所得税年度纳税申报表填报表单的填制

具体如表 7-14 所示。

表 7-14　企业所得税年度纳税申报表填报表单

表单编号	表 单 名 称	选择填报情况	
		填报	不填报
A000000	企业基础信息表	√	×
A100000	中华人民共和国企业所得税年度纳税申报表（A类）	√	×
A101010	一般企业收入明细表	√	□
A101020	金融企业收入明细表	□	×

续表

表单编号	表 单 名 称	选择填报情况	
		填报	不填报
A102010	一般企业成本支出明细表	√	□
A102020	金融企业支出明细表	□	×
A103000	事业单位、民间非营利组织收入、支出明细表	□	×
A104000	期间费用明细表	√	□
A105000	纳税调整项目明细表	√	□
A105010	视同销售和房地产开发企业特定业务纳税调整明细表	□	×
A105020	未按权责发生制确认收入纳税调整明细表	□	×
A105030	投资收益纳税调整明细表	□	×
A105040	专项用途财政性资金纳税调整明细表	□	×
A105050	职工薪酬纳税调整明细表	√	□
A105060	广告费和业务宣传费跨年度纳税调整明细表	√	□
A105070	捐赠支出纳税调整明细表	□	×
A105080	资产折旧、摊销情况及纳税调整明细表	√	□
A105081	固定资产加速折旧、扣除明细表	□	×
A105090	资产损失税前扣除及纳税调整明细表	□	×
A105091	资产损失（专项申报）税前扣除及纳税调整明细表	□	×
A105100	企业重组纳税调整明细表	□	×
A105110	政策性搬迁纳税调整明细表	□	×
A105120	特殊行业准备金纳税调整明细表	□	×
A106000	企业所得税弥补亏损明细表	√	□
A107010	免税、减计收入及加计扣除优惠明细表	√	□
A107011	符合条件的居民企业之间的股息、红利等权益性投资收益优惠明细表	□	×
A107012	综合利用资源生产产品取得的收入优惠明细表	□	×
A107013	金融、保险等机构取得的涉农利息、保费收入优惠明细表	□	×
A107014	研发费用加计扣除优惠明细表	□	×
A107020	所得减免优惠明细表	□	×
A107030	抵扣应纳税所得额明细表	□	×
A107040	减免所得税优惠明细表	□	×
A107041	高新技术企业优惠情况及明细表	□	×
A107042	软件、集成电路企业优惠情况及明细表	□	×
A107050	税额抵免优惠明细表	□	×
A108000	境外所得税收抵免明细表	□	×
A108010	境外所得纳税调整后所得明细表	□	×
A108020	境外分支机构弥补亏损明细表	□	×
A108030	跨年度结转抵免境外所得税明细表	□	×

续表

表单编号	表　单　名　称	选择填报情况	
		填报	不填报
A109000	跨地区经营汇总纳税企业年度分摊企业所得税明细表	□	×
A109010	企业所得税汇总纳税分支机构所得税分配表	□	×
说明：企业应当根据实际情况选择需要填表的表单。			

2）企业基础信息表的填制

具体如表7-15所示。

A000000

表 7-15　企业基础信息表

正常申报☑	更正申报□	补充申报□
100 基本信息		
101 汇总纳税企业	是（总机构□　　按比例缴纳总机构□）　　否☑	
102 注册资本/（万元）　100.00	106 境外中资控股居民企业	是□　　　　否☑
103 所属行业明细代码　7240 广告业	107 从事国家非限制和禁止行业	是☑　　　　否□
104 从业人数　120	108 存在境外关联交易	是□　　　　否☑
105 资产总额/（万元）　100.00	109 上市公司	是（境内□境外□）否☑
200 主要会计政策和估计		
201 适用的会计准则或会计制度	企业会计准则（一般企业☑　银行□　证券□　保险□　担保□） 小企业会计准则□ 企业会计制度□ 事业单位会计准则（事业单位会计制度□　科学事业单位会计制度□ 　医院会计制度□　高等学校会计制度□　中小学校会计制度□ 　彩票机构会计制度□） 民间非营利组织会计制度□ 村集体经济组织会计制度□ 农民专业合作社财务会计制度（试行）□ 其他□	
202 会计档案的存放地　浙江省杭州市江干区慕华街 45 号	203 会计核算软件	用友
204 记账本位币　人民币☑　其他□	205 会计政策和估计是否发生变化	是□　　　　否☑
206 固定资产折旧方法	年限平均法☑　工作量法□　双倍余额递减法□　年数总和法□　其他□	
207 存货成本计价方法	先进先出法☑　移动加权平均法□　月末一次加权平均法□ 个别计价法□　毛利率法□　零售价法□　计划成本法□　其他□	
208 坏账损失核算方法	备抵法☑　　　直接核销法□	
209 所得税计算方法	应付税款法□　资产负债表债务法☑　其他□	

续表

	300 企业主要股东及对外投资情况				
301 企业主要股东（前 5 位）					
股东名称	证件种类	证件号码	经济性质	投资比例	国籍 （注册地址）
张均	201 居民身份证	362321198610120154	431 内资个人	65%	156 中国
刘玉衡	201 居民身份证	362321197509190061	431 内资个人	25%	156 中国
黄磊	201 居民身份证	332321198309190042	431 内资个人	10%	156 中国
302 对外投资（前 5 位）					
被投资者名称	纳税人识别号	经济性质	投资比例	投资金额	注册地址

3）企业所得税年度纳税申报表及明细表的填制

具体如表 7-16 至表 7-24 所示。

A100000

表 7-16 中华人民共和国企业所得税年度纳税申报表（A 类）

行次	类别	项　目	金　额
1	利润总额计算	一、营业收入（填写 A101010/101020/103000）	5 602 000.00
2		减：营业成本（填写 A102010/102020/103000）	62 000.00
3		税金及附加	1 500 000.00
4		销售费用（填写 A104000）	605 000.00
5		管理费用（填写 A104000）	2 020 000.00
6		财务费用（填写 A104000）	120 000.00
7		资产减值损失	0.00
8		加：公允价值变动收益	0.00
9		投资收益	5 000.00
10		二、营业利润（1-2-3-4-5-6-7+8+9）	1 300 000.00
11		加：营业外收入（填写 A101010/101020/103000）	0.00
12		减：营业外支出（填写 A102010/102020/103000）	0.00
13		三、利润总额（10+11+12）	1 300 000.00

续表

行次	类别	项 目	金 额
14	应纳税所得额计算	减：境外所得（填写 A108010）	0.00
15		加：纳税调整增加额（填写 A105000）	250 000.00
16		减：纳税调整减少额（填写 A105000）	0.00
17		减：免税、减计收入及加计扣除（填写 A107010）	5 000.00
18		加：境外应税所得抵减境内亏损（填写 A108000）	0.00
19		四、纳税调整后所得（13−14+15−16−17+18）	1 545 000.00
20		减：所得减免（填写 A107020）	0.00
21		减：抵扣应纳税所得额（填写 A107030）	0.00
22		减：弥补以前年度亏损（填写 A106000）	117 800.00
23		五、应纳税所得额（19−20−21−22）	1 427 200.00
24	应纳税额计算	税率（25%）	25%
25		六、应纳所得税额（23×24）	356 800.00
26		减：减免所得税额（填写 A107040）	0.00
27		减：抵免所得税额（填写 A107050）	0.00
28		七、应纳税额（25−26−27）	356 800.00
29		加：境外所得应纳所得税额（填写 A108000）	0.00
30		减：境外所得抵免所得税额（填写 A108000）	0.00
31		八、实际应纳所得税额（28+29−30）	356 800.00
32		减：本年累计实际已预缴的所得税额	30 000.00
33		九、本年应补（退）所得税额（31−32）	326 800.00
34		其中：总机构分摊本年应补（退）所得税额（填写 A109000）	0.00
35		财政集中分配本年应补（退）所得税额（填写 A109000）	0.00
36		总机构主体生产经营部门分摊本年应补（退）所得税额（填写 A109000）	0.00
37	附列资料	以前年度多缴的所得税额在本年抵减额	0.00
38		以前年度应缴未缴在本年入库所得税额	0.00

A101010

表 7−17　一般企业收入明细表

行次	项 目	金 额
1	一、营业收入（2+9）	5 602 000.00
2	（一）主营业务收入（3+5+6+7+8）	5 602 000.00
3	1. 销售商品收入	0.00
4	其中：非货币性资产交换收入	0.00
5	2. 提供劳务收入	5 600 000.00
6	3. 建造合同收入	0.00
7	4. 让渡资产使用权收入	2 000.00

行次	项　目	金　额
8	5. 其他	0.00
9	（二）其他业务收入（10+12+13+14+15）	0.00
10	1. 销售材料收入	0.00
11	其中：非货币性资产交换收入	0.00
12	2. 出租固定资产收入	0.00
13	3. 出租无形资产收入	0.00
14	4. 出租包装物和商品收入	0.00
15	5. 其他	0.00
16	二、营业外收入（17+18+19+20+21+22+23+24+25+26）	0.00
17	（一）非流动资产处置利得	0.00
18	（二）非货币性资产交换利得	0.00
19	（三）债务重组利得	0.00
20	（四）政府补助利得	0.00
21	（五）盘盈利得	0.00
22	（六）捐赠利得	0.00
23	（七）罚没利得	0.00
24	（八）确实无法偿付的应付款项	0.00
25	（九）汇兑收益	0.00
26	（十）其他	0.00

A102010

表 7-18　一般企业成本支出明细表

行次	项　目	金　额
1	一、营业成本（2+9）	62 000.00
2	（一）主营业务成本（3+5+6+7+8）	62 000.00
3	1. 销售商品成本	62 000.00
4	其中：非货币性资产交换成本	0.00
5	2. 提供劳务成本	0.00
6	3. 建造合同成本	0.00
7	4. 让渡资产使用权成本	0.00
8	5. 其他	0.00
9	（二）其他业务成本（10+12+13+14+15）	0.00
10	1. 材料销售成本	0.00
11	其中：非货币性资产交换成本	0.00
12	2. 出租固定资产成本	0.00
13	3. 出租无形资产成本	0.00

续表

行次	项目	金额
14	4. 包装物出租成本	0.00
15	5. 其他	0.00
16	二、营业外支出（17+18+19+20+21+22+23+24+25+26）	0.00
17	（一）非流动资产处置损失	0.00
18	（二）非货币性资产交换损失	0.00
19	（三）债务重组损失	0.00
20	（四）非常损失	0.00
21	（五）捐赠支出	0.00
22	（六）赞助支出	0.00
23	（七）罚没支出	0.00
24	（八）坏账损失	0.00
25	（九）无法收回的债券股权投资损失	0.00
26	（十）其他	0.00

A104000

表 7-19　期间费用明细表

行次	项目	销售费用	其中：境外支付	管理费用	其中：境外支付	财务费用	其中：境外支付
		1	2	3	4	5	6
1	一、职工薪酬	600 000.00	*	2 000 000.00	*	*	*
2	二、劳务费					*	*
3	三、咨询顾问费					*	*
4	四、业务招待费		*		*	*	*
5	五、广告费和业务宣传费	5 000.00	*		*	*	*
6	六、佣金和手续费						
7	七、资产折旧摊销费		*	20 000.00	*	*	*
8	八、财产损耗、盘亏及毁损损失		*		*	*	*
9	九、办公费		*		*	*	*
10	十、董事会费		*		*	*	*
11	十一、租赁费					*	*
12	十二、诉讼费		*		*	*	*
13	十三、差旅费		*		*	*	*
14	十四、保险费		*		*	*	*
15	十五、运输、仓储费					*	*
16	十六、修理费					*	*

续表

行次	项　目	销售费用	其中：境外支付	管理费用	其中：境外支付	财务费用	其中：境外支付
		1	2	3	4	5	6
17	十七、包装费		*		*	*	*
18	十八、技术转让费					*	*
19	十九、研究费用					*	*
20	二十、各项税费		*		*	*	*
21	二十一、利息收支	*	*	*	*	120 000.00	
22	二十二、汇兑差额	*	*	*	*		
23	二十三、现金折扣	*	*	*	*		*
24	二十四、其他						
25	合计（1+2+3+…24）	605 000.00		2 020 000.00		120 000.00	

A105050

表 7-20　职工薪酬纳税调整明细表

行次	项　目	账载金额	税收规定扣除率	以前年度累计结转扣除额	税收金额	纳税调整金额	累计结转以后年度扣除额
		1	2	3	4	5（1-4）	6（1+3-4）
1	一、工资薪金支出	2 000 000.00	*	*	2 000 000.00		*
2	其中：股权激励		*	*			*
3	二、职工福利费支出	300 000.00	14%	*	280 000.00	20 000.00	*
4	三、职工教育经费支出	20 000.00	*	10 000.00	30 000.00	-10 000.00	
5	其中：按税收规定比例扣除的职工教育经费	20 000.00	2.5%	10 000.00	30 000.00	-10 000.00	
6	按税收规定全额扣除的职工培训费用		100%	*			*
7	四、工会经费支出	280 000.00	2%	*	40 000.00	240 000.00	*
8	五、各类基本社会保障性缴款		*	*			*
9	六、住房公积金		*	*			*
10	七、补充养老保险		5%	*			*
11	八、补充医疗保险		5%	*			*
12	九、其他		*				
13	合计（1+3+4+7+8+9+10+11+12）	2 600 000.00	*	10 000.00	2 350 000.00	250 000.00	*

A105060

表 7-21 广告费和业务宣传费跨年度纳税调整明细表

行次	项 目	金 额
1	一、本年广告费和业务宣传费支出	5 000.00
2	减：不允许扣除的广告费和业务宣传费支出	
3	二、本年符合条件的广告费和业务宣传费支出（1-2）	5 000.00
4	三、本年计算广告费和业务宣传费扣除限额的销售（营业）收入	5 602 000.00
5	税收规定扣除率	15.00%
6	四、本企业计算的广告费和业务宣传费扣除限额（4×5）	840 300.00
7	五、本年结转以后年度扣除额（3>6，本行=3-6；3≤6，本行=0）	
8	加：以前年度累计结转扣除额	
9	减：本年扣除的以前年度结转额［3>6，本行=0；3≤6，本行=8或（6-3）孰小值］	
10	六、按照分摊协议归集至其他关联方的广告费和业务宣传费（10≤3或6孰小值）	
11	按照分摊协议从其他关联方归集至本企业的广告费和业务宣传费	
12	七、本年广告费和业务宣传费支出纳税调整金额（3>6，本行=2+3-6+10-11；3≤6，本行=2+10-11-9）	
13	八、累计结转以后年度扣除额（7+8-9）	

A105000

表 7-22 纳税调整项目明细表

行次	项 目	账载金额	税收金额	调增金额	调减金额
		1	2	3	4
1	一、收入类调整项目（2+3+4+5+6+7+8+10+11）	*	*		
2	（一）视同销售收入（填写A105010）	*			*
3	（二）未按权责发生制原则确认的收入（填写A105020）				
4	（三）投资收益（填写A105030）				
5	（四）按权益法核算长期股权投资对初始投资成本调整确认收益	*	*	*	
6	（五）交易性金融资产初始投资调整	*	*		*
7	（六）公允价值变动净损益	*	*		
8	（七）不征税收入	*	*		
9	其中：专项用途财政性资金（填写A105040）	*	*		
10	（八）销售折扣、折让和退回				
11	（九）其他				
12	二、扣除类调整项目（13+14+15+16+17+18+19+20+21+22+23+24+26+27+28+29）	*	*	250 000.00	

行次	项　目	账载金额	税收金额	调增金额	调减金额
		1	2	3	4
13	（一）视同销售成本（填写A105010）	*		*	
14	（二）职工薪酬（填写A105050）	2 600 000.00	2 350 000.00	250 000.00	
15	（三）业务招待费支出				*
16	（四）广告费和业务宣传费支出（填写A105060）	*	*		
17	（五）捐赠支出（填写A105070）				*
18	（六）利息支出				
19	（七）罚金、罚款和被没收财物的损失		*		
20	（八）税收滞纳金、加收利息		*		*
21	（九）赞助支出		*		*
22	（十）与未实现融资收益相关在当期确认的财务费用				
23	（十一）佣金和手续费支出				*
24	（十二）不征税收入用于支出所形成的费用	*	*		*
25	其中：专项用途财政性资金用于支出所形成的费用（填写A105040）	*	*		*
26	（十三）跨期扣除项目				
27	（十四）与取得收入无关的支出		*		*
28	（十五）境外所得分摊的共同支出	*	*		*
29	（十六）其他				
30	三、资产类调整项目（31+32+33+34）	*	*		
31	（一）资产折旧、摊销（填写A105080）	20 000.00	20 000.00		
32	（二）资产减值准备金		*		
33	（三）资产损失（填写A105090）				
34	（四）其他				
35	四、特殊事项调整项目（36+37+38+39+40）	*	*		
36	（一）企业重组（填写A105100）				
37	（二）政策性搬迁（填写A105110）	*	*		
38	（三）特殊行业准备金（填写A105120）				
39	（四）房地产开发企业特定业务计算的纳税调整额（填写A105010）	*			
40	（五）其他	*	*		
41	五、特别纳税调整应税所得	*	*		
42	六、其他	*	*		
43	合计（1+12+30+35+41+42）	*	*	250 000.00	

A107010

表 7-23　免税、减计收入及加计扣除优惠明细表

行次	项　　目	金　额
1	一、免税收入（2+3+4+5）	5 000.00
2	（一）国债利息收入	5 000.00
3	（二）符合条件的居民企业之间的股息、红利等权益性投资收益（填写 A107011）	
4	（三）符合条件的非营利组织的收入	
5	（四）其他专项优惠（6+7+8+9+10+11+12+13+14）	
6	1. 中国清洁发展机制基金取得的收入	
7	2. 证券投资基金从证券市场取得的收入	
8	3. 证券投资基金投资者获得的分配收入	
9	4. 证券投资基金管理人运用基金买卖股票、债券的差价收入	
10	5. 取得的地方政府债券利息所得或收入	
11	6. 受灾地区企业取得的救灾和灾后恢复重建款项等收入	
12	7. 中国期货保证金监控中心有限责任公司取得的银行存款利息等收入	
13	8. 中国保险保障基金有限责任公司取得的保险保障基金等收入	
14	9. 其他	
15	二、减计收入（16+17）	
16	（一）综合利用资源生产产品取得的收入（填写 A107012）	
17	（二）其他专项优惠（18+19+20）	
18	1. 金融、保险等机构取得的涉农利息、保费收入（填写 A107013）	
19	2. 取得的中国铁路建设债券利息收入	
20	3. 其他	
21	三、加计扣除（22+23+26）	
22	（一）开发新技术、新产品、新工艺发生的研究开发费用加计扣除（填写 A107014）	
23	（二）安置残疾人员及国家鼓励安置的其他就业人员所支付的工资加计扣除（24+25）	
24	1. 支付残疾人员工资加计扣除	
25	2. 国家鼓励的其他就业人员工资加计扣除	
26	（三）其他专项优惠	
27	合计（1+15+21）	5 000.00

A106000

表 7-24　企业所得税弥补亏损明细表

行次	项目	年度	纳税调整后所得	合并、分立转入（转出）可弥补的亏损额	当年可弥补的亏损额	以前年度亏损已弥补额					本年度实际弥补的以前年度亏损额	可结转以后年度弥补的亏损额
						前四年度	前三年度	前二年度	前一年度	合计		
			1	2	3	4	5	6	7	8	9	10	11
1	前五年度	2012											*
2	前四年度	2013				*						
3	前三年度	2014				*	*					
4	前二年度	2015	−225 002.00		−225 002.00	*	*	*	107 202.00	107 202.00	117 800.00	
5	前一年度	2016	107 202.00			*	*	*	*	*		
6	本年度	2017	1 545 000.00			*	*	*	*	*	117 800.00	
7	可结转以后年度弥补的亏损额合计											

7.3　所得税纳税审核服务实务

7.3.1　个人所得税纳税审核服务实务

对个人所得税的计税依据，应按不同项目分别审核。在日常代理业务中，涉及业务比较普遍的是工资、薪金所得，劳务报酬所得，利息、股息、红利所得。

1. 工资、薪金所得审核要点

1）工资、薪金收入的审核

（1）非外籍人员个人工资、薪金收入的审核要点。

① 审核代扣代缴义务人代扣的税款是否及时申报缴纳。

② 对没有履行税法规定代扣代缴个人所得税的审核。

③ 审核纳税人一个月内从两个或两个以上单位或个人处取得工资、薪金所得，或者取得两次或两次以上的工资、薪金是否按规定合并计算纳税，有无分别计算而少纳税款的问题。

④ 对纳税人或扣缴义务人代扣代缴税款情况检查时，还应检查有无扩大减除费用标准或分次多扣费用的情况；有无虚列人数，降低工资、薪金所得水平的现象。

（2）外籍人员个人（包括港澳台同胞）工资、薪金收入的审核要点。

① 外籍人员个人在境内担任企业董事或高层管理职务，在境内连续或累计居住超过90天，或者在税收协定规定期间在境内连续累计居住超过183天但不满一年的个人，是否对以前月份来源于中国境内而由境外支付的所得一并申报纳税。

② 外商投资企业的董事长同时担任企业直接管理职务，应核查其是否分别就董事长身份取得董事费和以雇员身份取得工资、薪金所得缴纳个人所得税。对以董事费名义和分红形式取得的收入，应划分从事企业日常管理工作每月应取得的工资、薪金，按工资、薪金所得计算纳税。

③ 企业以实物向雇员提供福利，如向外籍雇员提供的汽车、住房等个人消费品，应根据不同情况做不同的纳税处理。税务师应核查所购房屋不动产权证和车辆发票，如房屋不动产权证和车辆发票均填写职员姓名，并满足一定条件后，房屋、车辆属于职员，这种情况应按规定申报纳税。纳税义务发生时间为取得实物的当月，将实物折合为现金，在规定工作年限内（高于5年的按5年计算）按月平均计算纳税。

2）税前扣除额审核要点

（1）根据纳税人"工资结算单"对照个人所得税计算表，逐项核实扣除项目，如有无以误餐费的名义向职工发放补贴不计入工资收入而作为税前扣除的。

（2）纳税人从两个或两个以上的单位和个人处取得工资、薪金所得，应根据"个人所得税月份申报表"和"扣缴个人所得税报告表"审核有无重复计算扣除问题。

3）应纳税所得额的审核要点

（1）核查个人所得税的计算方法。对于企业为个人负担税款的，应核查是否按规定将不含税工资、薪金收入换算成含税所得计算纳税；个人一次取得数月奖金或年终加薪、劳动分红，是否单独作为一个月的工资、薪金所得计算所纳税款，有无重复扣除费用问题。

（2）核查计算个人所得税适用的税率和速算扣除数是否正确。

（3）对于居民纳税人来源于中国境外的应税所得，按照该国税法规定实际已缴纳的个人所得税额，核查是否持有完税凭证原件，扣除额是否超过按税法规定计算的扣除限额。

2. 其他应税所得审核

1）劳务报酬所得审核要点

企业向个人支付劳务报酬，一般是到税务机关代开"临时经营发票"，首先应审核企业取得发票是否合法，是否按规定计算纳税。纳税人为个人负担税款时，应审核是否将不含税的劳务报酬收入换算成含税劳务报酬收入。

【例7-4】工程师张某2018年3月为某工业企业提供设计服务，取得设计收入5 000元，按协议由支付单位代其缴纳个人所得税。该企业做以下处理

$$(5\ 000-3\ 500)\times 3\% = 45\ (元)$$

税务师审核后提出调整意见如下。

该工程师不属于该企业的雇员，该企业与该工程师之间不存在雇佣关系，该工程师提供设计服务属于独立劳务活动，所以应按"劳务报酬所得"税目计算缴纳个人所得税。由于个人所得税税款是由企业负担，应将不含税劳务报酬收入换算成含税劳务报酬收入。其具体计算如下

　　　　应纳税所得额 = [5 000×（1−20%）] / [1−20%×（1−20%）] = 4 761.90（元）

　　　　应纳税额 = 4 761.90×20% = 952.38（元）

　　　　应补税额 = 952.38−45 = 907.38（元）

　　财务调整：

　　借：营业外支出　　　　　　　　　　　　　　　　　　　　　　　　907.38

　　　　贷：银行存款　　　　　　　　　　　　　　　　　　　　　　　907.38

　　2）利息、股息、红利所得审核要点

　　（1）企业向个人支付利息的审核。根据"财务费用"明细分类账借方发生额、"其他应付款"明细分类账贷方发生额等有关凭证，了解企业是否有职工个人集资，核查企业支付集资利息费用，对于支付的集资是否按规定代扣代缴税款，企业为个人负担税款的是否将不含税的利息收入换算成含税的收入纳税，对职工个人出资缴纳的风险抵押金利息收入是否按利息所得处理。

　　（2）企业向个人支付股息、红利的审核。根据企业"利润分配——应付利润"明细分类账及有关原始凭证，审核支付对象有无个人，对于外国投资者从企业取得的股息（利润）、红利暂免征收个人所得税，对于我国公民取得的股息、红利应按规定纳税。

　　3）对捐赠扣除计税的审核要点

　　（1）审核纳税人的公益性捐赠是否通过我国境内的非营利性的社会团体、国家机关。税法规定，只有通过社会团体、国家机关的捐赠才允许从应纳税所得额中扣除。未经过上述机关、团体的捐赠，即由纳税人直接向受益人的捐赠不得扣除。

　　（2）审核捐赠款是否用于教育事业、其他公益事业，以及遭受自然灾害的地区或贫困地区，捐赠款是否超过允许扣除的比例。不符合以上条件的，不予在税前扣除。防止纳税人利用公益性捐赠扣除项目少缴纳税款。

　　（3）纳税人通过社会团体、国家机关的公益性捐赠超过扣除限额的部分，应由纳税人自行负担，不得以任何形式抵减税款。

7.3.2　企业所得税纳税审核服务实务

　1. 收入总额的审核

　　收入总额的审核包括主营业务收入的审核，其他业务收入的审核、投资收益的审核和营业外收入的审核。

　1）主营业务收入的审核

　　（1）审核主营业务收入的会计处理是否正确。

　　①对应账户为"在建工程"等，应注意是否为在建工程领用产品，未通过主营业务收入账户，漏计收入。

　　②对应账户为"销售费用""管理费用"等，应注意是否将产品作为馈赠礼物。

　　③对应账户为"银行存款""库存现金""应收账款"，应注意其价格是否正常，有无低估收入等情况。

　　④对应账户为"原材料"等存货类账户，应注意是否存在以物易物，互不开销售发票，从而少计收入的情况。

　　（2）审核应税收入与不征税收入和免税收入的划分是否正确。根据税法规定，收入总额中的下列收入为不征税收入：财政拨款；依法收取并纳入财政管理的行政事业性收费、政府性基金；国务院规定的其他不征税收入。

企业的下列收入为免税收入：国债利息收入；符合条件的居民企业之间的股息、红利等权益性投资收益；在我国境内设立机构、场所的非居民企业从居民企业取得与该机构、场所有实际联系的股息、红利等权益性投资收益；符合条件的非营利组织的收入。

审核人员要注意企业有无错将应税收入当作不征税收入或免税收入从收入总额中予以扣除，减少应纳税所得额的问题。

2）其他业务收入的审核

（1）审核其他业务收入的入账时间和入账金额是否正确，是否有漏计其他业务收入的情况，或者通过往来账少计其他业务收入。

（2）审核其他业务收入的账务处理是否正确，是否存在将不属于其他业务收入的业务收入记入本账户。审核时，可根据"其他业务收入"明细分类账借方或贷方发生额，调阅会计凭证核实。

3）投资收益的审核

（1）投资收益会计处理方法的审核。投资收益是企业在对外进行股票、债券或其他投资活动中取得的收益。其主要包括企业在对外投资中分得的利润、股利和债券利息，投资到期收回或中途转让取得款项高于账面价值的差额，以及按照权益法核算的股票投资在被投资单位增加的净资产中所拥有的数额。

（2）股票投资收益的审核。当公司股票投资拥有的股权不对被投资公司的经营决策有重大影响时，应采用成本法。当公司股票投资对被投资公司的经营能施加重大影响时，应采用权益法。

采用"成本法"核算的企业，其审核要点包括公司在未收回投资前，有无对"长期股权投资"账户的账面价值进行调整；公司有无将收到的股利，不作当期投资收益处理。

采用"权益法"核算的企业，其审核要点包括核实投资公司的投资额；通过会计师事务所或发行公司所在地税务机关，核查发售股票公司的盈利或亏损数额，对其盈利或亏损数额应取得审定单位的法定证明；审核企业是否按投资比例计算所拥有权益的增加。在审核过程中，必须对投资双方的有关资料进行核对，查看是否一致。

（3）债券投资收益的审核。对债券投资收益的审核，首先，审核应计利息是否正确。审核企业债券投资是否按债券的票面利率计提应计利息，计算是否正确；审核应计利息是否记入"投资收益"账户，有无漏计、少计或转作他用的情况。其次，审核溢价或折价摊销额的计算是否正确。最后，审核债券的转让收入与原账面金额的差额是否记入"投资收益"账户，同时，还要注意审查"投资收益"账户的期末余额是否转入"本年利润"账户，有无长期挂账不做本年收益处理的情况。

此外，对其他投资的审核，应注意收回其他投资时，其收回的投资与投出资金的差额，是否做了增减投资收益处理。

4）营业外收入的审核

营业外收入是指企业发生与生产经营没有直接联系的收入。作为营业外收入，不属于经营性收入，不缴纳税金，直接构成利润总额的组成部分。营业外收入包括固定资产盘盈、处理固定资产净收益、罚款收入、确实无法支付而应转作营业外收入的应付款项、教育费附加返还款等。对营业外收入审核的主要内容和方法如下。

（1）审核应属于营业外收入的项目，有无不及时转账，长期挂"其他应付款""应付账款"账户的。有些企业将应反映在营业外收入中的各种收入通过各种方式反映在"应付账款""应付职工薪酬""其他应付款"等账户中或作为账外"小金库"。

（2）审核有无将营业外收入直接转入企业税后利润，甚至做账外处理或直接抵付非法支出的。

2. 税前准予扣除项目和标准的审核

主营业务成本是企业在一定时期内（如一个纳税年度）已实现销售的产品制造成本，它是用已销产品数量乘以单位制造成本计算出来的。

1）材料费用的审核

材料费用审核的主要内容如下。

（1）审核材料收发、领退的各种原始凭证是否完整，内容是否真实齐全，材料收入的计价是否正确，是否符合财务会计制度规定。

（2）企业有无将购进材料直接记入生产费用账户，多计材料消耗的。

（3）有无以领代耗，对生产已领未用材料月末不办理退料或办理假退料手续，加大当月生产成本的。

（4）有无将生产经营过程中回收的有利用价值的各种边角余料、下脚料不作价入账，长期留在账外，不冲减生产成本的；有无不按规定的方法计算发出材料单价（按实际成本时）、材料成本差异率和发出材料应负担差异额（按计划成本时），随意多计材料成本或多（少）转材料成本差异的。

（5）有无把非生产部门领用的材料计入生产成本的。

审核的主要方法是对于直接材料成本的审核，一般应从审阅材料和生产成本明细分类账入手，抽查有关的费用凭证，验证企业产品直接耗用材料的数量，计价和材料费用分配是否真实合理。

2）低值易耗品的审核

（1）低值易耗品和固定资产界限的审核。核查企业有无将属于固定资产的生产资料按照低值易耗品处理，增加当期成本的问题。

（2）低值易耗品摊销的审核。对采用"一次摊销法"的，应核查"低值易耗品"明细分类账的贷方发生额与"制造费用""管理费用""其他业务支出"明细分类账的借方发生额，注意有无以购代耗的问题。对采用"分期摊销法"的，应核查"低值易耗品"的贷方发生额与"长期待摊费用""递延资产"明细分类账的借方发生额，核查有无缩短摊销期限、提高摊销额，加速摊销的问题。对采用"五五摊销法"的，应核查"低值易耗品——在库低值易耗品"账户的贷方发生额，与"低值易耗品——在用低值易耗品"账户的借方发生额，注意有无将未用的低值易耗品摊入当期成本的问题。

（3）低值易耗品残值收入的审核。根据领用部门填写的"低值易耗品报废单"核查使用期限、残值估价是否合理，报废的低值易耗品收回残料作价是否冲销已摊销价值，有无留在账外不入账或挂往来账的问题。

3）包装物的审核

（1）包装物出租收入的核查。根据"包装物——出租包装物"明细分类账借方发生额，查明包装物出租的时间和租金收入，与其他业务收入贷方发生额相核对，审核企业有无将租金收入长期挂往来账的情况。

（2）逾期包装物押金收入的核查。根据"包装物——出租包装物"和"包装物——出借包装物"明细分类账的借方发生额，查明包装物出租、出借时间和期限，通过审核"其他应付款——存入保证金""营业外收入"账户，收取包装物押金时开具的收款发票存根联等，审核有无逾期押金长期未清理，隐瞒租金收入的问题。

4）材料盘盈、盘亏的审核

审核"待处理财产损溢——待处理流动资产损溢"明细分类账，与材料盘点表相核对，核实申报的材料盘盈、盘亏数量是否相符，审查有无擅自将盘亏转账处理，盘盈长时间挂账不做处理的问题。

5）工资及"三项费用"的审核

工资是企业根据职工的劳动数量和质量以货币形式支付给职工个人的劳动报酬。"三项费用"是指按工资总额一定比例提取的职工福利费、职工工会经费和职工教育经费。工资及"三项费用"数量的多少，直接影响到产品成本的大小和企业经营成果，从而最终影响企业纳税额，所以对工资及"三项费用"的审核十分必要。

（1）审核纳税人实际支出的工资总额，是否符合税法规定的内容，是否存在将非工资性的支出列入工资总额。

（2）审核纳税人有无将应由管理费用列支的离退休职工工资及6个月以上病假人员工资计入生产成本；有无将在建工程，固定资产安装、清理等发生的工资计入生产成本。

（3）有无将不属于本企业人员的工资列入本企业的工资支出；有无弄虚作假、重复列支工资，扩大成本、费用的。

（4）工资费用、"三项费用"的列支是否符合税法规定的准予税前扣除的标准和条件。

6）制造费用的审核

制造费用是指企业为生产产品（或提供劳务）而发生的各项间接费用，应该计入产品制造成本。对其审核的主要内容和方法如下。

（1）审核制造费用列支范围是否正确。如将不属于制造费用内容的支出列作制造费用；将属于期间费用支出列作制造费用；将不属于当月列支的费用列入当月制造费用；将属于制造费用列支的项目未列作制造费用。

（2）审核是否有任意提高费用开支标准，加大成本的制造费用项目。如用缩短固定资产使用年限或扩大提取折旧的固定资产的范围、提高折旧率等方法，增大计入制造费用的折旧率，加大产品成本，少计利润，减缓企业应缴纳的企业所得税。

7）产品制造成本的审核

产品制造成本是工业企业生产某个种类和一定数量产品所发生的各项生产费用的总和，它反映生产费用的最终归宿，是正确计算利润的基础。

（1）生产费用归集、分配的审核。生产费用的归集前面已讲述，不再重复。生产费用分配审核主要应从企业采用的分配标准、应分配的金额和分配率等方面进行。

① 审核企业对各项费用的分配采用的分配标准是否适当。

② 审核"费用分配表"的分配费用总额与该项费用账户的发生额是否相符。

③ 审核生产费用分配率的计算是否正确，分配给各产品的费用与应负担的生产费用是

否相符。根据"费用分配表"可用以下公式计算

$$费用分配率=[应分配费用总额/费用分配标准总数]×100\%$$

$$某种产品应负担的费用=某种产品的分配标准×费用分配率$$

通过复核，如发现有错，应查明原因，予以调整。

（2）产品成本计算的审核。对产品成本的计算主要是核实完工产品的成本是否正确、真实，重点是检查本期发生的成本分配是否合理。

工业企业完工产品的成本按下列公式计算

$$完工产品总成本=期初在产品成本+本期发生的生产费用-期末在产品成本$$

由此可见，期末在产品成本计算是否正确，直接影响完工产品成本计算的正确性。

（3）在产品成本计算的审核。

① 在产品数量的审核。在产品成本核算是成本计算工作中既重要又复杂的工作，包括在产品数量的核算和在产品成本的计算。

② 在产品成本计算的审核。所谓在产品成本计算，是指采用一定的方法将全部生产费用在在产品和完工产品之间进行分配，从而确定在产品成本，企业根据在产品批数的多少，各月在产品数量变化的大小，各项费用比例的大小，以及定额管理基础的好坏等具体条件，选择既合理又较简便的分配方法，将生产费用在完工产品和在产品之间进行分配。目前，常采用的几种分配方法是：不计算在产品成本法；按年初数固定计算在产品成本法；在产品按所耗原材料费用计价法；约当产量比例法；在产品成本按完工产品成本计算法；在产品按定额成本计价法和定额比例法。无论选用哪种方法，都必须适合企业的生产特点和管理对成本资料的要求。

（4）本期产成品总成本计算的审核。本期产成品总成本是由"产品成本计算单"中期初余额加本期借方发生额减期末在产品成本构成的，由于本期期初余额也就是上期在产品期末余额，因此，审核在产品成本之后，对产品总成本的审核，只需对本期借方发生额做一般的审核核对即可。重点是审核期末剩料退库和有价值的边角余料的回收，是否冲减了当期产品的生产成本。

在当期产成品总成本计算的审核中，还应注意以下几个问题。

首先，在产品成本核算中，有意加大产成品成本。例如，企业采用综合逐步结转分步法计算产品成本，自制半成品由上一步骤转入下一步骤，直到制成成品为止，在自制半成品转移过程中，加大由上一步骤转到下一步骤自制半成品成本，这样就加大了产成品的成本。

审核人员应审阅自制半成品的明细分类账，在审阅过程中发现有关产品的自制半成品的明细分类账月末余额为红字，需进一步查询，确定问题。

其次，企业把新开发的产品试制费，计入产成品的成本中，加大产成品成本。企业产成品成本核算，应把新开发的产品作为成本计算对象，设置明细分类账，按成本项目归集费用，未将新开发的产品费用，由"生产成本——基本生产成本"账户贷方转入"管理费用——新技术开发费"账户的借方。应审核企业对新开发的产品是否单独设置明细分类账，把新产品试制费分配到产成品成本中去。

审核人员应首先审阅生产计划，发现有新产品试制的，再进一步审核新产品试制计划及生产成本计算单，经查询、落实后，确定问题。

最后，企业在生产主要产品的同时，如果有副产品产出，企业成本核算应采用分类法核

算产品成本，即应把生产主要产品的费用，采用一定的方法扣除副产品成本，所得的差异额为主要产品成本。

8）主营业务成本的审核

主营业务成本是企业已销产品的实际制造成本，由产品销售数量乘以单位制造成本构成。对其审核的主要内容和方法如下。

由于产品销售成本是由销售数量和单位制造成本构成的，所以应主要审核有无不按销售产品的数量计算和结转销售成本，造成产品销售成本不实的；有无不按加权平均法（或先进先出法、移动平均法等）计算和结转销售成本，造成多转或少转销售成本的；有无将销货退回只冲减销售收入，不冲减销售数量，不做销售退回处理的；有无不按月计算和结转销售成本应分担的产品成本差异的；有无将在建工程领用产成品、自制半成品计在产品销售成本中，而又不做销售收入的；有无不按当月实际发生额计算工业性劳务收入和结转工业性劳务成本，造成多转或少转成本的。

9）期间费用及支出的审核

期间费用是指企业行政管理部门为组织和管理生产经营活动，筹集资金、组织产品销售而发生的各项费用，包括企业的管理费用、财务费用，以及为销售产品和提供劳务而发生的销售费用、进货费用。

（1）管理费用的审核。

① 固定资产折旧费的审核。主要审核有无将未使用、不需用、已提足折旧、报废或经营租赁方式租入的固定资产计提折旧的；有无将当月购进和使用的固定资产当月计提折旧的；有无任意改变折旧方法或不按规定加速折旧的。

固定资产折旧的审核方法如下。

首先，从"累计折旧"账户贷方查看各月提取的折旧金额是否均衡，如发现有的月份折旧额突然增加或减少，应做进一步审核，查看是否有多提和少提折旧的问题。

其次，通过"固定资产登记簿"和"固定资产折旧表"，对照审核固定资产残值和折旧年限的确定是否符合规定，折旧额计算是否正确，有无擅自改变折旧方法的。

最后，审核"固定资产登记簿"和"固定资产卡片"，核实未使用、不需用、报废、已提足折旧的情况，从而审定计提折旧的范围。

固定资产修理费的审核主要审核修理费用的支出是否真实，有无人为扩大修理费用，造成制造费用、管理费用不实的。

固定资产修理费审核的方法可根据"制造费用""管理费用"账户修理费用项目的发生额与"长期待摊费用""递延资产"明细分类账对照，结合原始凭证进行审核，各项支出的内容是否真实，有无将应构成固定资产原值的支出作为修理费用入账，各项支出的单据是否合法有效，并归属于本期应摊销的费用；有无违反规定计提大修理基金的；年终预提修理费结余数是否抵减有关费用，跨年度修理费用有无提前摊销的。

② 无形资产摊销的审核。审核的内容：主要审核外购无形资产入账的价值，付款的期限与合同协议是否一致，有无虚列冒报的；已作为技术转让费在费用中列支的使用非专利技术的支出，有无错按无形资产入账重复摊销的；无形资产的摊销年限不得低于 10 年。

审核的方法是根据"无形资产"账户借方发生额，结合其原始凭证，审核入账的金额是否真实，然后根据"累计摊销"账户贷方发生额审核其摊销期限和金额是否正确。

③ 开办费摊销的审核。对开办费摊销进行审核，主要审核开办费入账金额是否真实，各项费用开支是否有合法的原始凭证，各项费用的开支标准是否超过国家或本企业的有关规定，有无将计入固定资产和无形资产构建成本的支出列入开办费的；有无将应由投资者负担的费用支出列入开办费的；有无费用计入开办费的；开办费的摊销期限及摊销账务处理是否合理、合规。

④ 业务招待费的审核。对业务招待费的审核，主要查看列入业务招待费的支出是否真实、合理、合法，有无将请客送礼等违反财经纪律的支出列入管理费用的；有无将不属于业务经营的费用或不合理的支出列入管理费用的；对超限额列支的业务招待费在计算应纳税所得额时是否做调增处理。

⑤ 坏账损失的审核。2008 年 1 月 1 日前按照原企业所得税法规定计提的各类准备金，2008 年 1 月 1 日以后，未经财政部和国家税务总局核准的，企业以后年度实际发生的相应损失，应先冲减各项准备金余额。

⑥ 技术开发费的审核要点。一个纳税年度中实际发生的下列费用支出，允许在计算应纳税所得额时按照规定实行加计扣除。

- 新产品设计费、新工艺规程制定费，以及与研发活动直接相关的技术图书资料费、资料翻译费。
- 从事研发活动直接消耗的材料、燃料和动力费用。
- 在职直接从事研发活动人员的工资、薪金、奖金、津贴、补贴。
- 专门用于研发活动的仪器、设备的折旧费或租赁费。
- 专门用于研发活动的软件、专利权、非专利技术等无形资产的摊销费用。
- 专门用于中间试验和产品试制的模具、工艺装备开发及制造费。
- 勘探开发技术的现场试验费。
- 研发成果的论证、评审、验收费用。

企业根据财务会计核算和研发项目的实际情况，对发生的研发费用进行收益化或资本化处理的，可按下述规定计算加计扣除：研发费用计入当期损益未形成无形资产的，允许再按其当年研发费用实际发生额的 50%，直接抵扣当年的应纳税所得额。

研发费用形成无形资产的，按照该无形资产成本的 150% 在税前摊销。除法律另有规定外，摊销年限不得低于 10 年。

⑦ 固定资产租赁费的审核要点。根据税法规定，纳税人因生产、经营需要租入固定资产所支付的租赁费可以于税前扣除。但是，这里的固定资产租赁费用是指以经营租赁方式租入固定资产而发生可以列入管理费用财产核算的租赁费。

⑧ 补充养老保险费、补充医疗保险费的审核要点。自 2008 年 1 月 1 日起，企业根据国家有关政策规定，为在本企业任职或受雇的全体员工支付的补充养老保险费、补充医疗保险费，分别在不超过职工工资总额 5% 的标准内的部分，在计算应纳税所得额时准予扣除；超过的部分，不予扣除。

管理费用的审核要点，除前面有关项目的内容外，还有一些其他费用项目，其检查主要是根据列支的项目对照制度规定，结合原始凭证，审核其真实性、合法性、合理性，以及应在本期列支的，是否拖后列支，不在本期列支的，是否提前列支。同时，要划分资本支出和收益支出的界限，防止将固定资产、在建工程的支出作为管理费用列支。

（2）销售费用的审核。税务师应注意审核其开支是否属于销售费用的范围，有无将应计入材料采购成本的外地运杂费、应向购货方收回的代垫费用、业务应酬费开支，以及违反财经纪律的开支列入销售费用的；开支是否属实，有无虚报冒领、营私舞弊的；销售费用在产品之间的分配是否正确；企业支付的手续费及佣金支出是否符合税前扣除的标准及条件，根据现行税法规定，企业发生与生产经营有关的手续费及佣金支出，不超过规定计算限额以内的部分，准予扣除；超过部分，不得扣除。

（3）财务费用的审核。

① 利息净支出的审核。利息支出的审核，主要审核企业是否将资产性利息支出，作为生产经营期间的利息支出列入财务费用，如购建固定资产在尚未完工交付使用前发生的利息费用不计入固定资产价值，而列入财务费用；列入财务费用的利息支出金额是否超出规定的准予列支标准；有无利息收入不抵减利息支出的；长期借款利息有无人为调节利润而不按期限均衡提取的；对于投资者投资未到位而发生的利息支出是否按税法规定计算出不得扣除的金额从税前予以剔除，凡企业投资者在规定期限内未缴足其应缴资本额的，该企业对外借款所发生的利息，相当于投资者实缴资本额与在规定期限内应缴资本额的差额应计付的利息，其不属于企业合理的支出，应由企业投资者负担，不得在计算企业应纳税所得额时扣除。

具体计算不得扣除的利息，应以企业一个年度内每一账面实收资本与借款余额保持不变的期间作为一个计算期，每一计算期内不得扣除的借款利息按该期间借款利息发生额乘以该期间企业未缴足的注册资本占借款总额的比例计算。其公式为

$$\text{企业每一计算期不得扣除的借款利息} = \text{该期间借款利息额} \times \frac{\text{该期间未缴足注册资本额}}{\text{该期间借款额}}$$

企业一个年度内不得扣除的借款利息总额为该年度内每一计算期不得扣除的借款利息额之和。

② 汇兑损益的审核。对汇兑损益，主要审核汇兑损益的计算方法是否正确，企业是否按规定时间确定汇兑损益；核对所用汇率是否正确；对于从筹建期间汇兑损益转入的，应查明其摊销方法在前后期是否保持一致，摊销金额是否正确。

10）营业外支出的审核

（1）对营业外支出的审核内容。有无扩大营业外支出范围的，如将应计入"在建工程"的基建费用，应从税后利润支出的非公益救济性捐赠，各项罚款、滞纳金，以及违反财经纪律的支出列入营业外支出，在计税时未做剔除。

有无不按规定要求支出的，如有些企业停工损失的界限混淆，将季节性和修理性停工损失，列入营业外支出；对公益救济性捐赠超支部分，在计税时未做剔除。税法规定，纳税人用于公益、救济性的捐赠，在年度利润总额12%以内的部分，准予在计算应纳税所得额时扣除。

有无擅自列支固定资产净损失和非常损失的。

（2）审核方法。根据"营业外支出"明细分类账借方发生额，对摘要栏内容进行逐笔审核，对金额较大、登记摘要不明的，应重点审核记账凭证和原始凭证所反映的经济内容，鉴别、分析是否应列入营业外支出。

对一些有列支标准的项目，要审核是否符合规定的标准，如将营业外支出账上列支的公益救济性捐赠数额，与按规定的标准和计算办法计算出的法定限额对照，对超支部分应在计

税时剔除并调增应纳税所得额。

企业当期发生的公益救济性捐赠不足年度利润总额 12% 的部分应据实扣除。

11）其他业务成本的审核

（1）审核"其他业务成本"是否符合配比原则，有无少计、多计或不计成本费用的现象。

（2）审核其成本结转的计算方法是否正确。对于材料物资出售结转成本，可采用先进先出、加权平均法等计算其支出成本。

（3）审核"其他业务成本"是否有余额。审核时，应依据"其他业务成本"账户的借方发生额进行，对偏高的月份进行重点审核，并注意审核"本年利润"账户，查看其期末结转是否正确，"其他业务成本"有无余额。

12）税金审核要点

税金及附加的审核，主要从税金及附加的预提、缴纳、结算三个方面进行，查看有无多提少缴或不缴的情况。

（1）预提税金及附加的审核。对预提税金及附加的审核，应在核实销售收入和适用税率的基础上，认真查阅"应交税费"账户，查看贷方发生额与纳税申报表上计提的应交税费及税金附加是否一致，如果不一致，则要查明原因。防止将耕地占用税、税收罚款等记入"税金及附加"账户中核算，减少本期利润。

（2）缴纳税金的审核。企业缴纳税金在"应交税费"明细分类账户借方反映，应审核税款所属期限、实际缴纳期限是否正确，缴纳的税额是否与计提数一致，并要审阅各税完税凭证，分析缴纳税金的情况。有无提而不缴或将错提、多提的税金从"应交税费"账户借方非法转入其他账户的情况。

（3）结算税金的审核。年度终了，企业对缴纳各税的情况应进行汇算清缴，及时办理补退手续。由于年度税务检查一般是在年度决算后的次年进行，企业应补或应退的产品销售税金及附加，应在"以前年度损益调整"账户结算。而有的企业将查补上年的税款记入本年"税金及附加"账户中，抵减了本年利润，审核时要认真核实有无上述问题。

3. 适用税率及减免税的审核

1）适用税率的审核

审核企业所得税所用税率是否正确，对于小型微利企业，是否符合税法规定的条件，有无用错税率的情况。审核时，应以企业所得税申报表为依据，查看其确定的适用税率是否正确。

2）减免税的审核

（1）审核符合享受减免税条件的企业是否充分运用了优惠政策。根据税法规定，企业的下列支出，可以在计算应纳税所得额时加计扣除：① 开发新技术、新产品、新工艺发生的研究开发费用；② 安置残疾人员及国家鼓励安置的其他就业人员所支付的工资。创业投资企业从事国家需要重点扶持和鼓励的创业投资，可以按投资额的一定比例抵扣应纳税所得额。

（2）审核企业已享受的优惠政策是否有税务机关的批文。

（3）审核企业享受减免的金额计算是否正确。

3）应纳税所得额的审核

应纳税所得额的审核是在前述收入、税前扣除项目审核、计算得出会计期间利润总额的基础上，对按照税法的有关规定进行纳税调整，将会计所得调整为应纳税所得额的情况进行审核。

审核超过规定标准项目即超过税法规定标准扣除的各种成本、费用和损失，而应予调增应纳税所得额部分，包括税法中单独做出明确规定的扣除标准，也包括税法虽未单独明确规定标准，但财务会计制度已做了规定的部分。

审核不允许扣除项目是指税法不允许扣除，但企业已作为扣除项目而予以扣除的各项成本、费用和损失，应调增应纳税所得额。

（1）资本性支出。通过审核"低值易耗品""管理费用""制造费用""财务费用""长期借款""在建工程""应付债券"等账户，确认企业有无将资本性支出作收益性支出处理，有无将应资本化的利息费用作为期间费用，若有，做相关调账处理，调增应纳税所得额。

（2）无形资产受让开发支出。根据税法规定，无形资产开发支出未形成资产的部分可作为支出准予扣除，已形成的无形资产不得直接扣除，须按直线法摊销。

（3）违法经营罚款和被没收财物损失项目。此项是指纳税人生产、经营违反国家法律、法规和规章，被有关部门处以罚款及被没收财物的损失，属于计算应纳税所得额时不允许扣除的项目。

（4）税收滞纳金、罚金、罚款项目。现行会计制度允许企业将该项支出在"营业外支出"科目中核算，应通过"营业外支出""以前年度损益调整"等账户的审核，将该项支出在计算应纳税所得额时予以剔除，以调增应纳税所得额。

（5）灾害事故损失赔偿。根据税法规定，该损失赔偿的部分，在计算应纳税所得额时不得扣除，应通过"固定资产清理""待处理财产损溢""营业外支出"，以及"银行存款""其他应收款"等账户的审核，以判明企业对应该得到或已得到损失赔偿的部分账务处理是否正确，若不正确，做相关调账处理，进而调增应纳税所得额。

（6）非公益救济性捐赠。根据现行会计制度规定，该项支出也在"营业外支出"科目中核算，应通过"营业外支出"等科目的审核，以判明是否存在非公益救济性捐赠支出，若有，在计算应纳税所得额时，全额予以剔除，以调增应纳税所得额。

（7）各种赞助支出。各种非广告性质的赞助支出不得在税前列支。要注意通过对赞助支出取得原始单据的审核，以判明企业的赞助支出是否属于广告性质的赞助，若是广告性质的赞助支出，可以在所得税前列支。

（8）与收入无关的支出。这是指与企业生产经营无关的支出部分。企业任何费用支出，必须与应税收入有关。例如，企业为其他纳税人提供与本身应纳税收入无关的贷款担保，因被担保方还不清贷款由该担保纳税人承担的本息等，不得在担保企业税前扣除。

4）审核应税收益项目

应税收益是指纳税人根据税法及有关政策规定应计入应纳税所得额的收益，以及由于其他原因少提或未计入应纳税所得额而应补报的收益。税务师主要审核以下项目。

（1）无赔款优待。企业参加财产保险和运输保险，按规定缴纳的保险费用，准予扣除。保险公司给予企业的无赔款优待，须计入应纳税所得额。

（2）其他少计、未计应税收益。这是指企业应计而未计或少计应纳税所得额而应补报的收益，对属于计算上的差错或其他特殊原因而多报的收益，可用"-"号表示。

5）其他纳税调整项目的审核

其他纳税调整项目的审核主要是审核按财务制度规定计入当期会计所得，而根据现行税收规定，应从当期应纳税所得额抵减的项目。

6）外国企业常驻代表机构应纳税所得额审核要点

（1）采取查账征税方法应纳税所得额的核查。根据纳税人对外签订的合同，对照会计账簿及收支原始凭证，核查常驻代表机构的佣金、回扣收入是否全部入账，有无收入结算、支付地点在境外，或者直接支付给总机构而未计收入的情况。

（2）采取核定征税方法应纳税所得额的核查。根据纳税人的经费支出明细分类账，对照银行存款对账单，审核企业计税费用支出是否全部入账，有无应由纳税人负担但未在账面中反映的费用，如总机构直接支付给常驻代表机构雇员的工资可不入账，但属于该纳税人的经费支出。对账簿不健全、不能准确核算收入或成本费用，以及无法按查账征税办法据实申报的代表机构，核定其应纳税所得额的方式如下。

① 按经费支出换算收入。适用于能够准确反映经费支出但不能准确反映收入或成本费用的代表机构。其计算公式为

$$企业所得税应纳税额=收入额×核定利润率×企业所得税税率$$

代表机构购置固定资产所发生的支出，以及代表机构设立时或搬迁等原因所发生的装修费支出，应在发生时一次性作为经费支出额换算收入计税。

代表机构利息收入不得冲抵经费支出额，发生的实际应酬费，以实际发生数额计入经费支出额。

以货币形式用于我国境内的公益或救济性质的捐赠、滞纳金、罚款，以及为其总机构垫付的不属于其自身业务活动所发生的费用，不应作为代表机构的经费支出额。

② 按收入总额核定应纳税所得额。适用于可以准确反映收入但不能准确反映成本费用的代表机构。其计算公式为

$$企业所得税应纳税额=收入总额×核定利润率×企业所得税税率$$

代表机构的核定利润率不应低于15%。

7）外币业务的审核要点

（1）审核各相关明细分类账户，核对有关原始凭证，查看有无外部收入业务实现后未及时记账或未按规定要求记账的情况。

（2）审核企业按照记账本位币和各种外币设置的"银行存款"明细分类账户，并对各账户的期末余额按规定的方法进行核对，查看企业将外币折合成记账本位币或将记账本位币折合成外币的计算是否正确，有无错计汇兑损益，进而影响财务费用的情况。

（3）审核记账本位币和各种外币存款账户余额，并将余额的折合率同规定的人民币汇价相比较，如果期末余额的折合率高，可能是多计汇兑损失，多列财务费用。

（4）审核外币金额结算账户，对资产类账户要注意结转余额。

（5）逐项审核计算和结转汇兑损益情况，查看有无计算差错、应结转而未结转，把汇兑收益转到"实收资本""盈余公积""利润分配"或其他科目的情况。

（6）审核有无企业为购建固定资产而发生的汇兑损益，在固定资产尚未办理竣工决算

前计入损益处理的情况。

　　8）清算所得的审核要点

　　企业的全部资产可变现价值或交易价格，减除资产的计税基础、清算费用、相关税费，加上债务清偿损益等后的余额，为清算所得。企业应将整个清算期作为一个独立的纳税年度计算清算所得。

　　企业全部资产的可变现价值或交易价格减除清算费用、职工的工资、社会保险费用和法定补偿金，结清清算企业所得税、以前年度欠税等税款，清偿企业债务，按规定计算可以向所有者分配的剩余资产。

　　被清算企业的股东分得的剩余资产的金额，其中相当于被清算企业累计未分配利润和累计盈余公积中按该股东所占股份比例计算的部分，应确认为股息所得；剩余资产减除股息所得后的余额，超过或低于股东投资成本的部分，应确认为股东的投资转让所得或损失。

　　被清算企业的股东从被清算企业分得的资产应按可变现价值或实际交易价格确定计税基础。

　　审核时注意被清算企业的股东分得的剩余资产的金额，超过其投资成本的部分，是否确认投资转让所得，依法计算缴纳企业所得税。

思考与练习

一、名词解释

所得税　自行申报制度　代扣代缴制度　核定征收　关联企业

二、单项选择题

1. 下列关于企业所得税境外所得应纳税额抵扣的计算，表述不正确的是（　　　）。
   A. 纳税人来源于境外所得在境外实际缴纳的税额，低于按规定计算的扣除限额，可从应纳税额中据实扣除
   B. 纳税人来源于境外所得在境外实际缴纳的税额，超过扣除限额的，其超过的部分不得在本年度应纳税额中扣除
   C. 纳税人来源于境外所得在境外实际缴纳的税额，超过扣除限额的，其超过的部分可作为费用列支
   D. 纳税人来源于境外所得在境外实际缴纳的税额，超过扣除限额的，其超过的部分可用以后年度税额扣除的余额补扣，补扣期限最长不得超过5年

2. 德国某公司派其雇员某某到我国某企业安装、调试空调生产线，该外籍员工于2017年1月1日来华，工作期间为9个月，但其中9月份仅在我国居住15天。其工资由外方企业支付，日薪金折合人民币2 000元。则其9月份在我国应缴纳的个人所得税为（　　　）元。
   A. 6 677.25　　　　　B. 7 192.5　　　　　C. 7 125.5　　　　　D. 5 125

3. 外籍个人在中国境内担任高层管理职务，居住时间超过（　　　），对其从入境之日起来源于中国境内的所得应一并申报纳税。
   A. 30日　　　　　B. 60日　　　　　C. 90日　　　　　D. 183日

4. 下列个人为个人所得税的非居民纳税义务人的有（　　　）。

    A. 居住在香港的同胞

    B. 在美国留学的中国留学生

    C. 在中国境内定居的外国侨民

    D. 在中国境内的中国公民

5. 对公司银行贷款逾期的罚息，正确的财务或税务处理是（　　）。

    A. 罚息属于企业所得税法规定的不可以扣除的罚款支出

    B. 银行贷款发生的罚息应在企业"财务费用"科目贷方反映

    C. 罚息不属于行政罚款，类似于经济合同的违约金，可以在企业所得税税前扣除

    D. 因银行贷款发生罚息，属于与企业生产经营无关的支出，应在"营业外支出"中核算，不得在企业所得税前扣除

三、多项选择题

1. 企业所得税年度纳税申报，下列各项目应在"销售（营业）收入"栏填报的有（　　）。

    A. 转让投资用无形资产的收益　　　B. 转让经营用"土地使用权"的收益

    C. 转让固定资产的收入　　　　　　D. 自产、委托加工产品视同销售收入

2. 下列项目允许从收入总额中扣除后计算应纳税所得额的有（　　）。

    A. 转让各类固定资产发生的费用　　B. 灾害事故损失赔偿

    C. 按规定支付给总机构的管理费用　D. 因国家汇率政策调整形成的汇兑损益

3. 下列收入应计入企业收入总额，计算征收所得税的是（　　）。

    A. 对外投资入股分得的股息、红利　B. 接收的捐赠收入

    C. 物资及现金的溢余收入　　　　　D. 因意外事故而由保险公司给予的赔偿

4. 在计算企业应纳税所得额时，下列项目中允许从当期收入总额中扣除的有（　　）。

    A. 无形资产开发支出中未形成资产的部分

    B. 开发新产品、新技术而购置的单台价值在 10 万元以下的测试仪器和实验性装置的购置费

    C. 各种广告性的赞助支出

    D. 逾期归还银行贷款，支出给银行的罚息

5. 下列个人收入，属于纳税人应按"劳务报酬"所得缴纳个人所得税的有（　　）。

    A. 张某办理内退手续后，在其他单位重新就业取得的收入

    B. 供货方给予购货方业务员钱某以免收旅游费用方式奖励其境外旅游所发生的费用

    C. 陈某为供货方介绍业务，从供货方取得的佣金

    D. 演员江某到外地演出取得由当地主办方支付的演出费

四、判断题

1. 我国对小型微利企业进行照顾，其企业所得税的税率为 15%。（　　）

2. 在计算企业所得税的应纳税所得额时，业务招待费可以如实扣除，不需要调整。

    （　　）

3. 企业购买的国债的利息应缴纳企业所得税。（　　）

4. 孙某以公开拍卖形式取得的文稿收入应按稿酬征收个人所得税。（　　）

5. 一次性年终奖在计算个人所得税时应作为一个独立月份的所得征收个人所得税，即

用年终奖乘以适用税率。   （ ）

五、问答题

1. 简述代理企业所得税纳税申报的操作要点。

2. 企业所得税不可以扣除的项目包括哪些？

3. 试述个人所得税居民和非居民纳税人的区分标准。

4. 个人所得税有哪些纳税申报方式？

六、实操题

1. 中国居民李某 2017 年 6 月取得如下所得：

（1）从境内内资企业领取工资 3 500 元；

（2）从兼职的三资企业领取报酬 2 500 元；

（3）为某大型企业提供财务决策方案，取得报酬 2 000 元；

（4）将闲置房屋一套出租给甲、乙两人，分别收取 800 元和 1 000 元租金；

（5）当月收到利息收入共 4 000 元，其中银行存款利息 1 000 元，国库券利息收入 500 元，其余为借给某私营企业款项的利息收入；

（6）当月抽奖花费支出 2 000 元，中奖收入为 30 000 元。

要求：根据个人所得税法，计算李某 6 月份应纳个人所得税。

2. 一家机械制造企业，2017 年实现税前收入总额 2 000 万元（其中包括产品销售收入 1 800 万元、购买国库券利息收入 100 万元），发生各项成本费用共计 1 000 万元，其中包括：合理的工资薪金总额 200 万元，业务招待费 100 万元，职工福利费 50 万元，职工教育经费 2 万元，工会经费 10 万元，税收滞纳金 10 万元，提取的各项准备金支出 100 万元。另外，企业当年购置环境保护专用设备 500 万元，购置完毕即投入使用。

要求计算：（1）企业当年会计利润；

（2）业务招待费应调整数额；

（3）职工福利费和工会经费应调整的金额；

（4）企业购置环境保护专用设备应抵免的应纳税额；

（5）这家企业的应纳税额（假如企业以前年度无亏损）。

第8章　其他税种纳税申报服务实务及纳税审查服务实务

学习目标

通过本章的学习，使学生掌握土地增值税、印花税、房产税、城镇土地使用税、资源税的纳税申报方法、程序、操作规范，以及纳税申报表的填制方法。

导入案例

某企业厂区外有一块 20 000 平方米的空地，由于该地块在厂区后面，远离街道，位置不好，商业开发价值不大，所以一直闲置，职工及家属和周边的居民将其作为休闲娱乐之用。据了解该地区的城镇土地使用税税额标准 4 元/平方米，企业为该地块一年负担的城镇土地使用税为 20 000×4＝80 000 元，该企业咨询税务代理机构有没有办法免缴该地块的城镇土地使用税。

8.1　土地增值税纳税申报服务实务

土地增值税纳税申报应在转让房地产合同签订后 7 日内，到房地产所在地主管税务机关办理。纳税人办理申报手续时应提交房屋及建筑物不动产权证书、土地转让合同、房屋买卖合同、房地产评估报告及其他与转让房地产有关的资料。

8.1.1　土地增值税的计算方法

土地增值税按照纳税人转让房地产所取得的增值额和适用的超率累进税率计算征收。计算公式为

$$土地增值税应纳税额＝增值额×适用税率－扣除项目金额×速算扣除系数$$

【例 8-1】

1. 企业概况

(1) 纳税人识别号：91230102MA1982F×××。

(2) 纳税人名称：哈尔滨××房地产开发股份有限责任公司。

(3) 项目名称：××国际住宅小区。

(4) 项目地址：哈尔滨市道里区通达街 78 号。

(5) 所属行业：房地产。

(6) 登记注册类型：股份有限责任公司。

(7) 纳税人地址：哈尔滨市道里区安达街 24 号。

(8) 开户银行及银行账号：中国光大银行股份有限公司黑龙江分行哈尔滨市道里支行，

银行账号：303261000×××。

（9）电话：0451-88331654。

（10）法定代表人：张海旭。

（11）主管税务机关：哈尔滨市道里区地方税务局。

2. 业务资料

2018 年 5 月某房地产开发公司建造一幢普通标准住宅出售，取得销售收入 2 000 万元（增值税税率 10%，城市维护建设税税率为 7%，教育费附加征收率为 3%）。该公司为建造普通标准住宅而支付的土地价款为 200 万元，建造此楼投入了 600 万元的房地产开发成本（其中：土地征用及拆迁补偿费 80 万元，前期工程费 60 万元，建筑安装工程费 200 万元，基础设施费 100 万元，公共配套设施费 100 万元，开发间接费用 60 万元），对该普通标准住宅所用的银行贷款利息支出 20 万元无法提供贷款证明，该地规定房地产开发费用的计提比例为 10%。假设以上各项均为不含税收入，本月未发生增值税进项税额可抵扣项目，则其应纳税额计算如下。

确定转让房地产的收入为 2 000 万元。

确定转让房地产的扣除项目金额如下。

（1）取得土地使用权所支付的金额 200 万元

（2）房地产开发成本 600 万元

（3）房地产开发费用 =（200+600）×10% = 80（万元）

（4）与转让房地产有关的税金增值税 =（2 000-200）×10% = 180（万元）

城市维护建设税 = 180×7% = 12.6（万元）

教育费附加 = 180×3% = 5.4（万元）

（5）财政部门规定的其他扣除项目 =（200+600）×20% = 160（万元）

（6）扣除项目金额合计 = 200+600+80+12.6+5.4+160 = 1 058（万元）

增值额 = 2 000-1 058 = 942（万元）

增值额与扣除项目金额之比 =（942/1 058）×100% = 89.04%

应纳土地增值税税额 = 942×40%-1 058×5% = 323.9（万元）

【例 8-2】 ××制药厂 2018 年 6 月将一栋旧楼出售，取得不含税销售收入 3 000 万元，该楼账面原值 1 500 万元，已提折旧 800 万元。该单位为建造此楼支付的土地价款为 500 万元；经评估机构评估确认：该楼重置成本为 1 800 万元，成新率为 70%。该企业已于 6 月 10 日与购买方签订了转让合同，并办理了相关产权变更登记手续（增值税税率为 5%，城市维护建设税税率为 7%，印花税税率为 0.5‰减半征收，教育费附加征收率为 3%）。则其应纳税额计算如下。

（1）确定转让房地产的收入为 3 000 万元。

（2）确定转让房地产的扣除项目金额如下。

① 取得土地使用权所支付的金额 500 万元

② 旧房及建筑物的评估价格 = 1 800×70% = 1 260（万元）

③ 与转让房地产有关的税金 = 3 000×5%×（7%+3%）+3 000×0.5‰×0.5 = 15.75（万元）

④ 扣除项目金额 = 500+1 260+15.75 = 1 775.75（万元）

（3）增值额 = 3 000-1 775.75 = 1 224.25（万元）

（4）增值额与扣除项目金额之比 = （1 224.25/1 775.75）×100% = 68.94%

（5）应缴土地增值税额 = 1 224.25×40% − 1 775.75×5% = 400.91（万元）

8.1.2　土地增值税纳税申报服务操作规范与申报表填制方法

1. 土地增值税纳税申报服务操作规范

（1）核查房地产投资立项合同、批准证书和房地产转让合同，确认投资立项与转让的时间及房地产开发项目的性质。如属于免税项目，应向主管税务机关申请办理免征土地增值税的申报手续。

（2）核查应收账款、预收账款、经营收入、其他业务收入、固定资产清理账户及主要的原始凭证，确认本期应申报的转让房地产收入。

（3）核查土地使用权转让合同及付款凭证，确认土地出让金的实际缴付金额。

（4）核查开发成本账户及开发建筑承包合同与付款凭证，确认土地征用及拆迁补偿费、前期工程费等开发支出。

（5）核查财务费用账户及相关借款合同，确认利息支出并按税法规定计算扣除。对于其他房地产开发费用应根据利息计算分摊情况，以土地出让金和开发成本为基数按规定比例计算。

（6）核查税金和管理费用账户及缴税原始凭证，确认与转让房地产有关的税金。

（7）核查有关旧房及建筑物房地产评估机构出具的评估报告及原始资料，确认重置成本价及成新度折扣率。

在经过以上步骤操作之后，可计算得出土地增值额，按适用税率计算应纳税额。由于房地产开发项目投资大、工期长，在项目全部竣工结算前，难以计算纳税人转让房地产的增值额，一般按预收款收入的一定比例预缴税款，待竣工结算后清算，多退少补。因此，代理房地产企业土地增值税预缴申报，可按照确认征免和核查转让房地产收入的程序进行操作。

2. 填制《土地增值税纳税申报表》的方法

土地增值税纳税申报表分为7种，分别适用于从事房地产开发的纳税人预征、从事房地产开发的纳税人清算、非从事房地产开发的纳税人、从事房地产开发的纳税人清单后尾盘、从事房地产开发的纳税人清算方式为核定征收、纳税人整体转让在建工程和非从事房地产开发的纳税人核定征收。

以下给出部分申报表样表及填表说明

土地增值税纳税申报表（一）（从事房地产开发的纳税人预征适用），具体如表 8-1 所示。

表 8-1　土地增值税纳税申报表（一）

（从事房地产开发的纳税人预征适用）

税款所属时间：　年　月　日至　年　月　日　　　　填表日期：　年　月　日

项目名称：

纳税人识别号：　　　项目编号：

金额单位：元至角分；面积单位：平方米

房产类型 子目	收入				预征率/%	应纳税额	税款缴纳	
	应税收入	货币收入	实物收入及其他收入	视同销售收入			本期已缴税额	本期应缴税额计算 本期应缴税额
房产类型	1	2=3+4	3	4	5	6	7=2×6	8	9=7-8
普通住宅									
非普通住宅									
其他类型 房地产									
合计	—								

以下由纳税人填写：

纳税人申明　　此纳税申报表是根据《中华人民共和国土地增值税暂行条例》及其实施细则和国家有关税收规定填报的，是真实的、可靠的、完整的。

纳税人签章　　　　　　　代理人签章　　　　　　　代理人身份证号

以下由税务机关填写：

受理人　　　　　　　　受理日期　　年　月　日　　　　受理税务机关签章

本表一式两份，一份纳税人留存，一份税务机关留存。

土地增值税纳税申报表（二）（从事房地产开发的纳税人清算适用），具体如表 8-2 所示。

表 8-2　土地增值税纳税申报表（二）

（从事房地产开发的纳税人清算适用）

税款所属时间：2018 年 5 月 1 日至 2018 年 5 月 31 日　　填表日期：2018 年 6 月 5 日

金额单位：元至角分；面积单位：平方米

纳税人识别号	9	1	2	3	0	1	0	2	M	A	1	9	8	2	F	×	×	×	×

纳税人名称	哈尔滨××房地产开发股份有限公司	项目名称	××国际住宅小区	项目编号		项目地址	道里区通达街 78 号
所属行业	房地产	登记注册类型	股份有限责任公司	纳税人地址	道里区安达街 24 号	邮政编码	150030
开户银行	中国光大银行股份有限公司黑龙江分行哈尔滨市道里支行	银行账号	30326100×××	主管部门		电话	0451-8831654
已售面积	总可售面积		其中：普通住宅已售面积		自用和出租面积	其中：其他类型房地产已售面积	
	其中：非普通住宅已售面积						

项目	行次	金额 普通住宅	非普通住宅	其他类型房地产	合计
一、转让房地产收入总额 1=2+3+4	1	20 000 000.00			
货币收入	2	20 000 000.00			
其中　实物收入及其他收入	3	0.00			
视同销售收入	4	0.00			
二、扣除项目金额合计 5=6+7+14+17+21+22	5	10 580 000			
1. 取得土地使用权所支付的金额	6	2 000 000.00			
2. 房地产开发成本 7=8+9+10+11+12+13	7	6 000 000.00			
土地征用及拆迁补偿费	8	800 000.00			
前期工程费	9	600 000.00			
其中　建筑安装工程费	10	2 000 000.00			
基础设施费	11	1 000 000.00			
公共配套设施费	12	1 000 000.00			
开发间接费用	13	600 000.00			
3. 房地产开发费用 14=15+16	14	800 000.00			

续表

项　目	行次	金额			合计
		普通住宅	非普通住宅	其他类型房地产	
其中　利息支出	15	200 000.00			
其他房地产开发费用	16	600 000.00			
4. 与转让房地产有关的税金等 17＝18+19+20	17	180 000			
其中　营业税	18	0.00			
城市维护建设税	19	126 000			
教育费附加	20	54 000			
5. 财政部规定的其他扣除项目	21	1 600 000.00			
6. 代收费用	22	0.00			
三、增值额 23＝1-5	23	9 420 000			
四、增值额与扣除项目金额之比/% 24＝23/5	24	89.04%			
五、适用税率/%	25	40%			
六、速算扣除系数/%	26	5%			
七、应缴土地增值税税额 26＝22×24-5×25	27	323 900.00			
八、减免税额 27＝29+31+33	28	0.00			
其中　减免税(1)　减免性质代码(1)	29				
减免税额(1)	30	0.00			
减免税(2)　减免性质代码(2)	31				
减免税额(2)	32				
减免税(3)　减免性质代码(3)	33				
减免税额(3)	34	0.00			
九、已缴土地增值税税额	35	0.00			
十、应补(退)土地增值税税额 35＝26-27-34	36	3 239 000.00			

以下由纳税人填写：

纳税人申明：	此纳税申报表是根据《中华人民共和国土地增值税暂行条例》及其实施细则和国家有关税收规定填报的，是真实的、可靠的、完整的。
纳税人签章	代理人签章　　　　　代理人身份证号

以下由税务机关填写：

受理人	受理日期　　年　月　日	受理税务机关签章

本表一式两份，一份纳税人留存，一份税务机关留存。

　　土地增值税纳税申报表（三）（非从事房地产开发的纳税人适用）。该纳税人应在签订房地产转让合同后的 7 日内，向房地产所在地主管税务机关填报《土地增值税纳税申报表（三）》。

　　《土地增值税纳税申报表（三）》还适用于以下从事房地产开发的纳税人：将开发产品转为自用、出租等用途且已达到主管税务机关旧房界定标准后，又将该旧房对外出售的。具体内容如表 8-3 所示。

表 8-3　土地增值税纳税申报表（三）
（非从事房地产开发的纳税人适用）

税款所属时间：2018 年 6 月 1 日至 2018 年 6 月 30 日　　　　　　填表日期：2018 年 7 月 7 日

金额单位：元至角分　　　　　　　　　　　　　　　　　　　　　面积单位：平方米

纳税人识别号 □□□□□□□□□□□□□□□

纳税人名称	××制药厂		项目名称				项目地址		
所属行业			登记注册类型		纳税人地址			邮政编码	
开户银行			银行账号		主管部门			电话	

项　目			行次	金额
一、转让房地产收入总额 1＝2＋3＋4			1	30 000 000.00
其中	货币收入		2	30 000 000.00
	实物收入		3	0.00
	其他收入		4	0.00
二、扣除项目金额合计 （1）5＝6＋7＋10＋15 （2）5＝11＋12＋14＋15			5	17 757 500.00
（1）提供评估价格	1. 取得土地使用权所支付的金额		6	5 000 000.00
	2. 旧房及建筑物的评估价格 7＝8×9		7	12 600 000.00
	其中	旧房及建筑物的重置成本价	8	18 000 000.00
		成新度折扣率	9	70
	3. 评估费用		10	
（2）提供购房发票	1. 购房发票金额		11	
	2. 发票加计扣除金额 12＝11×5%×13		12	
	其中：房产实际持有年数		13	
	3. 购房契税		14	
4. 与转让房地产有关的税金等 15＝16＋17＋18＋19			15	157 500.00
其中	营业税		16	0.00
	城市维护建设税		17	105 000.00
	印花税		18	7 500
	教育费附加		19	4 500.00
三、增值额 20＝1－5			20	12 242 500.00
四、增值额与扣除项目金额之比/% 21＝20÷5			21	68.94%
五、适用税率/%			22	40
六、速算扣除系数/%			23	5
七、应缴土地增值税税额 24＝20×22－5×23			24	4 009 100.00
八、减免税额（减免性质代码：_____）			25	
九、已缴土地增值税税额			26	
十、应补（退）土地增值税税额 27＝24－25－26			27	
以下由纳税人填写：				
纳税人申明	此纳税申报表是根据《中华人民共和国土地增税暂行条例》及其实施细则和国家有关税收规定填报的，是真实的、可靠的、完整的。			
纳税人签章		代理人签章		代理人身份证号
以下由税务机关填写：				
受理人		受理日期	年　月　日	受理税务机关签章

本表一式两份，一份纳税人留存，一份税务机关留存。

8.2 印花税纳税申报服务实务

印花税纳税义务发生的时间为应税凭证书立或领受的当时，即纳税人书立和领受了应税凭证，就应履行纳税义务贴花完税，具体可采用自贴自缴或按期汇总缴纳的方法。财税〔2018〕50号文件，自2018年5月1日起，对按万分之五税率贴花的资金账薄减半征收印花税，对按件贴花五元的其他账薄免征印花税。

8.2.1 印花税的计算方法

印花税实行从价定率和从量定额两种征收办法。其计算公式为

$$应纳税额 = 计税金额 × 税率$$

或

$$应纳税额 = 固定税额 × 应税凭证件数$$

应纳税额不足一角的不征税。应纳税额在一角以上，其尾数按四舍五入方法计算贴花。

企业应税凭证所记载的金额为外币的，应按凭证书立、领受当日国家外汇管理局公布的外汇牌价折合为人民币，计算应纳税额。

【例8-3】哈尔滨××房地产开发股份有限公司2018年6月开业，领受不动产权证1件，工商营业执照正副本各1件，商标注册证1件；与其他企业订立转移专有技术使用权书据一件，所载金额80万元；订立产品购销合同两件，所载金额为140万元；订立借款合同一份，所载金额为40万元。此外，企业的营业账簿中，"实收资本"科目载有资金200万元，其他账簿5本。则该企业6月份应计算印花税应纳税额如下。

（1）权利、许可证照本期应纳税额=5×3=15（元）。

（2）产权转移书据本期应纳税额=800 000×0.5‰=400（元）。

（3）购销合同本期应纳税额=1 400 000×0.3‰=420（元）。

（4）借款合同本期应纳税额=400 000×0.05‰=20（元）。

（5）营业账簿（记载资金的账簿）本期应纳税额=2 000 000×0.5‰×0.5=500（元）。

（6）合计本期应纳税额=15+400+420+20+500=1 355（元）。

一般情况下，企业需要预先购买印花税票，待发生应税行为时，再根据凭证的性质和规定的比例税率或按件计算应纳税额，将已购买的印花税票粘在应税凭证上，并在每枚税票的骑缝处盖戳注销或划销，办理完税手续。

8.2.2 印花税纳税申报服务操作规范与申报表填制方法

印花税的计税方法虽然简单，然而税目有13个，税率也都有不同的规定，涉及企业生产经营的各个环节，纳税人稍有疏忽就会因零星税额的漏缴而受到严厉的处罚。代理印花税纳税申报，税务师应详细了解委托人应税凭证的范围，做到及时贴花、不漏不缺。

1. 印花税纳税申报服务操作规范

（1）了解企业生产经营所属的行业及生产经营项目的特点，确定应税凭证可能发生的主要范围。

（2）核查企业当期书立的购销合同、加工承揽合同、货物运输合同、技术合同、营业账簿、权利许可证照等，按合同金额和适用的税率计算应纳税额。

（3）核查企业具有合同性质的票据、单据。例如，运输费用发票，购销单位相互之间开出的订单、要货单、传真函件等，均应视为应税凭证按规定贴花。

（4）核查企业可能发生应税凭证业务的核算账户，如"实收资本""资本公积""固定资产""制造费用""税金及附加"等，以防止漏缴税款。

（5）对于加工承揽合同、货物运输合同等在计税时可做一定金额扣除的应税凭证，还应核查计税金额与扣除金额，确定计税依据。

（6）将本期各应税凭证印花税税额汇总计算后，如税额较小的可到税务机关购买印花税票贴花完税并在每枚税票的骑缝处划销；税额较大的（税法规定为超过 500 元）可用税收缴款书缴纳税款。如果企业应税凭证种类多，纳税次数发生频繁，且金额较大，可向主管税务机关申请采取汇总缴纳的方法。

2. 填制《印花税纳税申报（报告）表》的方法

印花税纳税申报（报告）表适用于印花税普通申报，又适用于采用"自行购花、自行粘贴、自行划销"方式完成纳税义务的纳税人向主管税务机关报告完税情况。

（1）"应税凭证名称"按合同适用的印花税税目填写。

（2）"计税金额或件数"应填写印花税的计税依据，如货物运输合同，其金额应剔除装卸费。

（3）"本期已缴税额"反映本月已贴花的税额，或者已缴款书缴纳的印花税税额。

印花税纳税申报（报告）表的填制具体如表 8-4 所示。

表 8-4　印花税纳税申报（报告）表

税款所属期限：自 2018 年 6 月 1 日至 2018 年 6 月 31 日

填表日期：2018 年 7 月 5 日　　　　　　　　　　　　　　　　　　金额单位：　　元至角分

纳税人识别号																		

纳税人信息	名称			哈尔滨××房地产开发股份有限公司			□√单位□个人	
	登记注册类型				所属行业			
	身份证件类型				身份证件号码			
	联系方式							

应税凭证名称	计税金额或件数	核定征收		适用税率	本期应纳税额	本期已缴税额	本期减免税额		本期应补（退）税额
		核定依据	核定比例				减免性质代码	减免额	
	1	2	3	4	5=1×4+2×3×4	6	7	8	9=5-6-8
购销合同	1 400 000.00			0.3‰	420.00	420.00		0.00	0.00
加工承揽合同				0.5‰					
建设工程勘察设计合同				0.5‰					

续表

应税凭证名称	计税金额或件数	核定征收		适用税率	本期应纳税额	本期已缴税额	本期减免税额		本期应补（退）税额
		核定依据	核定比例				减免性质代码	减免额	
	1	2	3	4	5＝1×4＋2×3×4	6	7	8	9＝5－6－8
建筑安装工程承包合同				0.3‰					
财产租赁合同				1‰					
货物运输合同				0.5‰					
仓储保管合同				1‰					
借款合同	400 000.00			0.05‰	20.00	20.00		0.00	0.00
财产保险合同				1‰					
技术合同				0.3‰					
产权转移书据	800 000.00			0.5‰	400.00	400.00		0.00	0.00
营业账簿（记载资金的账簿）	2 000 000.00	—		0.5‰（减半征收）	500.00	500.00		0.00	0.00
权利、许可证照	3 件	—		5 元/件	15.00	15.00		0.00	0.00
合计	—	—		—	1 355.00	1 355.00			

以下由纳税人填写：	
纳税人声明	此纳税申报表是根据《中华人民共和国印花税暂行条例》和国家有关税收规定填报的，是真实的、可靠的、完整的。
纳税人签章	代理人签章　　　　代理人身份证号

| 以下由税务机关填写： | |
| 受理人 | 受理日期　年 月 日　受理税务机关签章 |

本表一式两份，一份纳税人留存，一份税务机关留存。

减免性质代码：减免性质代码按照税务机关最新制发的减免税政策代码表中的最细项减免性质代码填报。

8.3　房产税纳税申报服务实务

　　房产税作为财产税性质的税种，实行按年征收分期缴纳，地方政府有较大的税收管理权限。代理房产税的纳税申报，除了要掌握税法的一般规定外，还必须了解地方政府的特殊政策。

8.3.1　房产税的计算方法

　　房产税应纳税额的计算分为以下两种情况。

以房产原值为计税依据的，计算公式为

$$应纳税额 = 房产余值 \times 税率(1.2\%)$$

以房产租金收入为计税依据的，计算公式为

$$应纳税额 = 房产租金收入 \times 税率(12\%)$$

企业缴纳的房产税应在"税金及附加"中列支。计算应缴房产税时，借记"税金及附加"科目，贷记"应交税费——应交房产税"科目；缴纳房产税时，借记"应交税费——应交房产税"科目，贷记"银行存款"科目。

【例 8-4】2017 年哈尔滨 ×× 物流有限公司自用办公楼账面原值为 800 万元，综合楼账面原值为 500 万元；仓储仓库账面原值为 1 000 万元，对外出租取得租金收入 50 万元，按规定房产原值扣除比率为 30%，2017 年房产税应纳税计算如下。

（1）自用房产。

办公楼房产税本期应纳税额 = 800 ×（1-30%）× 1.2% = 6.72（万元）

综合楼房产税本期应纳税额 = 500 ×（1-30%）× 1.2% = 4.20（万元）

（2）对外出租房产。

仓储仓库房产税本期应纳税额 = 50 × 12% = 6.00（万元）

房产税纳税申报表的填制具体如表 8-5 所示。

表 8-5　房产税纳税申报表

税款所属期：自 2017 年 1 月 1 日至 2017 年 12 月 31 日

填表日期：2018 年 01 月 10 日　　　　　　　　　金额单位：元至角分；面积单位：平方米

纳税人识别号													

纳税人信息	名称	哈尔滨 ×× 物流有限公司		纳税人分类		单位□ 个人□	
	登记注册类型	*		所属行业		*	
	身份证件类型	身份证□ 护照□ 其他□		身份证件号码			
	联系人			联系方式			

一、从价计征房产税											
	房产编号	房产原值	其中：出租房产原值	计税比例	税率	所属期起	所属期止	本期应纳税额	本期减免税额	本期已缴税额	本期应补（退）税额
1	*	8 000 000.00	0.00	30%	1.2%	2017.01.01	2017.12.31	67 200.00	0.00	0.00	67 200.00
2	*	5 000 000.00	0.00	30%	1.2%	2016.01.01	2016.12.31	42 000.00	0.00	0.00	42 000.00
3	*										
4	*										
5	*										
6	*										
7	*										
8	*										

续表

	房产编号	房产原值	其中：出租房产原值	计税比例	税率	所属期起	所属期止	本期应纳税额	本期减免税额	本期已缴税额	本期应补（退）税额
9	*										
10	*										
合计	*	*	*	*	*	*	*	109 200.00	0.00	0.00	109 200.00

二、从租计征房产税

	本期申报租金收入	税率	本期应纳税额	本期减免税额	本期已缴税额	本期应补（退）税额
1	500 000.00	12%	60 000.00	0.00		60 000.00
2						
3						
合计	500 000.00	*	60 000.00	0.00		60 000.00

以下由纳税人填写：

纳税人声明	此纳税申报表是根据《中华人民共和国房产税暂行条例》和国家有关税收规定填报的，是真实的、可靠的、完整的。		
纳税人签章		代理人签章	代理人身份证号

以下由税务机关填写：

受理人		受理日期	年 月 日	受理税务机关签章	

本表一式两份，一份纳税人留存，一份税务机关留存。

8.3.2 房产税纳税申报服务操作规范与申报表填制方法

1. 房产税纳税申报服务操作规范

房产税征税对象单一。但是，有关纳税人的确认、计税依据的计算、减税免税的规定却较为复杂。为能准确把握应纳税额的计算，维护委托方应享有的税收权益，应按下述规范要领操作。

（1）核查应税房屋及与房屋不可分割的各种附属设施，或者一般不单独计算价值的配套设施，确认产权所属关系，以此判定纳税人。

（2）核查应税房产投入使用或竣工、验收的时间，确认纳税义务发生的时间。

（3）核查"固定资产""税金及附加""在建工程""其他业务收入"等核算账户，确认应税房产的净值或租金收入，确定房产税的计税依据。

（4）核查在征税范围内按现行政策应予以减税免税的房产。例如，危房、险房，停止使用、企业停产闲置不用的房产，因大修理停用在半年以上的房产等，报请税务机关审核同意的可暂免征收房产税。

2. 填制《房产税纳税申报表》的方法

房产税纳税申报表适用于在中华人民共和国境内申报缴纳房产税的单位和个人。本表依据《中华人民共和国税收征收管理法》《中华人民共和国房产税暂行条例》制定，为房产税纳税申报表主表。首次申报或变更申报时纳税人提交《从价计征房产税税源明细表》和《从租计征房产税税源明细表》后，本表由系统自动生成，无须纳税人手工填写，仅需签章确认。申报房产数量大于 10 个（不含 10）的纳税人，建议采用网络申报方式，并可选用本表的汇总版进行申报。后续申报，纳税人税源明细无变更的，税务机关提供免填单服务，根据纳税人识别号，系统根据当期有效的房产税源明细信息自动生成本表，纳税人签章确认即可完成申报。

8.4　城镇土地使用税纳税申报服务实务

城镇土地使用税计税方法简单直观。但是，由于界定土地使用权，计税的面积和类别、适用的定额税率情况各异，使代理申报工作也具有一定的难度。

8.4.1　城镇土地使用税的计算方法

城镇土地使用税实行从量定额征收办法，其应纳税额公式为

$$应纳税额＝单位税额×实际占用土地面积$$

【例 8-5】2017 年哈尔滨××物流有限公司实际占用土地面积 20 000 平方米，其中企业所属幼儿园占用土地面积 200 平方米，所在地城镇土地使用税税额标准为 3 元/平方米，该公司城镇土地使用税应纳税额计算如下，城镇土地使用税纳税申报表的填制具体如表 8-6 所示。

$$(20\ 000-200)×3＝59\ 400\ (元)$$

会计处理如下。

（1）计算城镇土地使用税应纳税额时。

借：税金及附加　　　　　　　　　　　　　　　　　　　　59 400
　　贷：应交税费——应交城镇土地使用税　　　　　　　　　　　　59 400

（2）计算缴纳税款时。

借：应交税费——应交城镇土地使用税　　　　　　　　　　59 400
　　贷：银行存款　　　　　　　　　　　　　　　　　　　　　　59 400

8.4.2　城镇土地使用税纳税申报服务操作规范与申报表填制方法

城镇土地使用税计税方法直观简单，代理申报操作的重点环节是确定纳税人和计税土地面积及类别。

1）城镇土地使用税纳税申报服务操作规范

（1）核查企业土地使用证标示的土地面积和实际占用的土地面积，在此基础上核查土地实际所处的类区和用途，以确定征税土地面积的数量和适用的单位税额。

（2）核查拥有土地使用权的实际情况，确认纳税人。

（3）核查企业实际占用的减税免税土地面积及核批手续，确认减税免税土地面积。

（4）根据适用的单位税额计算应纳税额，按年计算分期缴纳。

2）填制《城镇土地使用税纳税申报表》的方法

城镇土地使用税纳税申报表适用于在中华人民共和国境内申报缴纳城镇土地使用税的单位和个人。本表为城镇土地使用税纳税申报表主表，依据《中华人民共和国税收征收管理法》《中华人民共和国城镇土地使用税暂行条例》制定。本表包括两个附表。附表一为《城镇土地使用税减免税明细申报表》，附表二为《城镇土地使用税税源明细表》。首次申报或变更申报时纳税人提交《城镇土地使用税税源明细表》后，本表由系统自动生成，无须纳税人手工填写，仅需签章确认。申报土地数量大于10个（不含10）的纳税人，建议采用网络申报方式，并可选用本表的汇总版进行确认，完成申报。后续申报，纳税人税源明细无变更的，税务机关提供免填单服务，根据纳税人识别号，系统自动打印本表，纳税人签章确认即可完成申报。

城镇土地使用税纳税申报表的填制具体如表8-6所示。

表8-6　城镇土地使用税纳税申报表

税款所属期：自2017年1月1日至2017年12月31日

填表日期：2018年1月10日　　　　　　　　　　　金额单位：　元至角分；面积单位：平方米

纳税人识别号																

纳税人信息	名称		哈尔滨××物流有限公司				纳税人分类		单位□个人□		
	登记注册类型		*				所属行业		*		
	身份证件类型		身份证□护照□其他□				身份证件号码				
	联系人						联系方式				

	土地编号	宗地的地号	土地等级	税额标准	土地总面积	所属期起	所属期止	本期应纳税额	本期减免税额	本期已缴税额	本期应补（退）税额
申报纳税信息	*		二级	3元/平方米	20 000	2017.01.01	2017.12.31	60 000.00	600.00	0.00	59 400.00
	*										
	*										
	*										
	*										
	*										
	*										
	*										
	*										
	合计			*	20 000	*		60 000.00	600.00	0.00	59 400.00

以下由纳税人填写：			
纳税人声明	此纳税申报表是根据《中华人民共和国城镇土地使用税暂行条例》和国家有关税收规定填报的，是真实的、可靠的、完整的。		
纳税人签章		代理人签章	代理人身份证号
以下由税务机关填写：			
受理人		受理日期　年　月　日	受理税务机关签章

本表一式两份，一份纳税人留存，一份税务机关留存。

8.5　资源税纳税申报服务实务

资源税具有特定的征税范围，根据资源地区级差或等级收入设置幅度税额和明细税额，实行从价与从量定额征收。代理资源税的纳税申报，应在了解企业应税资源税目和特点的基础上，正确划分征免范围，确定适用的税目、税率。

8.5.1　资源税应纳税额的计算方法

资源税的应纳税额按照应税产品的销售额或课税数量与适用的单位税额计算。其计算公式如下。

1. 从价计征

$$应纳税额 = 销售额 \times 税率$$

2. 从量计征

$$应纳税额 = 课税数量（或视同销售的自用数量）\times 单位税额$$

【例 8-6】

1）企业概况

（1）电话号码：0451-89465451。

（2）纳税人名称：哈尔滨××集团股份有限公司。

（3）法定代表人姓名：张福禄。

（4）注册地址及生产经营地址：哈尔滨市香坊区珠江路 101 号。

（5）开户行及账号：工商银行哈尔滨市香坊区支行；账号：3500043109006889×××。

（6）登记注册类型：股份有限公司（增值税一般纳税人）。

（7）纳税人识别号：230110690708728×××。

（8）主管税务机关：哈尔滨市香坊区国家税务局。

2）业务资料

按业务次序逐笔计算资源税，资源税税率为 2%。

【业务 1】2017 年 10 月，领用本企业生产原煤 100 吨发放给职工个人生活使用，单位成本 400 元，单位售价 650 元，取得领料单一份。

【业务 2】2017 年 10 月，销售给哈尔滨热电厂股份有限公司对外销售原煤 20 000 吨，单价 650 元，开出增值税专用发票，款项已收到。

【业务 3】2017 年 10 月，中煤公司使用本矿生产的原煤加工洗煤 8 000 吨并全部对外销售，单位售价 800 元，开出增值税专用发票一份，相关款项已收到。已知该矿加工洗煤的综合回收率为 80%。

【业务 4】缴纳资源税 240 800 元，取得电子缴税凭证一份。

要求：计算当月资源税应纳税额并填写资源税纳税申报表。

企业应纳资源税计算如下。

（1）原煤自用应纳税额 = 100×650×2% = 1 300（元）

（2）原煤外销应纳税额 = 20 000×650×2% = 260 000（元）

（3）原煤加工应纳税额 = [8 000×800/80%]×2% = 160 000（元）

当月应纳税额=1 300+260 000+160 000=421 300.00（元）

（4）资源税纳税申报表填写如表8-7所示。

【例8-7】 某油田2017年12月开采原油3.50万吨，其中已销售2万吨，每吨售价4 680元（含税），自用0.30万吨，另有0.10万吨在采油过程中用于加热和修理油井，尚待销售1.40万吨，适用6%的资源税税率，计算当月的资源税应纳税额。

$$应纳税额=[(2+0.30)×4\ 680/(1+17\%)]×6\%=552（万元）$$

8.5.2 资源税纳税申报服务操作规范

资源税纳税申报服务主要涉及两个方面：纳税单位应税资源纳税申报和收购应税资源单位代扣代缴申报。

1. 资源税纳税申报

（1）核查应税资源项目，确定课税数量，对于应税与非应税资源混同的企业，应具体加以区分。

（2）核查应税项目中按税法规定享受减免税政策的应税资源数量。

（3）根据资源税的明细税额和本地区的具体规定确定适用税率，计算填报纳税申报表。

2. 资源税扣缴申报

资源税扣缴义务人主要有两种：① 收购应税未税矿产品的独立矿山或联合企业；② 其他收购未税矿产品的单位。代理资源税扣缴申报操作要点如下。

（1）核查收购未税矿产品原始凭证和付款凭证，确定课税数量。

（2）根据资源税明细税额计算应扣缴的税额。

（3）指导收购单位在向纳税人支付收购款项前扣缴税款，并按照主管税务机关规定的期限办理扣缴税款报告。

8.5.3 填制《资源税纳税申报表》的方法

根据《财政部 国家税务总局关于全面推进资源税改革的通知》（财税〔2016〕53号）规定，自2016年7月1日起全面实施资源税改革。

为落实资源税改革政策，国家税务总局对原资源税纳税申报表进行了修订，形成了《资源税纳税申报表》（如表8-7所示）、《资源税纳税申报表附表（一）》（原矿类税目适用）（如表8-8所示）、《资源税纳税申报表附表（二）》（精矿类税目适用）（如表8-9所示）、《资源税纳税申报表附表（三）》（减免税明细）（如表8-10所示），现予以发布，自2016年7月1日起施行。《国家税务总局关于修订〈资源税纳税申报表〉的公告》（2014年第62号）同时废止。

表 8-7　资源税纳税申报表

根据国家税收法律法规及资源税有关规定制定本表。纳税人不论有无销售额，均应按照税务机关核定的纳税期限填写本表，并向当地税务机关申报。

税款所属时间：自 2017 年 10 月 1 日至 2017 年 10 月 31 日　　填表日期：2017 年 11 月 1 日　　金额单位：元至角分

纳税人识别号 | 2 | 3 | 0 | 1 | 1 | 0 | 6 | 9 | 0 | 7 | 0 | 8 | 7 | 2 | 8 | × | × | ×

纳税人名称	哈尔滨××集团股份有限公司（公章）	法定代表人姓名	张福禄	注册地址	哈尔滨市香坊区珠江路 101 号	生产经营地址	哈尔滨市香坊区珠江路 101 号
开户银行及账号	工商银行哈尔滨市香坊区支行 350004310900 6889	登记注册类型	股份有限公司			电话号码	0451-89465451

税目	子目	折算率或换算比	计量单位	计税销售量	计税销售额	适用税率	本期应纳税额	本期减免税额	本期已缴税额	本期应补（退）税额
1	2	3	4	5	6	7	$8①=6×7$；$8②=5×7$	9	10	$11=8-9-10$
原煤	自用	—	吨		65 000.00	2%	1 300.00	0.00	0.00	1 300.00
原煤	外销		吨		13 000 000.00	2%	260 000.00	0.00	0.00	260 000.00
原煤	加工	80%	吨		8 000 000.00	2%	160 000.00	0.00	0.00	160 000.00
合　计		—	—	—	13 865 000.00	—	421 300.00	0.00	0.00	421 300.00

授权声明

如果你已委托代理人申报，请填写下列：

为代理一切税务事宜，现授权　　　　（地址）
为本纳税人的代理申报人，任何与本申报表有关的往来文件，都可寄予此人。
授权人签字：

申报人声明

本纳税申报表是根据国家税收法律法规及相关规定填写的，是真实的、可靠的、完整的。
声明人签字：
年　月　日

主管税务机关：　　　　接收人：　　　　接收日期：

本表一式两份，一份纳税人留存，一份税务机关留存。

表 8-8　资源税纳税申报表附表（一）

（原矿类税目适用）

纳税人识别号 □□□□□□□□□□□□□□□□

纳税人名称：　　　　　　　　　（公章）

税款所属时间：自　　年　　月　　日至　　年　　月　　日　　　　　　金额单位：元至角分

序号	税目	子目	原矿销售额	精矿销售额	折算率	精矿折算为原矿的销售额	允许扣减的外购运杂费	允许扣减的外购矿购进金额	计税销售额	计量单位	原矿销售量	精矿销售量	平均选矿比	精矿换算为原矿的销售量	计税销售量
	1	2	3	4	5	6=4×5	7	8	9=3+6-7-8	10	11	12	13	14=12×13	15=11+14
1															
2															
3															
4															
5															
6															
7															
8															
合计															

表 8-9　资源税纳税申报表附表（二）

（精矿类税目适用）

纳税人识别号 □□□□□□□□□□□□□□□□

纳税人名称：　　　　　　　　　（公章）

税款所属时间：自　　年　　月　　日至　　年　　月　　日　　　　　　金额单位：元至角分

序号	税目	子目	原矿销售额	精矿销售额	换算比	原矿换算为精矿的销售额	允许扣减的外购运杂费	允许扣减的外购矿购进金额	计税销售额	计量单位	原矿销售量	精矿销售量	平均选矿比	原矿换算为精矿的销售量	计税销售量
	1	2	3	4	5	6=3×5	7	8	9=4+6-7-8	10	11	12	13	14=11÷13	15=12+14
1															
2															
3															
4															
5															
6															
7															
8															
合计															

表 8-10 资源税纳税申报表附表（三）

（减免税明细）

纳税人识别号																			

纳税人名称： （公章）

税款所属时间：自 年 月 日至 年 月 日 金额单位：元至角分

序号	税目	子目	减免项目名称	计量单位	减免税销售量	减免税销售额	适用税率	减免性质代码	减征比例	本期减免税额
	1	2	3	4	5	6	7	8	9	$10^{①}=6×7×9$; $10^{②}=5×7×9$
1										
2										
3										
4										
5										
6										
7										
8										
合　计		—	—				—	—	—	

8.6 其他税种纳税审核服务实务

8.6.1 印花税纳税审核服务实务

印花税就所列举的应税凭证贴花完税，征税对象种类繁多，适用税率各不相同，代理纳税审核的基本方法是对纳税人所有涉税凭证进行全面检查。

1. 应税凭证的审核

1）应税合同审核要点

印花税应税合同是指纳税人在经济活动和经济交往中书立的各类经济合同或具有合同性质的凭证。

（1）审核征税范围。纳税人在经济交往中书立的凭证种类很多，鉴别所书立的凭证是否具有合同性质，是判别征免的主要标准。

（2）审核应税合同的计税依据。

① 合同所载金额有多项内容的，是否按规定计算纳税。

② 已税合同修订后增加金额的，是否补贴印花。

③ 未注明金额或暂时无法确定金额的应税凭证，是否已按规定贴花。

④ 以外币计价的应税合同，是否按规定将计税金额折合成人民币后计算贴花。

⑤ 当合同中既有免税金额，又有应税金额时，纳税人是否正确计算纳税。

（3）审核应税合同的适用税率。

① 纳税人有无将按比例税率和按定额税率计征的凭证相互混淆。例如，将营业账簿中

记载有"实收资本"和"资本公积"的账簿等同于其他账簿，未纳税贴花。

② 纳税人有无将载有多项不同性质经济业务的经济合同误用税目、税率。

③ 纳税人有无将性质相似的凭证误用税目、税率。

④ 技术合同、租赁合同等，在签订时因无法确定计税金额而暂时按每件 5 元计税贴花的，是否在结算实际金额时按其实际适用的比例税率计算并补贴了印花。

2）其他凭证的审核要点

（1）审核营业账簿计税情况。审核企业有无错划核算形式，漏缴印花税的问题。

（2）审核产权转移书据、权利许可证照的计税情况。

2. 应纳税额的审核

1）减税、免税审核要点

审核时，要注意纳税人已按免税处理的凭证是否为免税合同，有无混淆征免税界限、扩大减免税范围的情况。

2）履行完税手续审核要点

（1）审核纳税人是否按规定及时足额地履行完税手续，有无在应纳税凭证上未贴或少贴印花税票的情况；已贴印花税票有无未注销或未划销的情况；有无将已贴用的印花税票揭下重用的问题。

（2）审核平时"以表代账"的纳税人，在按月、按季或按年装订成册后，有无未按规定贴花完税的问题。

8.6.2　土地增值税纳税审核服务实务

土地增值税因其特点，纳税审核必须结合会计核算进行，而且要特别注意会计处理与税法规定不相一致需要调整的某些问题。

对土地增值税进行纳税审核，关键是核实转让房地产所取得的收入和法定的扣除项目金额，以此确定增值额和适用税率，并核查应纳税额。

1. 转让房地产收入审核要点

纳税人转让房地产取得的收入，应包括转让房地产的全部价款及有关的经济收益。从收入的形式来看，包括货币收入、实物收入和其他收入。检查时，应着重从以下几个方面进行。

（1）审核收入明细分类账、记账凭证、原始凭证，并进行核对，查看企业有无分解房地产收入或隐瞒房地产收入的情况。

（2）审核往来账户，如"应付账款""预付账款""分期收款开发产品""其他应付款"等账户，并与有关转让房地产合同、会计凭证相核对，查看有无将房地产收入长期挂账、不及时申报纳税的情况。

（3）审核房地产的成交价格，查看其是否正常合理。

2. 扣除项目金额审核要点

（1）审核取得土地使用权所支付的金额。

（2）审核房地产开发成本。

（3）审核房地产开发费用。房地产开发费用是指与房地产开发项目有关的销售费用、管理费用和财务费用。这 3 项费用作为期间费用，直接计入当期损益，不按成本核算对象进行分摊。

审核企业借款情况，查看其借款利息支出能否按转让房地产项目计算分摊：① 利息的上浮幅度要按国家的有关规定执行，超过上浮幅度的部分不允许扣除；② 对于超过贷款期限的利息部分和加罚的利息不允许扣除。

（4）审核与转让房地产有关的税金。企业转让房地产时缴纳的印花税、城市维护建设税、教育费附加，在"税金及附加""应交税费"账户核算。

（5）审核财政部规定的其他扣除项目。对从事房地产开发的纳税人，可按取得土地使用权所支付的金额与房地产开发成本计算的金额之和，加计 20% 扣除。审核时，应在核实纳税人取得土地使用权所支付的金额和房地产开发成本的基础上，按规定的扣除比例重新计算核实，查看企业申报扣除的金额有无差错。

3. 应纳税额的审核

审核应纳税额是否正确的程序是：① 核实增值额；② 以增值额除以扣除项目金额，核查增值额与扣除项目金额之比，以此确定该增值额适用的级距、税率和速算扣除系数；③ 计算土地增值税应纳税额。

【例 8-7】2018 年 5 月税务师受托对某房地产开发公司土地增值税纳税情况进行审核，了解到该房地产开发公司本期转让土地一块，销售收入 1 200 万元，申报缴纳土地增值税时，申报取得土地使用权及开发成本 400 万元，缴纳城市维护建设税及教育费附加 66 万元，开发费用按购买地价款和开发成本 10% 扣除 40 万元，加计扣除 20% 即 80 万元，合计扣除项目金额 586 万元。

$$增值额 = 1\ 200 - 586 = 614（万元）$$
$$增值率 = 614/586 = 105\%$$
$$土地增值税应纳税额 = 614 \times 50\% - 586 \times 15\% = 307 - 87.9 = 219.10（万元）$$

已缴 150 万元，欠缴 69.10 万元。

税务师发现该房地产开发公司存在以下问题。

（1）取得 12 000 平方米土地使用权，支付金额 400 万元，未进行任何开发，便将 5 000 平方米转让取得收入 1 200 万元。

（2）因为转让的土地没有开发，计征土地增值税时不能享受 20% 的加计扣除。

根据以上两点，核实其扣除项目金额如下。

① 取得土地使用权所支付金额为

$$400 \times \frac{5\ 000}{12\ 000} = 166.67（万元）$$

② 其开发费用按购地款和开发成本 10% 予以扣除：16.67 万元。

③ 核实扣除项目金额 = 166.67 + 66 + 16.67 = 249.34（万元）

④ 增值额 = 1 200 - 249.34 = 950.66（万元）

⑤ 增值率 = 950.66/249.34 = 381.27%

⑥ 应缴土地增值税税额 = 950.66 × 60% - 249.34 × 35%

$$= 570.396 - 87.269$$
$$= 483.127（万元）$$

⑦ 企业已缴纳土地增值税税额 = 150 万元。

⑧ 应补（退）土地增值税税额 = 483.127 - 150 = 333.127（万元）

⑨ 企业少计提土地增值税 = 333.127-219.1 = 114.027（万元）

建议企业做相关调账分录如下

借：税金及附加　　　　　　　　　　　　　　　　　　　　　1 140 270

　　贷：应交税费——应交土地增值税　　　　　　　　　　　　　1 140 270

8.6.3　房产税纳税审核服务实务

房产税、城镇土地使用税的会计核算比较简单，纳税审核的针对性较强。在进行纳税审核工作时，应主要核查有关合同和会计账户，征免界限的划分，适用税率、幅度税额的确定等问题。

房产税以房屋为征税对象，按照房屋的计税余值或出租房屋的租金为计税依据，向产权所有人征收，纳税审核的重点范围应是房屋原值和租金收入。

1. 自用房产审核要点

审核房产的原值是否真实，有无少报、瞒报的现象。审核"固定资产"账簿中房屋的造价或原价是否真实、完整，有无分解记账的情况。

2. 出租房产审核要点

（1）审核"其他业务收入"等账户和房屋租赁合同及租赁费用结算凭证，核实房产租金收入，审核有无出租房屋不申报纳税的问题。

（2）审核有无签订经营合同隐瞒租金收入，或者以物抵租少报租金收入，或者将房租收入计入营业收入未缴房产税的问题。

（3）审核有无出租使用房屋，或者租用免税单位和个人私有房产的问题。

【例8-8】税务师受托审核某企业房产税缴纳情况，从固定资产明细分类账查实该企业有房屋10幢，合计原值为30 000 200元，再查对"应交税费——应交房产税"账户的应缴税金，复核计算无误，税款已入库。但是，审核"其他业务收入"账户，发现有一笔固定资产出租收入60 000元，核查原始凭证，这笔收入是出租长安街一幢房屋给某公司经营的租金收入，没有计缴房产税。

税务师认为，企业应补缴房产税，计算办法如下。

应补缴的房产税：60 000×12% = 7 200（元）

并做相关调账分录如下

借：税金及附加　　　　　　　　　　　　　　　　　　　　　7 200

　　贷：应交税费——应交房产税　　　　　　　　　　　　　　　7 200

3. 应纳税额审核要点

（1）审核征免界限的划分。各免税单位的自用房产与生产、经营用房产，出租房产的划分，免税单位房产与下属单位房产的划分是否明确，其划分方法是否正确，以及免税房产在改变用途转为应税房产后是否按规定申报纳税。在需要时，检查其申报的房产使用情况与其实际用途是否相符。

（2）审核房产税计算纳税的期限。对于新建、改造、翻建的房屋，已办理验收手续或未办理验收手续已经使用的，是否按规定期限申报纳税，有无拖延纳税期限而少计税额的问题。

（3）审核房产税纳税申报表，核实计税依据和适用税率的计算是否正确。对于固定资产账户未记载的房产原值，或者房产原值明显不合理的应提议纳税人按有关程序进行评估，以保证计税依据的准确完整。

8.6.4　城镇土地使用税纳税审核服务实务

城镇土地使用税以纳税人实际占用土地面积为计税依据，按照当地政府根据国务院制定颁布的条例和省、自治区、直辖市人民政府规定的年税额幅度确定的适用税额计算征收。在审核时，应重点审核纳税人实际占用土地的面积、减免税土地面积，适用单位税额及税款计算缴纳等问题。

1. 应税土地面积审核要点

应税土地面积是纳税人实际占用土地的面积，它是计算城镇土地使用税的直接依据。

2. 减免税土地面积审核要点

在审核过程中，应严格掌握城镇土地使用税的减免税规定，对纳税人新征用的土地面积，可依据土地管理机关批准征地的文件来确定；对开山填海整治的土地和改造的废弃土地，可依据土地管理机关出具的证明文件来确定。另外，要审核是否将免税土地用于出租，或者多报免税土地面积的问题。

3. 应纳税额审核要点

根据土地位置和用途，对照当地人民政府对本地区土地划分的等级及单位税额，审核纳税人适用税率是否正确。在此基础上，进一步复核城镇土地使用税纳税申报表和有关完税凭证，审核纳税人应纳税款的计算正确与否，税款是否及时申报缴纳入库。

思考与练习

一、名词解释

房产税　城镇土地使用税　资源税　契税　车船税　印花税　土地增值税

二、单项选择题

1. 土地增值税纳税申报表中旧房及建筑物的评估价格，是按（　　）并经主管税务机关确认评估旧房及建筑物价格。

　　A. 现值法　　　　B. 假设开发法　　　C. 残余法　　　　D. 重置成本法

2. 下列各项中，按现行土地增值税规定，需要申报缴纳土地增值税的是（　　）。

　　A. 出租房地产　　　　　　　　　B. 房地产的继承

　　C. 转让国有土地使用权　　　　　D. 出让国有土地使用权

3. 纳税人申报缴纳房产税的方式是（　　）。

　　A. 按季征收，分期缴纳　　　　　B. 按年征收，分期缴纳

　　C. 按月征收，分期缴纳　　　　　D. 由省、自治区、直辖市人民政府规定

4. 资源税规定独立矿山收购的未税矿产品，应按照本单位适用资源税的单位税额，依据收购数量在（　　）代扣代缴资源税。

　　A. 开采地　　　　B. 销售地　　　　　C. 收购地　　　　D. 机构所在地

5. 城镇土地使用税的纳税人以（　　）的土地面积为计税依据。

A. 自用　　　　　B. 拥有　　　　　C. 实际占用　　　　　D. 被税务机关认定

三、多项选择题

1. 下列关于土地使用税计税依据的表述正确的有（　　　）。
   A. 以纳税人实际占用的土地面积为计税依据
   B. 经省级政府指定单位测定土地面积的，以政府部门核发的土地使用证书确定的土地面积为准
   C. 未经省级政府指定单位测定土地面积的，以政府部门核发的土地使用证书确定的土地面积为准
   D. 尚未核发土地使用证书的，以税务机关确定的土地面积为准

2. 对资源税代理纳税审查下列表述正确的有（　　　）。
   A. 税务代理所能涉及的资源税的纳税人仅是生产应税矿产品的企业
   B. 纳税人开采或者生产应税产品销售的，应当以销售数量为课税数量
   C. 纳税人自产自用应税产品的，有原始凭证的可确定自产自用数量的，仍应以税务机关确定的折算比换算成的数量为课税数量
   D. 独立矿山铁矿石资源税减按 60% 征收

3. 下列关于房产税的计税依据表述正确的有（　　　）。
   A. 出租房屋的以计税余值为计税依据
   B. 出租房屋的以收取的租金收入为计税依据
   C. 经营自用房屋的，以房屋账面原值为计税依据
   D. 经营自用房屋的，以计税余值为计税依据

4. 下列项目中，按城镇土地使用税税法规定，应当征税的有（　　　）。
   A. 企业内的道路、广场、绿化用地
   B. 国家机关、人民团体、军队自用的土地
   C. 市政街道、广场、绿地等社会性公共用地
   D. 实行自收自支、自负盈亏的事业单位用地

5. 土地增值税的征收范围包括（　　　）。
   A. 转让国有土地使用权
   B. 出让国有土地使用权
   C. 地上的建筑物及其附着物连同固有土地使用权一并转让
   D. 以赠与方式转让房地产的

四、判断题

1. 个人所有的房产，除出租者外，一律免征房产税。　　　　　　　　　　　（　　）
2. 对房地产开发企业建造的商品房，在出售前一律不征收房产税。　　　　　（　　）
3. 境内承受转移土地、房屋权属的单位和个人为契税的纳税人，但不包括外商投资企业和外国企业。　　　　　　　　　　　　　　　　　　　　　　　　　　（　　）
4. 对于尚未核发土地使用证书的纳税人，其城镇土地使用税的计税依据为纳税人申报的面积。　　　　　　　　　　　　　　　　　　　　　　　　　　　　　（　　）
5. 个体工商户不是我国城镇土地使用税的纳税人。　　　　　　　　　　　（　　）

五、问答题

1. 我国现行房产税的计税依据是如何规定的?

2. 我国城镇土地占用税和耕地占用税的征收具有哪些意义?

3. 简述城镇土地使用税代理纳税申报操作规范。

4. 简述房产税代理纳税申报操作规范。

六、实务题

1. 某综合型企业 2018 年度有关资料如下。

(1) 5 月与外商订立加工承揽合同,合同中分别记载加工费金额 20 万美元,原材料 100 万美元,签订合同之日国家外汇管理局公布的人民币外汇牌价为 1:6.27。

(2) 6 月与甲公司签订转让技术合同,转让收入由甲公司按 2004—2013 年实现利润的 30% 支付。

(3) 6 月与银行签订 1 年期借款合同,借款 200 万元,年利率为 5%。

(4) 6 月根据客户订货单向乙公司销售货物一批,货款 40 万元,已收存银行。

要求:(1) 分期计算该企业应缴纳的印花税;

(2) 请代该企业选择最适宜的缴纳方法。

2. 甲企业属于粮食购销企业,由于城镇规划,拆迁原仓库后,有近两亩的空地,甲企业办理有关手续后,决定与建筑商乙企业联合开发,甲企业出土地,建筑商乙企业出资金,建成后的房产 50% 归甲企业,50% 归建筑商乙企业,甲企业所得的 50% 的房产准备全部出售。

要求:上述业务除按规定缴纳企业所得税外,甲企业还应缴纳哪些税费?并简述理由。

第9章 其他税务服务事宜

学习目标

通过本章的学习，使学生了解税务行政复议的受案范围，税务行政复议的参加人和管辖，税务行政复议审理的基本规程，了解涉税文书的特点及种类，以及税务服务执业风险。

导入案例

个体工商户张某2015年8月8日开业，当地税务机关依法核定其每月营业额为30 000元，每月缴纳的增值税为1 200元；同时，税务机关在通知书上详细注明：该定期定额户的纳税限期为一个月，当月的增值税款应在次月的1日至15日依法缴纳。然而，一直到9月15日，张某仍未依法缴纳税务机关核定的应纳税款。为此，税务机关在9月16日对张某下达了《责令限期改正通知书》。

但张某却认为税法明文规定：实行定期定额缴纳税款的纳税人可以实行简易申报，简易申报也就是不需要纳税申报，因此也就不存在逾期申报罚款问题，推迟几天纳税，大不了多缴几角钱的滞纳金，所以迟迟不到税务机关缴纳税款。一直到9月25日，张某才缴纳了8月份应缴的1 200元增值税。令他万万想不到的是，在履行了必要程序后，税务机关于9月28日对其做出了罚款5 000元的行政处罚决定。张某对此不服，在接到处罚通知的当日就依法向当地人民法院提起了行政诉讼，请问张某能否聘请税务代理机构为其办理。

9.1 税务行政复议服务实务

税务行政复议是纳税人或其他行政相对人认为税务机关的某一具体行政行为侵害了自己的合法权益，向做出具体行政行为的税务机关的上一级税务机关提出申诉，由上级税务机关依法裁决税务争议的过程。

9.1.1 税务行政复议的受案范围

（1）税务机关做出的征税行为。

税务机关做出的征税行为包括确认征税主体、征税对象、征税范围、减税、免税、退税、抵扣税款、适用税率、计税依据、纳税环节、纳税期限、纳税地点和税款征收方式等具体行政行为，以及征收税款、加收滞纳金，扣缴义务人、受税务机关委托的单位和个人做出的代扣代缴、代收代缴、代征行为等。

（2）行政许可、行政审批行为。

（3）发票管理行为。发票管理行为包括发售、收缴、代开发票等。

（4）税务机关做出的税收保全措施、强制执行措施。

税务保全措施包括税务机关书面通知银行或其他金融机构冻结存款；扣押、查封商品、货物或其他财产。强制执行措施包括书面通知银行或其他金融机构从纳税人的存款中扣缴税款；变卖、拍卖扣押和查封的商品、货物或其他财产。

（5）税务机关做出的行政处罚行为：

① 罚款；

② 没收财物和违法所得；

③ 停止出口退税权。

（6）税务机关不依法履行下列职责的行为：

① 颁发税务登记证；

② 开具、出具完税凭证和外出经营活动税收管理证明；

③ 行政赔偿；

④ 行政奖励；

⑤ 其他不依法履行职责的行为。

（7）税务机关做出的资格认定行为。

（8）税务机关不依法确认纳税担保行为。

（9）政府信息公开工作中的具体行政行为。

（10）税务机关做出的纳税信用等级评定行为。

（11）税务机关做出的通知出入境管理机关阻止出境行为。

（12）税务机关做出的其他具体行政行为。

纳税人认为税务机关的具体行政行为所依据的下列规定不合法，可以在行政复议机关做出行政复议决定以前提出对该规定的审查申请：

① 国家税务总局和国务院其他部门的规定；

② 其他各级税务机关的规定；

③ 地方各级人民政府的规定；

④ 地方人民政府工作部门的规定。

9.1.2 税务行政复议的参加人

1. 税务行政复议的申请人

税务行政复议的申请人是指认为税务机关的具体行政行为侵犯其合法权益，向税务行政复议机关申请行政复议的公民、法人和其他组织，也包括在中华人民共和国境内向税务机关申请行政复议的外国人、无国籍人和外国组织。

有权申请行政复议的公民死亡的，其近亲属可以申请行政复议；有权申请行政复议的公民为无行为能力人或限制行为能力人，其法定代理人可以代理申请行政复议；有权申请行政复议的法人或其他组织发生合并、分立或终止的，承受其权利与义务的法人或其他组织可以申请行政复议。

2. 税务行政复议的被申请人

申请人对具体行政行为不服申请行政复议的，税务行政复议的被申请人，是指做出引起争议的具体行政行为的税务机关。

（1）申请人对扣缴义务人的扣缴税款行为不服的，主管该扣缴义务人的税务机关为被申请人。

（2）对税务机关委托的单位和个人的代征行为不服的，委托税务机关为被申请人。

（3）税务机关与法律、法规授权的组织以共同的名义做出具体行政行为的，税务机关和法律、法规授权的组织为共同被申请人。

（4）税务机关与其他组织以共同名义做出具体行政行为的，税务机关为被申请人。

（5）税务机关依照法律、法规和规章规定，经上级税务机关批准做出具体行政行为的，批准机关为被申请人。

（6）申请人对经重大税务案件审理程序做出的决定不服的，审理委员会所在税务机关为被申请人。

（7）税务机关设立的派出机构、内设机构或其他组织，未经法律、法规授权，以自己名义对外做出具体行政行为的，税务机关为被申请人。

3. 税务行政复议的第三人

税务行政复议的第三人是指与申请复议的具体行政行为有利害关系的个人或组织。所谓"利害关系"，一般是指经济上的债权、债务关系，股权控股关系等。行政复议期间，行政复议机关认为申请人以外的公民、法人或其他组织与被审查的具体行政行为有利害关系的，可以通知其作为第三人参加行政复议。

4. 税务行政复议的代理人

税务行政复议的代理人是指接受当事人委托，以被代理人的名义，在法律规定或当事人授予的权限范围内，为代理复议行为而参加复议的个人。

9.1.3 税务行政复议的管辖原则

税务行政复议管辖是指税务行政复议机关之间受理税务行政复议案件的职权划分。税务行政复议机构是税务机关内部的一个职能部门。

（1）对各级国家税务局的具体行政行为不服的，向其上一级国家税务局申请行政复议。

（2）对各级地方税务局的具体行政行为不服的，可以选择向其上一级地方税务局或该税务局的本级人民政府申请行政复议。

（3）对国家税务总局的具体行政行为不服的，向国家税务总局申请行政复议。对行政复议决定不服，申请人可以向人民法院提起行政诉讼，也可以向国务院申请裁决。国务院的裁决为最终裁决。

（4）对下列税务机关的具体行政行为不服的，按照下列规定申请行政复议。

① 对计划单列市国家税务局的具体行政行为不服的，向国家税务总局申请行政复议；对计划单列市地方税务局的具体行政行为不服的，可以选择向省地方税务局或者本级人民政府申请行政复议。

② 对税务所（分局）、各级税务局的稽查局的具体行政行为不服的，向其所属税务局申请行政复议。

③ 对两个以上税务机关共同做出的具体行政行为不服的，向共同上一级税务机关申请行政复议；对税务机关与其他行政机关共同做出的具体行政行为不服的，向其共同上一级行政机关申请行政复议。

④ 对被撤销的税务机关在撤销以前所做出的具体行政行为不服的，向继续行使其职权

的税务机关的上一级税务机关申请行政复议。

⑤ 对税务机关做出逾期不缴纳罚款加处罚款的决定不服的，向做出行政处罚决定的税务机关申请行政复议。但是对已处罚款和加处罚款都不服的，一并向做出行政处罚决定的税务机关的上一级税务机关申请行政复议。

有上述第②、③、④、⑤ 项所列情形之一的，申请人也可以向具体行政行为发生地的县级地方人民政府提交行政复议申请，由接受申请的县级地方人民政府依法转送。

9.1.4　税务行政复议申请

1. 税务行政复议的申请期限

申请人可以在知道税务机关做出具体行政行为之日起 60 日内提出行政复议申请。因不可抗力或被申请人设置障碍等原因耽误法定申请期限的，申请期限的计算应当扣除被耽误时间，自障碍消除之日起继续计算。

有履行期限规定的，自履行期限届满之日起计算；没有履行期限规定的，自税务机关收到申请满 60 日起计算。税务机关做出的具体行政行为对申请人的权利、义务可能产生不利影响的，应当告知其申请行政复议的权利、行政复议机关和行政复议申请期限。

2. 税务行政复议申请的提交

申请人书面申请行政复议的，可以采取当面递交、邮寄或传真等方式提出行政复议申请。有条件的行政复议机关可以接受以电子邮件形式提出的行政复议申请。对以传真、电子邮件形式提出行政复议申请的，行政复议机关应当审核确认申请人的身份、复议事项。

9.1.5　税务行政复议受理

（1）行政复议申请符合下列规定的，行政复议机关应当受理。

① 属于规定的行政复议范围。

② 在法定申请期限内提出。

③ 有明确的申请人和符合规定的被申请人。

④ 申请人与具体行政行为有利害关系。

⑤ 有具体的行政复议请求和理由。

⑥ 符合《税务行政复议规则》第三十三条和第三十四条规定的条件。

⑦ 属于收到行政复议申请的行政复议机关的职责范围。

⑧ 其他行政复议机关尚未受理同一行政复议申请，人民法院尚未受理同一主体就同一事实提起的行政诉讼。

（2）行政复议机关收到行政复议申请以后，应当在 5 日内审查，决定是否受理。对不符合本规则规定的行政复议申请，决定不予受理，应当书面告知申请人。

对不属于本机关受理的行政复议申请，应当告知申请人向有关行政复议机关提出。行政复议机关收到行政复议申请以后未按照前款规定期限审查并做出不予受理决定的，视为受理。

（3）对符合规定的行政复议申请，自行政复议机构收到之日起即为受理；受理行政复议申请，应当书面告知申请人。

（4）行政复议申请材料不齐全、表述不清楚的，行政复议机构可以自收到该行政复议申请之日起 5 日内书面通知申请人补正。补正通知应当载明需要补正的事项和合理的补正期限。无正当理由逾期不补正的，视为申请人放弃行政复议申请。

补正申请材料所用时间不计入行政复议审理期限。

（5）上级税务机关认为行政复议机关不予受理行政复议申请的理由不成立的，可以督促其受理；经督促仍然不受理的，责令其限期受理。上级税务机关认为行政复议申请不符合法定受理条件的，应当告知申请人。

（6）上级税务机关认为有必要的，可以直接受理或提审由下级税务机关管辖的行政复议案件。

（7）对应当先向行政复议机关申请行政复议，对行政复议决定不服再向人民法院提起行政诉讼的具体行政行为，行政复议机关决定不予受理或受理以后超过行政复议期限不作答复的，申请人可以向收到不予受理决定书之日起或行政复议期满之日起 15 日内，依法向人民法院提起行政诉讼。

依照规定延长行政复议期限的，以延长以后的时间为行政复议期满时间。

（8）行政复议期间具体行政行为不停止执行；但是有下列情形之一的，可以停止执行。

① 被申请人认为需要停止执行的。

② 行政复议机关认为需要停止执行的。

③ 申请人申请停止执行，行政复议机关认为其要求合理，决定停止执行的。

④ 法律规定停止执行的。

（9）行政复议期间，有下列情形之一的，行政复议中止。

① 作为申请人的公民死亡，其近亲属尚未确定是否参加行政复议的。

② 作为申请人的公民丧失参加行政复议的能力，尚未确定法定代理人参加行政复议的。

③ 作为申请人的法人或其他组织终止，尚未确定权利与义务承受人的。

④ 作为申请人的公民下落不明或被宣告失踪的。

⑤ 申请人、被申请人因不可抗力，不能参加行政复议的。

⑥ 行政复议机关因不可抗力原因暂时不能履行工作职责的。

⑦ 案件涉及法律适用问题，需要有权机关做出解释或确认的。

⑧ 案件审理需要以其他案件的审理结果为依据，而其他案件尚未审结的。

⑨ 其他需要中止行政复议的情形。

行政复议中止的原因消除以后，应当及时恢复行政复议案件的审理。行政复议机构中止、恢复行政复议案件的审理，应当告知申请人、被申请人、第三人。

（10）行政复议期间，有下列情形之一的，行政复议终止。

① 申请人要求撤回行政复议申请，行政复议机构准予撤回的。

② 作为申请人的公民死亡，没有近亲属，或者其近亲属放弃行政复议权利的。

③ 作为申请人的法人或其他组织终止，其权利与义务的承受人放弃行政复议权利的。

④ 申请人与被申请人依照《税务行政复议规则》第八十七条的规定，经行政复议机构准许达成和解的。

⑤ 行政复议申请受理以后，发现其他行政复议机关已经先于本机关受理，或者人民法院已经受理的。

依照行政复议中止第①、②、③ 项规定中止行政复议，满 60 日行政复议中止的原因未消除的，行政复议终止。

9.1.6　税务行政复议证据

行政复议证据包括书证、物证、视听资料、电子数据、证人证言、当事人陈述、鉴定结论、勘验笔录、现场笔录。

（1）在行政复议中，被申请人对其做出的具体行政行为负有举证责任。

（2）行政复议机关应当依法全面审查相关证据。行政复议机关审查行政复议案件，应当以证据证明的案件事实为依据。定案证据应当具有合法性、真实性和关联性。

（3）行政复议机关应当根据案件的具体情况，从以下方面审查证据的合法性。

① 证据是否符合法定形式。

② 证据的取得是否符合法律、法规、规章和司法解释的规定。

③ 是否有影响证据效力的其他违法情形。

（4）行政复议机关应当根据案件的具体情况，从以下方面审查证据的真实性。

① 证据形成的原因。

② 发现证据时的环境。

③ 证据是否为原件、原物，复制件、复制品与原件、原物是否相符。

④ 提供证据的人或证人与行政复议参加人是否具有利害关系。

⑤ 影响证据真实性的其他因素。

（5）行政复议机关应当根据案件的具体情况，从以下方面审查证据的关联性。

① 证据与待证事实是否具有证明关系。

② 证据与待证事实的关联程度。

③ 影响证据关联性的其他因素。

（6）下列证据材料不得作为定案依据。

① 违反法定程序搜集的证据材料。

② 以偷拍、偷录和窃听等手段获取侵害他人合法权益的证据材料。

③ 以利诱、欺诈、胁迫和暴力等不正当手段获取的证据材料。

④ 无正当事由超出举证期限提供的证据材料。

⑤ 无正当理由拒不提供原件、原物，又无其他证据印证，且对方不予认可的证据的复制件、复制品。

⑥ 无法辨明真伪的证据材料。

⑦ 不能正确表达意志的证人提供的证言。

⑧ 不具备合法性、真实性的其他证据材料。

各级行政复议机关负责法制工作的机构依据职责所取得的有关材料，不得作为支持被申请人具体行政行为的证据。

（7）在行政复议过程中，被申请人不得自行向申请人和其他有关组织或个人搜集证据。

（8）行政复议机构认为必要时，可以调查取证。

（9）申请人和第三人可以查阅被申请人提出的书面答复，做出具体行政行为的证据、依据和其他有关材料，除涉及国家秘密、商业秘密或个人隐私外，行政复议机关不得拒绝。

9.1.7　税务行政复议审查和决定

行政复议原则上采用书面审查的办法，但是申请人提出要求或行政复议机构认为有必要时，应当听取申请人、被申请人和第三人的意见，并可以向有关组织和人员调查了解情况。

（1）行政复议机构应当自受理行政复议申请之日起 7 日内，将行政复议申请书副本或行政复议申请笔录复印件发送被申请人。被申请人应当自收到申请书副本或申请笔录复印件之日起 10 日内提出书面答复，并提交当初做出具体行政行为的证据、依据和其他有关材料。

对国家税务总局的具体行政行为不服申请行政复议的案件，由原承办具体行政行为的相关机构向行政复议机构提出书面答复，并提交当初做出具体行政行为的证据、依据和其他有关材料。

（2）行政复议机构审理行政复议案件，应当由 2 名以上行政复议工作人员参加。

（3）对重大、复杂的案件，申请人提出要求或行政复议机构认为必要时，可以采取听证的方式审理。

（4）行政复议机构决定举行听证的，应当将举行听证的时间、地点和具体要求等事项，通知申请人、被申请人和第三人。第三人不参加听证的，不影响听证的举行。

听证应当公开举行，但是涉及国家秘密、商业秘密或个人隐私的除外。

行政复议听证人员不得少于 2 人，听证主持人由行政复议机构确定。

听证应当制作笔录。申请人、被申请人和第三人应当确认听证笔录内容。行政复议听证笔录应当附卷，作为行政复议机构审理案件的依据之一。

（5）行政复议机关应当全面审查被申请人的具体行政行为所依据的事实证据、法律程序、法律依据和涉及的权利与义务内容的合法性、适当性。

（6）申请人在行政复议决定做出以前撤回行政复议申请的，经行政复议机构同意，可以撤回。申请人撤回行政复议申请的，不得再以同一事实和理由提出行政复议申请。但是，申请人能够证明撤回行政复议申请违背其真实意思表示的除外。

（7）行政复议期间被申请人改变原具体行政行为的，不影响行政复议案件的审理。但是，申请人依法撤回行政复议申请的除外。

（8）申请人在申请行政复议时，依据规定一并提出对有关规定的审查申请的，行政复议机关对该规定有权处理的，应当在 30 日内依法处理；无权处理的，应当在 7 日内按照法定程序逐级转送有权处理的行政机关依法处理，有权处理的行政机关应当在 60 日内依法处理。处理期间，中止对具体行政行为的审查。

（9）行政复议机关审查被申请人的具体行政行为时，认为其依据不合法，本机关有权处理的，应当在 30 日内依法处理；无权处理的，应当在 7 日内按照法定程序逐级转送有权处理的国家机关依法处理。处理期间，中止对具体行政行为的审查。

（10）行政复议机构应当对被申请人的具体行政行为提出审查意见，经行政复议机关负责人批准，按照下列规定做出行政复议决定。

①具体行政行为认定事实清楚，证据确凿，适用依据正确，程序合法，内容适当的，决定维持。

②被申请人不履行法定职责的，决定其在一定期限内履行。

③具体行政行为有下列情形之一的，决定撤销、变更或确认该具体行政行为违法；决

定撤销或确认该具体行政行为违法的，可以责令被申请人在一定期限内重新做出具体行政行为。

- 主要事实不清、证据不足的。
- 适用依据错误的。
- 违反法定程序的。
- 超越职权或滥用职权的。
- 具体行政行为明显不当的。

④ 被申请人不按照规定提出书面答复，提交当初做出具体行政行为的证据、依据和其他有关材料的，视为该具体行政行为没有证据、依据，决定撤销该具体行政行为。

（11）行政复议机关责令被申请人重新做出具体行政行为的，被申请人不得以同一事实和理由做出与原具体行政行为相同或基本相同的具体行政行为。但是，行政复议机关以原具体行政行为违反法定程序决定撤销的，被申请人重新做出具体行政行为的除外。

行政复议机关责令被申请人重新做出具体行政行为的，被申请人不得做出对申请人更为不利的决定；但是行政复议机关以原具体行政行为主要事实不清、证据不足或适用依据错误决定撤销的，被申请人重新做出具体行政行为的除外。

（12）有下列情形之一的，行政复议机关可以决定变更。

① 认定事实清楚，证据确凿，程序合法，但是明显不当或适用依据错误的。

② 认定事实不清，证据不足，但是经行政复议机关审理查明事实清楚，证据确凿的。

（13）有下列情形之一的，行政复议机关应当决定驳回行政复议申请。

① 申请人认为税务机关不履行法定职责申请行政复议，行政复议机关受理以后，发现该税务机关没有相应法定职责或在受理以前已经履行法定职责的。

② 受理行政复议申请后，发现该行政复议申请不符合行政复议法及其实施条例和本规则规定的受理条件的。

上级税务机关认为行政复议机关驳回行政复议申请的理由不成立的，应当责令限期恢复受理。行政复议机关审理行政复议申请期限的计算应当扣除因驳回耽误的时间。

（14）行政复议机关责令被申请人重新做出具体行政行为的，被申请人应当在 60 日内重新做出具体行政行为；情况复杂，不能在规定期限内重新做出具体行政行为的，经行政复议机关批准，可以适当延期，但是延期不得超过 30 日。

公民、法人或其他组织对被申请人重新做出的具体行政行为不服，可以依法申请行政复议，或者提起行政诉讼。

（15）申请人在申请行政复议时可以一并提出行政赔偿请求，行政复议机关对符合国家赔偿法规定应当赔偿的，在决定撤销、变更具体行政行为，或者确认具体行政行为违法时，应当同时决定被申请人依法赔偿。

申请人在申请行政复议时没有提出行政赔偿请求的，行政复议机关在依法决定撤销、变更原具体行政行为确定的税款、滞纳金、罚款和对财产的扣押、查封等强制措施时，应当同时责令被申请人退还税款、滞纳金和罚款，解除对财产的扣押、查封等强制措施，或者赔偿相应的价款。

（16）行政复议机关应当自受理申请之日起 60 日内做出行政复议决定。情况复杂，不能在规定期限内做出行政复议决定的，经行政复议机关负责人批准，可以适当延期，并告知申请人和被申请人，但是延期不得超过 30 日。

行政复议机关做出行政复议决定，应当制作行政复议决定书，并加盖行政复议机关印章。

行政复议决定书一经送达，即发生法律效力。

（17）被申请人应当履行行政复议决定。

被申请人不履行、无正当理由拖延履行行政复议决定的，行政复议机关或有关上级税务机关应当责令其限期履行。

（18）申请人、第三人逾期不起诉又不履行行政复议决定的，或者不履行最终裁决的行政复议决定的，按照下列规定分别处理。

① 维持具体行政行为的行政复议决定，由做出具体行政行为的税务机关依法强制执行，或者申请人民法院强制执行。

② 变更具体行政行为的行政复议决定，由行政复议机关依法强制执行，或者申请人民法院强制执行。

9.1.8　税务行政复议文书的送达

行政复议期间的计算和行政复议文书的送达，依照民事诉讼法关于期间、送达的规定执行。上述关于行政复议期间有关"5 日""7 日"的规定是指工作日，不包括法定节假日。

9.1.9　税务行政复议服务的基本前提与操作规范

引发税务行政复议的前提，是征纳双方产生的税收争议，税务师受托税务行政复议服务，应根据税务行政复议审理的法定规程进行操作，通过行政裁决使纳税人、扣缴义务人的异议申请获得行政救济。

1. 税务行政复议服务的基本前提

税务行政复议是保护纳税人、扣缴义务人的有效途径，也是维护税务机关依法行政的重要渠道。税务师作为征纳双方的中介，在决定受托代理税务行政复议之前，必须明确下述前提。

1）解决税收争议的途径

在税收征管的每个环节，税务机关所做出的具体行政行为都有可能引发税收争议，但是，更为普遍的情况是针对税务稽查结论所产生的税款滞补罚争议。解决这类争议的前一个环节，是在主管税务机关下达《税务行政处罚事项告知书》送达后 3 日内，由纳税人、扣缴义务人或委托税务师向税务机关书面提出听证，由做出具体行政行为的税务机关自行审查解决纳税争议。对于税务师而言，可视征纳双方争执的具体情况确定是否经过听证程序。

2）引起税收争议的焦点

引起税收争议的原因是多方面的，所涉及征免范围划分的纳税事项的调整也因事而异，在决定受托代理税务行政复议之前，必须以独立、客观的立场来调查了解产生税收争议的过程，征纳双方各自的主张和论据，税收法律、法规有关争议问题的解释，税务机关对以往类似问题的判例等。

3）税务行政复议服务的风险

由于税收争议多属于较为疑难复杂的问题，征纳双方都很敏感，直接涉及纳税人、扣缴义务人的税收权益，处于中介地位的税务师即使以完全独立、客观的立场来分析判断税收争议，仍要承担较高的代理风险。

2. 税务行政复议服务的操作规范

1）确定代理复议操作要点

税务行政复议服务的操作是从签订《税务代理协议书》开始的。但是，在正式决定受托代理之前，税务师应履行以下程序。

（1）了解分析税收争议双方的基本情况，产生税收争议的原因、过程与结果，税务机关最后的决定，纳税人、扣缴义务人请求复议的理由与要求。

（2）审核纳税人、扣缴义务人申请复议的条件是否具备。例如，申请复议的内容是否为受案和管辖范围，申请的时限是否符合法定的复议期限，如因纳税问题提请复议是否按照税务机关的要求缴纳了税款和滞纳金等。

（3）磋商代理事项、价格和收费方法，签订《税务代理协议书》。代理事项的结果有许多不可预见性，在签订合同时，应按商定代理价格的30%～40%预交费用，以预防代理中可能发生的过高成本与风险损失。

2）复议申请服务操作要点

（1）根据《税务行政复议规则》第三十七条，申请人表达诉愿的基本方式，是向税务行政复议机关提交《复议申请书》，以便于明确表述复议请求。税务师制作《复议申请书》，应认真填写各个栏目的内容，简单清晰地表达申请复议的要求和理由，针对税务机关的具体行政行为，提出持有异议的论据并进行充分的论证。

（2）在向税务行政复议机关提交《复议申请书》之后的10日内，税务师可视下列情况分别处理：① 复议机关决定受理复议申请，应做好参加审理的准备；② 复议机关要求限期补正，应按限定的时间提供有关资料；③ 复议机关通知不予受理，如果申请人对此裁决不服可以自收到不予受理裁决书之日起15日内，就复议机关不予受理的裁决向人民法院起诉。

（3）在法定的申请期限内，如因不可抗力而延误申请，税务师应在障碍消除后的10日内，向复议机关申请延长复议申请期限。

3）复议审理服务

审理是复议机关对决定受理的复议申请，审查其具体行政行为合法性和适当性的过程，它是复议机关最终做出复议决定的基础。税务师应根据审理过程中案情的发展而加以运作，力争复议请求的圆满解决。

（1）在采取书面审理的方式下，被申请人自收到《复议申请书》之日起10日内，向复议机关提交《答辩书》和有关证据材料，为支持原具体行政行为提供事实和法律方面的辩护。

（2）在采取公开审理的方式下，税务师要与被申请人就税收争议进行辩论，公开陈述申请人的复议请求，论证税务机关做出的具体行政行为在事实认定、适用法律及执法程序中存在的问题。

9.2 税务咨询与税务顾问

9.2.1 税务咨询

税务咨询是咨询服务的一种。它通过电话、信函、晤谈等方式解答纳税人、扣缴义务人等咨询人有关税收方面的问题，是最具普遍性的涉税服务业务。

1. 税务咨询的内容

（1）税收法律规定方面的咨询。咨询人需要了解税收政策规定，提出有关税收政策方面的咨询。有税收实体法内容，有税收程序法内容，也有涉及许多方面的综合性内容。税务师在进行这方面服务时，主要是提供税收法律、法规、实施细则、行政规章、规范性文件的政策规定，以及其他法规关于税收方面问题的政策规定。

（2）税收政策运用方面的咨询。有关税收实体法政策运用方面的释疑解难，也是税务咨询最主要的内容。咨询人在经营活动中涉及的税收政策运用或掌握理解都是其咨询的内容。这类咨询涉及税种多、政策面广、问题具体。

（3）办税实务方面的咨询。有关税收程序法政策操作、运用方面的咨询。

（4）涉税会计处理的咨询。主要是就有关涉税会计处理的问题给予咨询。

（5）税务动态方面的咨询。有关税收政策和税务工作动态方面的咨询。

除上述内容外，税收基础知识、税收负担计算或测算、税收协定知识和内容，以及外国税制规定，都可能是税务咨询的内容。

2. 税务咨询的形式

1）书面咨询

书面咨询是税务咨询最为常用的一种方法。它是以书面的形式如"税务咨询备忘函""关于问题的解答"等方式释疑解难。

2）电话咨询

电话咨询又可称作口头咨询。它主要是用于比较简单明了的税务问题的咨询服务，通过电话中的交谈就能给纳税人、扣缴义务人一个简要的答复。

3）晤谈

晤谈是当面解答纳税人、扣缴义务人提出的税收问题。这种咨询方式带有共同研讨的特点，往往是对于较为复杂的问题进行讨论，最后由税务师做出结论。

4）网络咨询

网络咨询是一种新兴的税务咨询形式。它是以网络为载体，通过咨询窗口（或专栏、论坛）、QQ 聊天或 E-mail 等方式，提供咨询服务，既可以在线即时解答，也可以延时留言答复。随着网络的广泛运用，网络咨询以其不受时空限制、可以随时存取查阅等便捷的优势，越来越多地应用于税务咨询中。

3. 税收政策运用咨询的操作要点

（1）弄清咨询问题所涉及的税种。

（2）收集咨询问题相关的税收政策文件。

（3）分析税收政策适用条款。

① 税收政策适用时效。

② 不同税种政策规定的差异。

③ 税收政策制定的原则和精神。

④ 根据需要做必要的沟通说明。

⑤ 确定合适的答复方式。

9.2.2　税务顾问

税务顾问是综合性的涉税服务业务。它是接受纳税人、扣缴义务人等委托人聘用出任常年税务顾问，指派专门的税务师通过网络、电话、资料和培训等多种方式，对委托人及相关人员提供日常的、全面的税务方面的咨询服务。与税务咨询相比，税务顾问具有权威性强、咨询内容广泛、服务对象专一的特点。其主要的咨询形式是书面咨询和晤谈。

1. 政策指导

担任纳税人、扣缴义务人税务顾问的人员，应是在财税方面学有专长并有一定造诣的税务师，不仅要为企业释疑解难，更主要的是指导其具体操作并最终解决问题，这是税务顾问不同于税务咨询的一个重要方面。

2. 办税指导

税务师为纳税人、扣缴义务人提供日常办税咨询服务与操作指南，包括纳税框架的设计，适用税种、税目、税率的认定，办税程序指南，以及为避免纳税风险提示关注的涉税事项等。对于担当税务顾问的企业，税务师在签订合同书之后，即要全面了解企业的基本情况、历年纳税档案、企业办税人员的业务素质等，以书面形式为企业提供一份办税指南。

3. 提供信息

税务顾问可向客户提供税收方面的信息，也可向客户提供财务、会计、法律方面的信息，以及其他相关的国家政策、经济动态，可以通过举办讲座、发函寄送、登门传递等形式向客户提供信息，供客户参阅。

9.2.3　现代税务咨询——税收筹划

随着现代咨询业的发展，税收筹划作为中介机构一种全新的税务咨询方式应运而生。税收筹划目前尚无权威性的定义，但一般的理解是：税收筹划是指在税法规定的范围内，通过对经营、投资、理财活动的事先筹划和安排，尽可能地取得"节税"的税收利益，其要点在于"三性"：合法性、筹划性和目的性。

可以降低税收负担的税收筹划方法主要有以下几种。

（1）不予征税方法。该方法是选择国家税收法律、法规或政策规定不予征税的经营、投资、理财等活动方案，以减轻税收负担的方法。

（2）减、免税方法。该方法是选择国家税收法律、法规或政策规定的可以享受减税或免税优惠的经营、投资、理财等活动方案，以减轻税收负担的方法。

（3）税率差异方法。该方法是根据国家税收法律、法规或政策规定的税率差异，选择税率较低的经营、投资、理财等活动方案，以减轻税收负担的方法。

（4）分割方法。该方法是根据国家税收法律、法规或政策规定，选择能使计税依据进行分割的经营、投资、理财等活动方案，以实现不同税负、税种的计税依据相分离，或者是分解为不同纳税人或征税对象，增大不同计税依据扣除的额度或频度，或者是防止税率的爬升等效果，以求税收负担减轻的方法。

（5）扣除方法。该方法是依据国家税收法律、法规或政策规定，使经营、投资、理财等活动的计税依据中尽量增多可以扣除的项目或金额，以减轻税收负担的方法。

（6）抵免方法。该方法是依据国家税收法律、法规或政策规定，使经营、投资、理财等活动的已纳税额或相应支出，在其应纳税额中予以抵扣，以减轻税收负担的方法。

（7）延期纳税方法。该方法是依据国家税收法律、法规或政策规定，将经营、投资、理财等活动的当期应纳税额延期缴纳，以实现相对减轻税收负担的方法。

（8）退税方法。该方法是依据国家税收法律、法规或政策规定，使经营、投资、理财等活动的相关税额退还的方法。

税收筹划是一项综合性的、复杂的工作，涉及面广、难度大，在运用税收筹划方法时，应充分考虑具体情况和政策规定，各种税收筹划方法也不是彼此孤立和矛盾的，有时应相互配合、综合运用，同时，随着税收筹划层次的深入和领域的拓宽，还将会开展和运用新的、科学的税收筹划技术。

9.3　税务师执业文书

税务师执业文书（以下简称执业文书）是税务师在执业活动中制作的各种书面报告，用来表达税务师执业主张，综合反映其执业过程或结果，起到备查、鉴证、提示及沟通等作用。执业文书一般由税务师的工作底稿、执业相关证明资料、依据的政策文件和执业报告等组成，其中执业报告既是执业文书的核心，也是狭义的执业文书。

9.3.1　执业文书的种类

（1）执业文书按性质划分，可以分为涉税鉴证类执业文书和涉税服务类执业文书。

涉税鉴证类业务报告是税务师进行纳税申报类鉴证、涉税审批类鉴证和其他涉税鉴证等鉴证业务，对被鉴证人的涉税事项做出评价和证明而出具的书面报告。目前，常用的涉税鉴证类业务报告主要有企业所得税汇算清缴纳税申报的鉴证报告、企业财产损失所得税税前扣除的鉴证报告、企业所得税税前弥补亏损的鉴证报告、土地增值税清算税款的鉴证报告、房地产企业涉税调整的鉴证报告等。

涉税服务类业务报告是税务师进行税务咨询类服务、申报准备类服务、涉税代理类服务和其他涉税服务等涉税服务业务，根据需要出具的含有专业意见的书面报告，与涉税鉴证类业务报告不同，涉税服务类业务报告一般不具有证明性。目前，常用的涉税服务类业务报告主要有税收筹划报告、纳税审核报告、涉税咨询答复报告、纳税建议报告、办税事宜建议报告、执业活动有关问题沟通报告等。

（2）执业文书按收件人划分，可以分为向委托人出具、向相关税务机关出具和其他相关单位或部门出具等几种执业文书。

向委托人出具的执业文书主要有各种鉴证类查证报告、答复咨询问题、提出纳税建议、指导办税程序和方法、指出存在的纳税问题或风险、做出整改意见、制作纳税筹划方案、说明工作情况、报告纳税审查结果等。

向相关税务机关出具的执业文书主要是替委托人填报各种涉税文书，又可分为填报有固定格式的文表和替委托人代为制作的向专利税务机关报送的有关书面报告两种，这些书面报告主要有各类申请报告、陈述或申辩材料、情况说明和问题咨询沟通等。

向其他单位或部门出具的文书主要因在涉税鉴证或涉税服务时，委托人有关涉税事宜需要与客户或相关的机关、部门进行沟通说明，或者需要其配合支持的情况下，出具的一些书面报告，有的是提供政策依据并加以解释说明，有的是说明委托人实际情况起到旁证作用，有的则是提出操作建议等。

（3）执业文书按执业主张态度不同，可以分为积极方式提出的执业文书和消极方式提出的执业文书。

积极方式提出的执业报告是税务师在满足执业活动能合理保证，服务对象事实清楚、证据充分，符合相关法律、法规、规章和其他有关规定等条件下，出具的持明确态度或意见、结论的报告；如果税务师执业时相应的条件不能满足，则会以否定意见或无法表达意见方式提出消极的执业文书。

9.3.2　执业文书的基本要求

执业文书直接反映了税务师执业的成果和质量，必须规范严谨，避免不必要的执业风险。执业文书除与一般文书一样应做到文字清楚、准确、严密，内容齐全，结构合理外，作为专业化的文书还应做到以下几点。

（1）情况记录真实可靠。要求税务师对报告所反映的情况进行深入调查，在充分了解事实真相的情况下出具，执业文书反映情况的真实程度和可靠性，与其作用和执业责任是密切相关的。

（2）做出的结论或提出的意见、建议符合税收法规或办税程序。执业文书是税务师在业务开展过程中出具的专业文书，处理的是涉税事宜，必须针对所了解的情况，按照国家规定的、相应适用的税收政策，或者办税制度、措施、方法等程序要求提出处理意见，任何有悖于国家税收政策法规的执业文书，都会带来执业风险。

（3）数据准确。执业文书经常会涉及税额的计算和确定问题，这往往又与征、免、退、抵税的金额或经营决策密切相关，国家征税要求不能有丝毫偏差，也就决定了报告所涉及的数据必须准确无误。

（4）附件资料完整真实。执业文书所阐述的情况通常不能局限于文字的表达，需要有相应的附件资料，通过相应的附件资料来进一步佐证报告表达事实的真实性。

9.4　填报涉税文书服务操作规范

税务师填报涉税文书是在提供与此相关的税务服务事项中进行的，它贯穿于税务服务业务范围的始终，因受托代理项目不同而内容各异。填报符合税收征管规范要求的涉税文书，是顺利完成委托服务事项必不可少的工作环节。

9.4.1　填报涉税文书服务的种类

税务师填报涉税文书的服务是按照税收征管的业务流程要求确定的，主要有税务登记文书、发票管理文书、减免税文书、纳税申报文书、税款征收文书和税务行政复议文书。在通常情况下，税务机关都规定有各种涉税文书的格式、填报要求和报送份数，税务师在代理填报时，应按要求填报使用。

9.4.2　填报涉税文书的基本程序

涉税文书的一个显著特征是与办税有关，税务师代理填报涉税文书，除要有一般文书填报的知识外，还必须对文书所涉及的税收相关法律、法规有深入的了解，对实际操作的运行环节有一定的经验。

1. 收集整理原始资料

首先，根据涉税文书的内容收集有关的资料。例如，为纳税人制作《税务登记表》就要取得"营业执照"等证件，企业有关生产经营方面的基本情况的资料等。其次，要对收集的资料进行整理、分析，将涉税文书所需要的数据和内容进行摘录，为填报涉税文书做好准备。

2. 规范填写涉税文书

在收集整理资料的基础上，根据涉税文书的具体格式要求填写各项内容，做到字迹清晰、工整，填列完整，内容不缺漏。例如，填报属于申请类涉税文书，申请理由要符合纳税人的实际情况和政策规定，引用的法律条文要准确；属于纳税申报类涉税文书，反映的数据、逻辑关系要计算无误。

3. 交由纳税人审验签收

涉税文书制作完毕应将文书交给纳税人审验，确认文书填报的内容和申办要求是否符合意愿，如果无异议，由纳税人签字、盖章。

4. 按规定时限报送主管税务机关

税务师应将填报完毕的涉税文书及附报的各种资料，按规定时限及时报送到主管税务机关。

9.5　税收服务代理执业风险与质量控制

9.5.1　税收服务代理的执业风险

税收服务代理的执业风险是税务师因未能完成代理事项和履行代理职责所要承担的法律责任。它主要表现在两个方面：① 税务师未能完成代理事项而使纳税人、扣缴义务人遭受税收权益的损失；② 税务师未能履行代理职责而使纳税人、扣缴义务人承担纳税风险。

1. 从纳税人、扣缴义务人方面产生执业风险的因素

税收服务代理执业风险的产生原因是多方面的，从根本上分析主要来自征纳双方的牵制和税务师的专业胜任能力。

1）企业委托代理的意向

税收服务代理的特点是委托代理，确定税收服务代理关系的前提之一是由纳税人、扣缴义务人委托某一代理事项，其委托代理的意向与税收法律、法规和主管税务机关的要求偏离

度越大，就意味着税收服务代理的执业风险越高。因为税务师事务所作为中介机构，其受托的代理项目不能完全独立控制完成，必须接受税务机关的监督管理，通过法定的程序和特定的环节加以运作。

　　2）企业纳税意识的强弱

　　企业的纳税意识较强则能够提供真实、完整的计税资料，其代理风险一般不高。但是，有的企业纳税意识淡薄，委托代理的目的是为了通过税务代理的运作尽可能地少缴税款，甚至采用少报收入、虚列成本费用的手段偷税，这类企业的代理风险就会很高。

　　3）企业财务核算的基础

　　企业财务会计制度是否健全，财务人员的业务素质对其提供的计税资料的真实程度有一定影响，也影响税务代理执业风险的高低。

　　2. 从税务代理执业人员方面产生风险的因素

　　税务师作为征纳双方的中介，必须具备一定的专业水平和操作技能。如果执业人员不具备专业胜任能力，不能把握实际操作的环节，也随时可能发生执业风险。

　　(1) 执业人员的职业道德水平。

　　(2) 执业人员的专业胜任能力。

　　(3) 税务代理机构执业质量控制程度。

9.5.2　税务师事务所的质量控制

　　税务师事务所的质量控制是税务师事务所为实现涉税鉴证和涉税服务目标而制定的约束税务师执业行为的政策，以及为执行政策和监控政策的遵守情况而设计的必要程序。它是降低税务师及其税务师事务所执业风险的重要手段。

　　1. 质量控制制度的要素

　　(1) 质量控制的组织结构与领导责任。

　　(2) 职业道德规范。

　　(3) 业务承接与保持。

　　(4) 人力资源管理。

　　(5) 执业规范。

　　(6) 业务工作底稿。

　　(7) 质量控制与监督。

　　(8) 记录与归档。

　　2. 质量控制的组织结构与领导责任

　　税务师事务所应当建立内部治理结构，并制定质量控制政策和程序，培养以质量为导向的内部文化。这些政策和程序应当明确税务师事务所质量控制职责。税务师事务所的法定代表人或主要负责人对质量控制制度承担最终责任。

　　税务师事务所应当采取下列措施实现质量控制的目标。

　　(1) 建立与质量控制相适应的管理组织结构，明确各岗位的质量控制职能与责任。

　　(2) 建立以质量为导向的业绩评价、薪酬和晋升的政策与程序。

　　(3) 投入足够的资源制定和执行质量控制政策与程序，并形成相关文件记录。

　　(4) 建立完善的执业规程、质量监控、责任追究、重大事项呈报、财务管理等内部管理制度，保证质量控制政策与程序有效实施。

3. 职业道德规范

税务师事务所应当制定政策和程序，以合理保证税务师事务所及其人员遵守职业道德规范。

1）职业道德规范强化途径

（1）税务师事务所领导层的行为示范。

（2）税务师事务所内部教育及培训。

（3）税务师事务所对人员的监督、控制。

（4）税务师事务所对违反职业道德规范行为的处理。

2）涉税鉴证业务的独立性

（1）独立性的要求。

① 向与业务相关人员传达独立性要求。

② 识别和评价对独立性造成威胁的情况和关系，并采取适当的防护措施以消除对独立性的威胁，使之降至可以接受的水平，必要时可解除业务约定。

（2）独立性的监控。

① 项目负责人应及时提供与客户委托业务相关的信息，以使税务师事务所能够评价这些信息对执业过程中保持独立性的总体影响。

② 在执业过程中，从业人员发现对独立性造成威胁的情形，应立即报告税务师事务所，以便采取适当的应对措施。

（3）税务师事务所应及时向适当人员传达收集的相关信息，以确认以下几点。

① 税务师事务所及其人员是否满足独立性要求。

② 税务师事务所及其人员是否保持并更新有关独立性的记录。

③ 税务师事务所及其人员针对已识别的对独立性造成威胁的情形是否已采取适当的应对措施。

3）获知或解决违反独立性的情况

（1）所有应当保持独立性的人员，均应将注意违反独立性要求的信息，并立即报告税务师事务所。

（2）税务师事务所将已识别的违反独立性要求的情况，立即传达给需要与税务师事务所共同处理这些情况的项目负责人，以及事务所内部的其他相关人员和受独立性要求约束的人员。

（3）项目负责人、税务师事务所内部的其他相关人员，以及需要保持独立性的其他人员，在必要时，立即向税务师事务所告知他们为解决有关问题采取的应对措施，以便税务师事务所决定是否采取进一步行动。

税务师事务所和相关项目负责人采取的适当应对措施包括以下内容。

① 采取适当的防护措施以消除对独立性的威胁或将威胁降至可接受的水平。

② 解除业务约定书。

4. 业务承接与保持

1）业务承接

（1）客户条件。税务师事务所应当制定业务承接与保持的政策和程序，以合理保证只有在下列情况下，才能接受具体业务或保持客户关系。

① 没有信息表明拟定的客户缺乏诚信。

② 具有执行业务必要的素质、专业胜任能力、时间和资源。

③ 执业人员能够遵守职业道德规范。

当出现违背第①项至第③项的情形，而又决定接受或保持客户关系或具体业务时，税务师事务所应当记录问题如何得到解决。

（2）客户的诚信。针对有关客户的诚信，税务师事务所应当考虑以下事项。

① 客户主要股东、关键管理人员、关联方及治理层的身份和商誉。

② 客户的经营性质及业务环境。

③ 客户主要股东、关键管理人员及治理层对内部控制和税收法律、法规等的态度。

④ 客户是否过分考虑将税务师事务所的收费维持在尽可能低的水平。

⑤ 工作范围受到不适当限制的迹象。

⑥ 客户可能涉嫌违法犯罪行为的迹象。

⑦ 变更税务师事务所的原因。

税务师事务所及其人员可以通过下列途径，获取与客户诚信相关的信息。

首先，与为客户提供专业涉税业务的现任与前任人员进行沟通，了解相关信息。

其次，向税务师事务所其他人员，税务机关、监管机构、金融机构、法律顾问和客户的同行等第三方询问。

最后，从相关机构或相关数据库中收集客户信息。

（3）在确定是否接受新业务时，税务师事务所应当考虑下列事项。

① 税务师事务所人员是否熟悉相关行业或业务对象。

② 税务师事务所人员是否具有执行类似业务的经验，或者是否具备必要的技能和知识能力。

③ 税务师事务所是否拥有足够的具有必要素质和专业胜任能力的人员。

④ 在需要时，是否能得到专家的帮助。

⑤ 如果需要项目质量控制复核，是否具有符合标准和资格要求的项目质量控制复核人员。

⑥ 税务师事务所是否能够在提交报告的最后期限内完成业务。

在确定是否接受新业务时，税务师事务所还应当考虑接受业务是否会导致现实或潜在的利益冲突。如果识别出潜在的利益冲突，税务师事务所应当考虑接受该业务是否恰当。

2）业务保持

如果遇到在接受业务后获知了某项信息，而该信息如果在接受业务前获知可能导致拒绝该业务的情形，税务师事务所制定保持该业务及其客户关系相关的政策和程序时，应当包括以下内容。

（1）适用该项业务环境的法律责任，包括是否要求税务师税务所向委托人报告或在必要情况下向税务机关或其他监管机构报告。

（2）解除该项业务约定或同时解除客户关系的可能性。

税务师事务所针对解除业务约定或同时解除客户关系制定的相关政策和程序应当包括下

列事项。

① 与客户适当级别的管理层和治理层讨论税务师事务所根据有关事实和情况可能采取的适当应对措施。

② 解除业务约定或同时解除客户关系时，税务师事务所应当就解除的情况及原因，与客户适当级别的管理层和治理层讨论。

③ 记录重大事项及其咨询情况，咨询结论和得出结论的依据。

④ 考虑法律、法规及有关规定是否要求税务师事务所应当保持现有的客户关系，或者向相关监管机构报告解除的情况及原因。

5. 人力资源管理

税务师事务所应当强调对全体员工进行职业教育和继续培训的重要性，并采取措施，使全体员工能够发展和保持必要的素质与专业胜任能力。

税务师事务所应当通过以下途径提高人员素质和专业胜任能力。

（1）职业教育与培训。

（2）职业发展规划。

（3）积累工作经验。

（4）经验丰富的员工提供辅导。

6. 执业规范

1）业务工作委派

税务师事务所应当制定政策和程序，保证所委派的执业人员按照法律、法规，职业道德规范和执业准则的规定执行业务，并根据具体情况出具真实、合法的报告。

（1）委派方式和内容。税务师事务所通常使用书面或电子手册、标准化底稿，以及指南性材料等文件使其制定的政策和程序得到贯彻。

（2）项目负责人。税务师事务所应当对每项业务委派至少一名项目负责人，并对项目负责人提出以下要求。

① 将项目负责人的身份和作用告知客户管理层和治理层的关键成员。

② 项目负责人具有履行职责必要的素质、专业胜任能力、权限和时间。

③ 清楚界定项目负责人的职责，并告知该项目负责人。

（3）项目组。项目负责人对业务的执行及监督包括以下方面。

① 拟订具体项目工作计划。

② 追踪业务进程。

③ 考虑项目各成员的素质和专业胜任能力，以及是否有足够的时间执行工作，是否理解工作指令，是否按照计划的方案执行工作。

④ 解决执行业务过程中发现的重大问题，考虑其重要程度并适当修改原计划的方案。

⑤ 识别在执行职业过程中需要咨询的事项，或者需要由经验丰富的项目组成员考虑的事项。

⑥ 将执业中发现的问题以书面记录或请示的方式向税务师事务所报告，并与客户管理层和治理层沟通。

（4）项目组内部复核。在业务执行过程中，项目组应当实施内部复核程序。复核的主要内容应当包括以下方面。

① 是否按照法律、法规，职业道德规范和执业准则的规定执行。

② 重大事项是否已提请进一步考虑。

③ 相关事项是否已进行适当咨询，由此形成结论是否得到记录和执行。

④ 是否需要修改已执行工作的性质、时间和范围。

⑤ 已执行的工作程序、记录、业务工作底稿及相关资料是否支持形成的结论。

⑥ 获得的证据是否充分、恰当。

⑦ 业务程序的目标是否实现。

在确定内部复核人员时，应当由项目组内部经验较多的人员复核经验较少的人员执行的工作。

2）咨询与意见分歧

咨询包括与税务师事务所内部或外部具有专门知识的人员，在适当专业层次上进行的讨论。

项目组应当考虑就重大的技术、职业道德及其他事项，向税务师事务所内部或适当情况下向税务师事务所外部具备适当知识、资历和经验的专业人士咨询，并适当记录和执行咨询形成的结论。

只有分歧问题得以解决，项目负责人才能出具报告。

3）项目质量控制复核

项目质量控制复核是指在出具报告前，对项目组做出重大判断和在拟定报告时形成的结论，做出客观评价的过程。

（1）项目质量控制复核通常包括以下程序。

① 与项目负责人讨论。

② 复核财务报表、纳税申报表及涉税资料或其他业务对象信息及报告。

③ 选取与项目组做出重大判断及形成结论有关的工作底稿进行复核。

④ 判断项目质量控制复核的范围与业务复杂程度是否相匹配。

⑤ 判断拟出具报告的格式、内容是否存在不恰当的风险。项目质量控制复核并不减轻项目负责人的责任。

（2）项目质量控制应避免的情形。税务师事务所应当制定政策和程序，保证项目质量控制复核人员的客观性。在确定项目质量控制复核人员时，税务师事务所应当避免以下情形。

① 由项目负责人挑选。

② 在复核期间以其他方式参与该业务。

③ 代替项目组进行决策。

④ 存在可能损害复核人员客观性的其他情形。

（3）小型税务师事务所在接受需要实施项目质量控制复核的业务后，可以聘请具有适当资格的外部人员或利用其他税务师事务所实施项目质量控制复核。

7. 业务工作底稿

业务工作底稿是税务师及助理人员在执业过程中形成的工作记录、书面工作成果和获得的资料。

1）工作底稿的分类

工作底稿一般分为综合类工作底稿、备查类工作底稿和业务类工作底稿。

（1）综合类工作底稿。综合类工作底稿是指执业税务师为承揽、规划、控制和管理服务项目所形成的内部工作记录。

（2）备查类工作底稿。备查类工作底稿是指执业税务师为形成涉税鉴证或涉税服务结论所获取、整理的各类备查性质的记录。其包括各种委托协议，纳税人、扣缴义务人的税务登记证、工商营业执照副本的复印件，企业合同章程，税务机关有关纳税事项的鉴定，各种批准文书，历年税务检查处理结论或处理决定书、处罚决定书，税务师的查账报告，年度会计决算报告等。

（3）业务类工作底稿。业务类工作底稿是指执业税务师在涉税鉴证或涉税服务业务实施阶段为执行具体涉税服务程序所形成的内部工作记录。其包括代理税务登记、代理发票领购与审查、代理纳税申报、代理纳税审核、代理税务行政复议、提供税务咨询、进行税收筹划、实施涉税鉴证和从事其他涉税服务等业务的工作记录，计税资料汇总、计算、审核、复核，以及各种涉税文书制作等。

2）工作底稿档案管理

（1）归档期限。税务师事务所应当根据业务的具体情况，确定适当的业务工作底稿归档期限。涉税鉴证及其他鉴证业务工作底稿的归档期限为业务报告日后60日内。

针对同一客户的同一信息执行不同的委托业务，出具两个或多个不同的报告，税务师事务所应当将其视为不同的业务，并在规定的归档期内分别将业务工作底稿归整为最终的业务档案。

（2）归档要求。税务师事务所应当制定政策和程序，以满足以下要求。

① 安全保管业务工作底稿并对其包含的信息保密。

② 保证业务工作底稿的完整性。

③ 便于使用和检索业务工作底稿。

④ 按照规定的期限保存业务工作底稿。

（3）保存期限。税务师事务所应制定政策和程序，使业务工作底稿保存期限满足法律、法规的规定和税务师事务所的需要。

涉税服务业务或涉税鉴证业务工作底稿属于税务师事务所的业务档案，应当至少保存10年；法律、行政法规另有规定的除外。

8. 质量控制与监督

税务师事务所应当制定监控政策和程序，合理保证与质量控制制度的相关性、适当性和有效性。这些监控政策和程序应当持续考虑和评价税务师事务所的质量控制制度，并达到以下目标。

（1）评价遵守法律、法规，职业道德规范和执业准则的情况。

（2）评价质量控制制度设计是否适当，运行是否有效。

（3）评价质量控制政策和程序应用是否得当，出具的业务报告是否恰当。

9. 记录与归档

税务师事务所应当制定政策和程序，对质量控制制度各项要素的运行情况形成适当记录。

思考与练习

一、名词解释

税务行政复议　涉税文书　税务咨询　税务顾问　税务代理执业风险

二、单项选择题

1. 复议决定书由税务机关直接送达或邮寄给复议申请人，申请人如对复议决定不服，可自收到《复议决定书》之日起（　　）日内向人民法院提起诉讼，对复议申请人逾期仍未起诉，也不执行复议决定的，税务机关可采取强制执行措施或提请人民法院强制执行。

    A. 5　　　　　　　　B. 10　　　　　　　　C. 15　　　　　　　　D. 30

2. 税收服务代理的执业风险是指（　　）。

    A. 税务师违反税务代理规定所要承担的法律责任

    B. 税务师违反税法所要承担的法律责任

    C. 税务师未履行代理职责

    D. 税务师因未能完成代理事项和履行代理职责所要承担的法律责任

3. 某税务师事务所税务师刘某代理澳门某公司驻京代表机构个人所得税的纳税申报，由于未详细检查该机构某先生的境外支付所得的情况，使其 2017 年 9 月少申报缴纳个人所得税 2 300 元，被主管税务机关课征 230 元滞纳金。则对于该税务师事务所及税务师刘某而言，可能存在的执业风险是（　　）。

    A. 因代理失误，刘某要承担滞纳金

    B. 刘某应未履行职责而要向某先生赔偿全部损失

    C. 刘某应未履行代理职责而由其税务师事务所缴纳税款和滞纳金

    D. 刘某因代理失误而由其税务师事务所承担一定的经济责任

4. 下列税收服务代理档案应永久性保存的有（　　）。

    A. 税务代理协议书　　　　　　　　B. 代理纳税审核报告

    C. 计税资料的汇总计算表　　　　　D. 制作涉税文书的工作记录

5. （　　）咨询，是税务咨询中最主要的内容，也是代理人咨询事务的重点。

    A. 税收法律、法规方面的　　　　　B. 税收政策运用方面的

    C. 办税实务方面的　　　　　　　　D. 涉税会计处理方面的

三、多项选择题

1. 以下有关税务行政复议服务代理实务的表述正确的有（　　）。

    A. 对税务机关设立的派出机构根据税收法律、法规和规章的规定以自己的名义做出的具体行政行为不服，申请的复议，该派出机构上级税务机关是被申请人

    B. 税务行政复议代理人是直接受当事人的委托，以被代理人的名义，在法律规定或当事人授予的权限范围内，为代理复议行为而参加复议的法人及自然人

    C. 对省级以下各级地方税务局做出的税务具体行政行为不服的，向其上一级税务机关申请行政复议

    D. 对省级地方税务局做出的具体行政行为不服的，向国家税务总局或上级人民政府

　　申请复议

2. 某直辖市国家税务局委托某部门代征税款，某纳税人对该部门代征行为不服，当遇到不可抗力，但无法定复议申请期限，受托税务师认为正确的做法有（　　）。

A. 在不可抗力消除后 15 日内，纳税人可申请延长复议申请期限

B. 由于税务行政复议的被申请人是某直辖市国税局，因此应向国家税务总局提出复议申请

C. 纳税人在不可抗力消除的规定期限内可申请延长复议申请期限，但是否准许，由复议机关决定

D. 税务行政复议机关，自行政复议申请之日起 15 日内对申请人的复议申请做出决定

3. 涉税文书大致包括（　　）。

A. 发票领用存月报表

B. 税务机关行使征管权利时所使用的文书

C. 税务代理机构为办纳税事宜所签订的协议

D. 由纳税人、扣缴义务人为办理纳税事宜所使用的文书

4. 税收服务代理的执业风险取决于下列因素（　　）。

A. 执业人员的执业道德水平的高低

B. 执业人员纳税意识的强弱

C. 企业财务核算制度是否健全

D. 企业委托代理的意向是否同税法保持一致

5. 税务师从事税务代理工作，存在的执业风险具体表现为（　　）。

A. 税务师未能履行代理职责而使纳税人、扣缴义务人承担纳税风险

B. 税务师未能完成代理事项而使纳税人遭受税收权益的损失

C. 税务师违反税务师事务所的规章制度所要承担的法律责任

D. 税务师违反税务师代理规定所要承担的法律责任

四、判断题

1. 税务行政复议的被申请人必须是做出具体行政行为的税务机关。（　　）

2. 公民、法人和其他组织认为自己的合法权益受到具体行政行为侵害时都可以通过书面或口头方式申请税务行政复议。（　　）

3. 原告未经税务行政复议直接起诉的，人民法院不予受理。（　　）

4. 受送达人是公民的，应由本人签收，本人不在时，可以由别人代签。（　　）

5. 一份税收文书只能有一种送达方式。（　　）

五、问答题

1. 简述税务行政复议申请人的基本条件。

2. 税务行政复议的范围包括哪些内容？

3. 代理税务行政复议的基本前提是什么？

4. 简述税务师职业文书的种类。

附录 A　相关税率表

表 A-1　消费税税目税率表

税目		征收范围	计税单位	税率	
				固定税额/元	比例税率/%
一、烟					
1. 甲类卷烟		包括每条（200 支）调拨价格在 70 元（不包括增值税）以上的卷烟和进口卷烟	大箱（5 万支）	150	56
2. 乙类卷烟		包括每条（200 支）调拨价格低于 70 元（不包括增值税）的卷烟	大箱（5 万支）	150	36
3. 雪茄烟					36
以上税率为卷烟出厂环节适用，在卷烟商业批发环节还需征收 11% 从价税，并按 0.005 元/支加征从量税。					
4. 烟丝		包括斗烟、莫合烟、烟末、水烟、黄红烟丝等			30
二、酒					
1. 粮食白酒		每斤的标准按 500 克（或者 500 毫升）计算	斤	0.5	20
2. 薯类白酒		每斤的标准按 500 克（或者 500 毫升）计算	斤	0.5	20
3. 黄酒			吨	240	
4. 啤酒	第一类	出厂价格每吨 3 000 元（不包括增值税）以上的，娱乐业、饮食业自制的	吨	250	
	第二类	出厂价格每吨不足 3 000 元（不包括增值税）的	吨	220	
5. 其他酒		包括糠麸白酒、其他原料白酒、土甜酒、复制酒，果木酒、汽酒、药酒、酒精等			10
三、高档化妆品		包括高档美容、修饰类化妆品、成套化妆品、高级护肤护发品			15
四、贵重首饰					
1. 金银首饰、钻石及钻石饰品		（零售环节适用）			5
2. 其他首饰和玉石					10
五、鞭炮、烟火					15
六、成品油					
1. 汽油			升	1.52	
2. 柴油		包括轻柴油、重柴油、农用柴油和军用柴油	升	1.20	
3. 石脑油			升	1.52	

续表

税目	征 收 范 围	计税单位	税率	
			固定税额/元	比例税率/%
4. 溶剂油		升	1.52	
5. 润滑油		升	1.52	
6. 燃料油		升	1.52	
7. 航空煤油		升	1.52	
七、摩托车	汽缸容量在 250 毫升的			3
	汽缸容量在 250 毫升以上的			10
八、小汽车				
1. 乘用车	汽缸容量（排气量，下同）在 1.0 升（含）以下的			1
	汽缸容量（排气量，下同）在 1.0 升以上至 1.5（含）以下的			3
	汽缸容量在 1.5 升以上至 2.0 升（含）的			5
	汽缸容量在 2.0 升以上至 2.5 升（含）的			9
	汽缸容量在 2.5 升以上至 3.0 升（含）的			12
	汽缸容量在 3.0 升以上至 4.0 升（含）的			25
	汽缸容量在 4.0 升以上的			40
2. 中轻型商用客车				5
九、高尔夫球及球具				10
十、高档手表	10 000 元及以上/只			20
十一、游艇				10
十二、木制一次性筷子				5
十三、实木地板				5
十四、电池				4
十五、涂料				4

表 A-2 工资、薪金所得适用税率表

级 数	全月应纳税所得额	税率/%	速算扣除数
1	不超过 1 500 元	3	0
2	1 500 元至 4 500 元的部分	10	105
3	4 500 元至 9 000 元的部分	20	555
4	9 000 元至 35 000 元的部分	25	1 005
5	35 000 元至 55 000 元的部分	30	2 755
6	55 000 元至 80 000 元的部分	35	5 505
7	超过 80 000 元的部分	45	13 505

表 A-3　工资、薪金不含税收入适用税率表

级　数	全月不含税收入级距	税率/%	速算扣除数
1	不超过 4 955 元的	3	0
2	4 955 元至 7 655 元的部分	10	105
3	7 655 元至 11 255 元的部分	20	555
4	11 255 元至 30 755 元的部分	25	1 005
5	30 755 元至 44 755 元的部分	30	2 755
6	44 755 元至 61 005 元的部分	35	5 505
7	超过 61 005 元的部分	45	13 505

表 A-4　个体工商户生产、经营所得和企事业单位承包、承租所得适用税率表

级　数	全年应纳税所得额	税率/%	速算扣除数
1	不超过 15 000 元的	5	0
2	15 000 元至 30 000 元	10	750
3	30 000 元至 60 000 元	20	3 750
4	60 000 元至 100 000 元	30	9 750
5	超过 100 000 元的部分	35	14 750

个人独资企业投资者和合伙企业投资者生产经营所得也适用于五级超额累进税率。

表 A-5　含税劳务报酬所得适用税率表

级　数	每次应纳税所得额	税率/%	速算扣除数
1	不超过 20 000 元的部分	20	0
2	20 000 元至 50 000 元的部分	30	2 000
3	超过 50 000 元的部分	40	7 000

表 A-6　不含税劳务报酬所得适用税率表

级　数	不含税劳务报酬收入额	税率/%	速算扣除数	换算系数
1	不超过 3 360 元的部分	20	0	无
2	3 360 元至 21 000 元的部分	20	0	84
3	21 000 至 49 500 元的部分	30	2 000	76
4	超过 49 500 元的部分	40	7 000	68

表 A-7　土地增值税实行四级超率累进税率表

级　数	增值额与扣除项目金额的比率	税率/%	速算扣除系数/%
1	不超过 50% 的部分	30	0
2	50%～100% 的部分	40	5
3	100%～200% 的部分	50	15
4	超过 200% 的部分	60	35

税收服务实务

表 A-8　印花税税目税率表

序号	税　　目	税率/‰
1	购销合同、建筑安装工程承包合同、技术合同	0.3
2	加工承揽合同、建设工程勘探设计合同、货物运输合同、产权转移书据	0.5
3	财产租赁合同、仓储保管合同、财产保险合同	1
4	借款合同	0.05
5	记账资金账簿	0.5（减半征收）
6	权利、许可证照	5 元/件

参 考 文 献

[1] 中国注册会计师协会. 税法 [M]. 北京：经济科学出版社，2017.

[2] 全国税务师职业资格考试教材编写组. 税法Ⅰ [M]. 北京：中国税务出版社，2017.

[3] 全国税务师职业资格考试教材编写组. 税法Ⅱ [M]. 北京：中国税务出版社，2017.

[4] 全国税务师职业资格考试教材编写组. 涉税服务实务 [M]. 北京：中国税务出版社，
2017.

[5] 王艳利. 纳税实务 [M]. 天津：天津大学出版社，2015.

[6] 孔祥银，黄超平，陈宏桥. 纳税实务 [M]. 2版. 武汉：武汉大学出版社，2015.

[7] 赵静. 营业税改征增值税 [M]. 北京：人民邮电出版社，2015.

[8] 马海涛. 中国税制 [M]. 7版. 北京：中国人民大学出版社，2015.

[9] 艾华，王震. 营业税改征增值税试点政策与实务处理 [M]. 北京：中国税务出版社，
2012.